Dienstunterricht

für

Polizei-Exekutiv-Beamte.

I. Theil.

Strafgesetzgebung.

(Gerichtsverfassung. Strafprozeßordnung. Strafgesetzbuch.)

Bearbeitet

von

J. Segger,

Polizei-Inspektor in Görlitz.

Berlin 1900.

J. Guttentag, Verlagsbuchhandlung,

G. m. b. H.

Vorwort.

Bei der hiesigen Polizei-Verwaltung ist das Bestehen einer Prüfung Bedingung für die endgültige Anstellung als Polizei-Sergeant und für die Beförderung zum Wachtmeister. Aus diesem praktischen Unterricht ist das vorliegende Buch entstanden in der Annahme, daß es auch weitere Verwendung finden kann als eine Grundlage für die Instruktion und für den Selbstunterricht.

Zunächst ist als das wichtigste Gebiet die Strafgesetzgebung für das Bedürfniß der Polizei-Exekutiv-Beamten bearbeitet. Als II. Theil soll die Gewerbeordnung folgen.

Es kam darauf an

1. den Beamten die Gesetze durch eine billige Ausgabe zugänglich zu machen, und zwar im Wortlaut, soweit er nothwendig ist, sonst durch Inhaltsangabe;
2. der Natur des Polizeidienstes entsprechend zu einzelnen Stellen Erklärungen, Erläuterungen, Beispiele und Winke für den praktischen Dienst zu geben;
3. durch Einrichtung und Druck nach Möglichkeit Uebersicht und Verständniß zu erleichtern.

Ueber die **Gerichtsverfassung** ist eine Uebersicht gegeben, die für den Polizeidienst grundlegenden Paragraphen des Gerichtsverfassungsgesetzes sind wörtlich gebracht. Es folgt ein Auszug aus den unerläßlichen Bestimmungen über die Zuständigkeit der Gewerbegerichte und der Schiedsmänner.

Aus der **Strafprozeßordnung** folgt nach einer Uebersicht über den Gang des Strafverfahrens der Wortlaut der für die Mitwirkung der Polizei maßgebenden Paragraphen. Die Bestimmungen über Beschlagnahmen, Haussuchungen und Festnahmen sind unter Beifügung des Wortlautes auch der übrigen Gesetzesstellen speziell für das Bedürfniß eines Polizei-Exekutiv-Beamten bearbeitet, der nicht Hülfsbeamter der Staatsanwaltschaft ist.

Vom **Strafgesetzbuch** ist der Gesetzestext vollständig unter Berücksichtigung auch der neuesten Abänderungen gebracht, die wichtigsten Paragraphen sind durch einen schwarzen Strich am Rande gekennzeichnet. Durch stärkeren Druck sind hervorgehoben allgemein übliche und bezeichnende Ueberschriften einzelner Paragraphen und die besonders zu betonenden Worte. Vom Text heben sich durch kleineren Druck ab die Anmerkungen, es sind dies

Inhaltsangaben langer und für den Beamten unwesentlicher Paragraphen, z. B. bei Bankerutt, Wucher;

Gedächtnißhülfen, z. B. bei § 13 die Hauptstrafen, § 51 die Strafausschließungs- und Milderungsgründe;

Erklärungen von Rechtsbegriffen, wie sie durch die Rechtsprechung festgelegt sind, Erläuterungen, Beispiele, einschlägige Bestimmungen anderer Gesetze unter möglichster Beifügung des Wortlautes;

Winke für den praktischen Dienst;

größere Abhandlungen, so über Antragsvergehen, Hausfriedensbruch, Festnahmen, Thätigkeit der Polizei bei Miethsstreitigkeiten, Bränden und plötzlichen Todesfällen, Unterlassen von Strafanzeigen, polizeiliche Bestrafung, groben Unfug, Polizeistunde.

Das vorliegende Buch ist das erste derartige Werk. Ausstellungen und Vorschläge werden mit Dank angenommen. Bemerkt sei noch, daß das Buch kein juristischer Kommentar sein will, sondern nur für Polizei-Exekutiv-Beamte berechnet ist, ihnen eine knappe Textausgabe mit gemeinverständlichem und auf ihr Bedürfniß beschränktem Kommentar zu geben.

Inhaltsverzeichniß.

Gerichtsverfassung.

Strafprozeßordnung.

Strafgesetzbuch für das Deutsche Reich
vom 15. Mai 1871.

Gerichtsverfassung.

Aufgabe des Staates ist es, für Recht und Ordnung zu sorgen. Zu diesem Zwecke sind in Händen der Regierung Gesetzgebung und Verwaltung. So lange ein Staat Recht und Ordnung, wie er soll, auch aufrecht erhalten kann, spricht man von einem Rechtsstaat. Wir leben in einem Rechtsstaat.

Die Gesetzgebung setzt fest, was Recht ist und sein soll, sie enthält also die Rechtsordnung des Staates. Die Verwaltung führt diese Rechtsordnung in der Praxis durch, sie trifft die dem Staate auf den verschiedenen Gebieten obliegenden Maßregeln und überwacht ihre Durchführung. Der Justizverwaltung speziell liegt namentlich ob die Vorbereitung neu zu erlassender Gesetze und die Rechtsprechung.

Da wir in einem zweifachen Staatsverhältniß stehen, indem wir Deutsche, und zwar Preußen sind, gelten für uns die deutschen Reichsgesetze und die preußischen Landesgesetze. In den anderen deutschen Bundesstaaten gelten die deutschen Reichsgesetze und die Landesgesetze des betr. Staates. Die wichtigsten Gegenstände sind gemäß der Reichsverfassung der Reichsgesetzgebung vorbehalten, und wo über einen solchen Gegenstand schon ein Landesgesetz bestand, ist das Landesgesetz durch das Reichsgesetz aufgehoben. Vorbereitet werden die Reichsgesetze durch das Reichsjustizamt in Berlin, berathen und angenommen durch den Reichstag und den Bundesrath, erlassen von

Seiner Majestät als dem Deutschen Kaiser; sie erlangen gesetzliche Kraft durch die Veröffentlichung im Reichsgesetzblatt (R.G.Bl.). Die preußischen Landesgesetze werden vom Justizministerium in Berlin vorbereitet, berathen und angenommen durch das Abgeordnetenhaus und das Herrenhaus, erlassen von Seiner Majestät als dem König von Preußen; sie erlangen gesetzliche Kraft durch die Veröffentlichung in der Preußischen Gesetz-Sammlung (G.S.).

Einen Einfluß auf die Rechtsprechung haben das Reichsjustizamt und das preußische Justizministerium nicht. Die Rechtsprechung erfolgt durch unabhängige Gerichte, die Gerichte werden durch Richter gebildet. Die Richter sind in ihrer Entscheidung nur an die Bestimmungen der Gesetze gebunden, es kann ihnen Niemand vorschreiben, wie sie ihre Entscheidung fällen sollen.

Vorstände der Gerichte bezw. Richterpersonal sind bei

dem Reichsgericht: Der Reichsgerichtspräsident — Senatspräsidenten, Reichsgerichtsräthe;

den Oberlandesgerichten: Der Oberlandesgerichtspräsident — Senatspräsidenten, Oberlandesgerichtsräthe;

den Landgerichten: Der Landgerichtspräsident — Landgerichtsdirektoren als Vorsitzende der Straf- bezw. Civilkammern, Landgerichtsräthe, Landrichter, Assessoren;

den Amtsgerichten: Ein oder mehrere Aufsicht führende Amtsrichter — Amtsgerichtsräthe, Amtsrichter, Assessoren.

Bei jedem Gericht besteht eine Staatsanwaltschaft mit ihrem Büreau- und Gefängnißpersonal. Bei den Landgerichten steht an der Spitze der Staatsanwaltschaft ein Erster Staatsanwalt, bei den Amtsgerichten führt das Institut der Staatsanwaltschaft die Bezeichnung: Amtsanwaltschaft.

Zur Verfügung der Gerichte stehen neben den genannten richterlichen Beamten noch eine Anzahl nichtrichterlicher Beamten: Gerichtsschreiber — als solche können fungiren Ober-Sekretaire, Sekretaire, Assistenten und Aktuare —, Kassen- und Kanzleibeamte, Gerichtsvollzieher und Unterbeamte. Bei den einzelnen Gerichten sind Rechtsanwälte und Notare zugelassen, Referendare zur Ausbildung überwiesen.

Das **Gerichtsverfassungsgesetz** vom 27. Januar 1877 behandelt neben Anderem die Einrichtung der Gerichte, der Staatsanwaltschaft und der Hülfsorgane dieser Behörden, die sachliche Zuständigkeit der Gerichte, Sitzungspolizei, Berathung und Abstimmung. Es ist ein Reichsgesetz, im ganzen Deutschen Reiche ist daher das Gerichtswesen einheitlich.

Der Thätigkeit der Gerichte unterliegt die streitige und die nicht streitige Gerichtsbarkeit. Zur nicht streitigen oder freiwilligen Gerichtsbarkeit gehören diejenigen Gerichtssachen, bei denen es keinen Kläger und keinen Verklagten giebt, z. B. Vormundschaftssachen, Testamente, Führung des Handelsregisters, des Vereinsregisters und des Grundbuchs. Bei der streitigen Gerichtsbarkeit treten zwei Parteien auf, ein Kläger und ein Beschuldigter, das Gericht als Organ des Staates spricht Recht. Der Kläger ist bei bürgerlichen Rechtsstreitigkeiten eine Civilperson — Civilprozeß, Civilprozeßordnung —, bei Strafsachen erhebt im Namen und als Anwalt des Staates, welcher für Aufrechterhaltung der Rechtsordnung zu sorgen hat, die Staatsanwaltschaft die Anklage — Strafprozeß, Strafprozeßordnung. Die Staatsanwaltschaft erhebt die Anklage, wenn Strafgesetze verletzt sind, zu ihnen gehören das Strafgesetzbuch und alle Reichs- oder Landesgesetze, in denen eine Strafbestimmung enthalten ist. Die Geschäfte der Staatsanwaltschaft liegen eigens zu diesem Zwecke angestellten Beamten ob, sie heißen beim

Reichsgericht: Oberreichsanwalt, Reichsanwälte;
Oberlandesgericht: Oberstaatsanwalt, Staatsanwaltschaftsräthe, Staatsanwälte;
Landgericht: Erster Staatsanwalt, Staatsanwaltschaftsräthe, Staatsanwälte;
Amtsgericht: Erster Amtsanwalt, Amtsanwälte.

Reichs- und Staatsanwälte sind studirte Juristen, können aber während der Dauer ihres Amtes nicht als Richter fungiren. Amtsanwälte haben meist nicht die Qualifikation zum Richteramt und führen die Geschäfte der Amtsanwaltschaft oft nur als Nebenamt.

Niemand darf seinem ordentlichen Richter entzogen werden. Der ordentlichen Gerichtsbarkeit unterstehen aber nicht und haben einen besonderen Gerichtsstand: Die Landesherren und die Mitglieder landesherrlicher Familien, einzelne gesetzlich besonders ausgenommene Standespersonen, ferner Militärpersonen bezüglich Strafsachen.

Der inländischen Gerichtsbarkeit unterstehen weiter nicht die Chefs und Mitglieder der bei dem Deutschen Reiche beglaubigten Missionen, d. h. die ausländischen Botschafter und Gesandten, ihre Familienmitglieder, ihr Geschäftspersonal und ihre nichtdeutschen Bediensteten. Sie werden bei Begehung einer strafbaren Handlung als außerhalb des Gebietes (Territoriums) des Deutschen Reiches befindlich betrachtet (Exterritoriale) und unterliegen der Strafgerichtsbarkeit ihres Heimathsstaates.

Zur Vermeidung diplomatischer Erörterungen ist deshalb in solchen Fällen von einem Einschreiten abzusehen und nur der vorgesetzten Behörde Anzeige zu erstatten.

Die ordentliche streitige Gerichtsbarkeit wird ausgeübt durch

Amtsgerichte,
Landgerichte,
Oberlandesgerichte,
das Reichsgericht in Leipzig.

Die Gerichte sind Staatsgerichte; die früher bestandene städtische, private und geistliche Gerichtsbarkeit ist aufgehoben. Vor diese ordentlichen Gerichte gehören alle bürgerlichen Rechtsstreitigkeiten und alle Strafsachen, soweit für sie nicht Verwaltungsbehörden, Verwaltungsgerichte oder besondere Gerichte gesetzlich bestellt sind. Beim Zweifel, ob das ordentliche Gericht oder die Verwaltungsbehörde 2c. zuständig ist, bestimmt der Gerichtshof zur Entscheidung der Kompetenzkonflikte.

Auch die Verwaltungsbehörden können Strafen festsetzen, wenn sie gesetzlich dazu ermächtigt sind, z. B. ist dies reichsgesetzlich geschehen durch die Eisenbahnbetriebs- und Verkehrsordnung; landesgesetzlich durch das Gesetz über die allgemeine Landesverwaltung v. 30. 7. 83. Letzteres Gesetz und das Gesetz über die Zuständigkeit der Verwaltungsbehörden 2c. vom 1. 8. 83 regeln die Zuständigkeit der Verwaltungsbehörden und der Verwaltungsgerichte. Die Verwaltungsgerichte sind der Stadt- bezw. Kreisausschuß für einen Stadt- bezw. Landkreis, der Bezirksausschuß für einen Regierungsbezirk, das Oberverwaltungsgericht in Berlin für ganz Preußen. Die Verwaltungsbehörden sind das Ober-Präsidium für eine Provinz, die Königliche Regierung für einen Regierungsbezirk, das Landrathsamt für einen Landkreis, der Magistrat im Stadtkreis; ferner Amts-, Gemeinde- und Gutsvorsteher.

Besondere Gerichte neben den ordentlichen sind namentlich:

Militärgerichte bei Strafsachen,
Disziplinargerichte für Richter, nichtrichterliche Beamte, Geistliche,
Konsulargerichte und die Gerichte in deutschen Schutzgebieten,
Gerichte in Ablösungs- und landwirthschaftlichen Auseinandersetzungssachen — Generalkommissionen, Spezialkommissionen, Oberlandeskulturgericht —,
Gewerbegerichte,
Rheinschifffahrts- und Elbzollgerichte,
Seeämter, das Oberseeamt in Berlin.

Die Zuständigkeit der Gewerbegerichte und der ebenfalls hierher gehörigen Schiedsmänner folgt am Schluß ausführlicher, da der Polizei-Exekutiv-Beamte über die dorthin gehörigen Sachen eine Anzeige nicht aufzunehmen hat.

Bei den ordentlichen Gerichten sind besondere Gerichtshöfe gebildet für Civilprozesse und für Strafprozesse. Die verschiedenen Gerichtshöfe für Civilprozesse interessiren den Polizei-Exekutiv-Beamten nicht; zur Verhandlung in Strafprozessen bestehen bei den

Amtsgerichten: Schöffengerichte — 1 Richter und 2 Schöffen,
Landgerichten: Strafkammern — 3 bezw. 5 Richter — bestehen dauernd,
Schwurgerichte — 3 Richter, 12 Geschworene — treten nach Bedarf zusammen,
Oberlandesgerichten: Strafsenate — 5 Richter,
Reichsgericht: Strafsenate — 7 Richter.

Schöffen und Geschworene sind nicht studirte Juristen, sie werden jährlich in der erforderlichen Anzahl aus den für dieses Amt geeigneten Personen des Gerichtsbezirks ausgewählt. Ihr Amt ist ein Ehrenamt. Die Schöffen haben dasselbe Stimmrecht wie der Richter, die Geschworenen haben nur die ihnen vorgelegten Schuldfragen zu beantworten, bei der Festsetzung der Strafe wirken sie nicht mit.

Nach ihrer Schwere werden die einzelnen Strafsachen vor folgenden Gerichten verhandelt:

Schöffengericht — Uebertretungen und leichte Vergehen,

Strafkammer — Berufungen gegen Urtheile des Schöffengerichts, schwere Vergehen und leichtere Verbrechen,

Schwurgericht — schwere Verbrechen,

Oberlandesgericht — eingelegte Rechtsmittel,

Reichsgericht — Hoch- und Landesverrath, Revisionsinstanz.

Genauer sind die einzelnen Gerichte in Strafsachen zuständig:

Schöffengericht bei

1. allen Uebertretungen,
2. Vergehen, welche nicht höher als mit Gefängniß bis zu drei Monaten oder Geldstrafe bis 600 Mk. bedroht sind,
3. einfachem Diebstahl, Unterschlagung, Betrug, Sachbeschädigung, wenn das Objekt nicht über 25 Mk. beträgt,

Da es hiernach von der Höhe des Objekts abhängt, ob eine solche Sache vor dem Schöffengericht oder der Strafkammer verhandelt und danach von der Staatsanwaltschaft oder der Amtsanwaltschaft bearbeitet wird, ist es zur Vermeidung unnöthiger Rückfragen wichtig, daß der Polizei-Exekutiv-

Beamte bei einer solchen Anzeige gleich angiebt, ob das Objekt unter oder über 25 Mk. beträgt.

4. Begünstigung und Hehlerei bei einfachem Diebstahl und Unterschlagung,
5. solchen anderen Vergehen, die von der Strafkammer überwiesen werden,
6. Privatklagen wegen Beleidigung und Körperverletzung.

Strafkammer bei

1. Berufungen gegen Urtheile des Schöffengerichts,
2. allen übrigen Vergehen, welche über die Zuständigkeit des Schöffengerichts hinausgehen,
3. Verbrechen, welche nicht höher als mit Zuchthaus bis zu 5 Jahren bedroht sind,
4. Unzucht, Diebstahl, Hehlerei und Betrug in bestimmten Fällen, auch wenn Zuchthaus über 5 Jahre angedroht ist,
5. Verbrechen, die von Personen unter 18 Jahren begangen sind.

Außerdem kann die Strafkammer bei einer Reihe von Vergehen die Sache an das Schöffengericht abgeben, wenn keine höhere Strafe als Gefängniß bis zu 3 Monaten oder Geldstrafe bis zu 600 Mk. zu erwarten ist.

Schwurgericht bei den Verbrechen, welche nicht zur Zuständigkeit der Strafkammer oder des Reichsgerichts gehören.

Oberlandesgericht bei der Entscheidung über die Zulässigkeit der Rechtsmittel der Beschwerde, Berufung und Revision.

Reichsgericht 1. bei Hoch- und Landesverrath gegen Kaiser und Reich, 2. bei der Entscheidung über

Zulässigkeit der Revision, namentlich gegen Urtheile der Schwurgerichte.

Ueber die polizeiliche Bestrafung wegen Uebertretungen siehe Str.G.B. Abschn. XXIX. Beim Amtsgericht kann der Amtsrichter auf Antrag des Amtsanwalts in bestimmten Strafsachen ohne gerichtliche Verhandlung einen Strafbefehl erlassen und bei Uebertretungen ohne Zuziehung der Schöffen bestrafen, wenn die Thäter von der Polizei vorgeführt werden, geständig sind und Widerspruch nicht erheben. Es geschieht dies namentlich bei Bettlern und Prostituirten.

Das Oberlandesgericht in Berlin heißt Kammergericht und hat noch besondere Befugnisse. Die höchsten Gerichte sind:

das Oberverwaltungsgericht in Berlin für Verwaltungsstreitsachen,

das Kammergericht in Berlin für preußische Landesgesetze,

das Reichsgericht in Leipzig für Reichsgesetze.

§. 153. Die Beamten des Polizei- und Sicherheitsdienstes sind Hülfsbeamte der Staatsanwaltschaft und sind in dieser Eigenschaft verpflichtet, den Anordnungen der Staatsanwälte bei dem Landgerichte ihres Bezirks und der diesen vorgesetzten Beamten Folge zu leisten.

Die nähere Bezeichnung derjenigen Beamtenklassen, auf welche diese Bestimmung Anwendung findet, erfolgt durch die Landesregierungen.

Wer hiernach Hülfsbeamter der Staatsanwaltschaft ist, ist örtlich verschieden. Der Regel nach sind es die Polizei-Exekutiv-Beamten vom Polizei-Kommissar bezw. Polizei-Lieutenant an aufwärts, in Berlin auch die Marktwachtmeister, die Amtsvorsteher, Forstbeamten und Fischereiaufseher. Diese Hülfsbeamten haben das weiter gehende Recht, bei Gefahr im Verzuge Beschlagnahmen, Haus- und Durchsuchungen anzuordnen bezw. vorzunehmen.

§. 168. Die Sicherheitsbeamten eines Bundesstaates sind ermächtigt, die Verfolgung eines Flüchtigen auf das Gebiet eines anderen Bundesstaates fortzusetzen und den Flüchtigen daselbst zu ergreifen.

Der Ergriffene ist unverzüglich an das nächste Gericht oder die nächste Polizeibehörde des Bundesstaates, in welchem er ergriffen wurde, abzuführen.

§. 176. Der Zutritt zu öffentlichen Verhandlungen kann unerwachsenen und solchen Personen versagt werden, welche sich nicht im Besitze der bürgerlichen Ehrenrechte befinden, oder welche in einer der Würde des Gerichts nicht entsprechenden Weise erscheinen ....

§. 177. Die Aufrechthaltung der Ordnung in der Sitzung liegt dem Vorsitzenden ob.

§. 178. Parteien. Beschuldigte, Zeugen, Sachverständige oder bei der Verhandlung nicht betheiligte Personen, welche den zur Aufrechthaltung der Ordnung erlassenen Befehlen nicht gehorchen, können auf Beschluß des Gerichts aus dem Sitzungszimmer entfernt, auch zur Haft abgeführt und während einer in dem Beschlusse zu bestimmenden Zeit, welche vierundzwanzig Stunden nicht übersteigen darf, festgehalten werden.

§. 179. Das Gericht kann gegen Parteien, Beschuldigte, Zeugen, Sachverständige oder bei der Verhandlung nicht betheiligte Personen, welche sich in der Sitzung einer Ungebühr schuldig machen, vorbehaltlich der strafgerichtlichen Verfolgung, eine Ordnungsstrafe bis zu einhundert Mark oder bis zu drei Tagen Haft festsetzen und sofort vollstrecken lassen.

§. 201. Die Gerichtsferien beginnen am 15. Juli und endigen am 15. September.

§. 202. Während der Ferien werden nur in Feriensachen Termine abgehalten und Entscheidungen erlassen.

Feriensachen sind:

1. Strafsachen;
2. Arrestsachen und die eine einstweilige Verfügung betreffenden Sachen;
3. Meß- und Marktsachen;
4. Streitigkeiten zwischen dem Vermiether und dem Miether oder Untermiether von Wohnräumen oder anderen Räumen oder zwischen dem Miether und dem Untermiether solcher Räume wegen Ueberlassung, Benutzung oder Räumung, sowie wegen Zurückhaltung der von dem Miether oder dem Untermiether in die Miethsräume eingebrachten Sachen;

4a. Streitigkeiten zwischen Dienstherrschaft und Gesinde, zwischen Arbeitgebern und Arbeitern hinsichtlich des Dienst- oder Arbeitsverhältnisses, sowie die im §. 3 Abs. 1 Nr. 1, 2 des Gesetzes, betreffend die Gewerbegerichte, vom 29. Juli 1890 bezeichneten Streitigkeiten;

5. Wechselsachen;
6. Bausachen, wenn über Fortsetzung eines angefangenen Baues gestritten wird.

Das Gericht kann auf Antrag auch andere Sachen, soweit sie besonderer Beschleunigung bedürfen, als Feriensachen bezeichnen. Die gleiche Befugniß hat vorbehaltlich der Entscheidung des Gerichts der Vorsitzende.

§. 203. Zur Erledigung der Feriensachen können bei den Landgerichten Ferienkammern, bei den Oberlandesgerichten und dem Reichsgerichte Feriensenate gebildet werden.

Reichsgesetz, betreffend die Gewerbegerichte.
Vom 29. Juli 1890.

§. 1. Für die Entscheidung von gewerblichen Streitigkeiten zwischen Arbeitern einerseits und ihren Arbeitgebern andererseits, sowie zwischen Arbeitern desselben Arbeitgebers können Gewerbegerichte errichtet werden.

Die Errichtung erfolgt für den Bezirk einer Gemeinde durch Ortsstatut nach Maßgabe des §. 142 der Gewerbeordnung . . . . .

§. 2. Als Arbeiter im Sinne dieses Gesetzes gelten diejenigen Gesellen, Gehülfen, Fabrikarbeiter und Lehrlinge, auf welche der siebente Titel der Gewerbeordnung Anwendung findet.

Imgleichen gelten als Arbeiter im Sinne dieses Gesetzes Betriebsbeamte, Werkmeister und mit höheren technischen Dienstleistungen betraute Angestellte, deren Jahresarbeitsverdienst an Lohn oder Gehalt zweitausend Mark nicht übersteigt.

§. 3. Die Gewerbegerichte sind ohne Rücksicht auf den Werth des Streitgegenstandes zuständig für Streitigkeiten:

1. über den Antritt, die Fortsetzung oder die Auflösung des Arbeitsverhältnisses, sowie über die Aushändigung oder den Inhalt des Arbeitsbuches oder Zeugnisses,
2. über die Leistungen und Entschädigungsansprüche aus dem Arbeitsverhältnisse, sowie über eine in

Beziehung auf dasselbe bedungene Konventionalstrafe,

3. über die Berechnung und Anrechnung der von den Arbeitern zu leistenden Krankenversicherungsbeiträge (§§. 53, 53a, 65, 72, 73 des Gesetzes, betreffend die Krankenversicherung der Arbeiter, vom 15. Juni 1883),
4. über die Ansprüche, welche auf Grund der Uebernahme einer gemeinsamen Arbeit von Arbeitern desselben Arbeitgebers gegen einander erhoben werden.

Streitigkeiten über eine Konventionalstrafe, welche für den Fall bedungen ist, daß der Arbeiter nach Beendigung des Arbeitsverhältnisses ein solches bei anderen Arbeitgebern eingeht oder ein eigenes Geschäft errichtet, gehören nicht zur Zuständigkeit der Gewerbegerichte.

§. 4. Zur Zuständigkeit der Gewerbegerichte gehören ferner Streitigkeiten der im §. 3 Nr. 1 bis 3 bezeichneten Art zwischen Personen, welche für bestimmte Gewerbetreibende außerhalb der Arbeitsstätte der letzteren mit Anfertigung gewerblicher Erzeugnisse beschäftigt sind (Heimarbeiter, Hausgewerbetreibende), und ihren Arbeitgebern, sofern die Beschäftigung auf die Bearbeitung oder Verarbeitung der den ersteren von den Arbeitgebern gelieferten Rohstoffe oder Halbfabrikate beschränkt ist. Das Gleiche gilt von Streitigkeiten der im §. 3 Nr. 4 bezeichneten Art zwischen solchen Hausgewerbetreibenden unter einander.

. . . .

§. 5. Durch die Zuständigkeit eines Gewerbegerichts wird die Zuständigkeit der ordentlichen Gerichte ausgeschlossen.

§. 25. Zuständig ist dasjenige Gewerbegericht, in dessen Bezirk die streitige Verpflichtung zu erfüllen ist.

§. 35. An ordentlichen Gerichtstagen können die Parteien zur Verhandlung des Rechtsstreits ohne Terminsbestimmung und Ladung vor dem Gerichte erscheinen.

Die Erhebung der Klage erfolgt in diesem Falle durch den mündlichen Vortrag derselben. Die Klage ist zu Protokoll zu nehmen, falls die Sache streitig bleibt.

§. 55. In den vor die Gewerbegerichte gehörigen Rechtsstreitigkeiten finden die Rechtsmittel statt, welche in den zur Zuständigkeit der Amtsgerichte gehörigen bürgerlichen Rechtsstreitigkeiten zulässig sind. Die Berufung ist jedoch nur zulässig, wenn der Werth des Streitgegenstandes den Betrag von einhundert Mark übersteigt . . . . . .

Als Berufungs- und Beschwerdegericht ist das Landgericht, in dessen Bezirk das Gewerbegericht seinen Sitz hat, zuständig.

§. 61. Das Gewerbegericht kann in Fällen von Streitigkeiten, welche zwischen Arbeitgebern und Arbeitern über die Bedingungen der Fortsetzung oder Wiederaufnahme des Arbeitsverhältnisses entstehen, als Einigungsamt angerufen werden.

§. 62. Der Anrufung ist Folge zu geben, wenn sie von beiden Teilen erfolgt . . . . . .

§. 76. Die Bestimmungen dieses Gesetzes finden keine Anwendung auf Gehülfen und Lehrlinge in Apotheken und Handelsgeschäften, sowie auf Arbeiter, welche in den unter der Militär- oder Marineverwaltung stehenden Betriebsanlagen beschäftigt sind.

§. 79. Die Zuständigkeit der Innungen zur Entscheidung von Streitigkeiten zwischen Arbeitgebern und ihren Lehrlingen, sowie die Zuständigkeit der Innungs-Schiedsgerichte (Gewerbeordnung §. 81a Nr. 4, §. 81b Nr. 4, §§. 91—91b) erleiden durch dieses Gesetz keine Einschränkung.

§. 81. Die auf Grund des §. (jetzt 81b Nr. 4) der Gewerbeordnung errichteten Schiedsgerichte gelten als Gewerbegerichte im Sinne dieses Gesetzes.

Schiedsmannsordnung. Vom 29. März 1879.

(Landesgesetz.)

§. 1. Zur Sühneverhandlung über streitige Rechtsangelegenheiten ist für jede Gemeinde ein Schiedsmann zu bestellen. Kleinere Gemeinden können mit anderen Gemeinden zu einem Schiedsmannsbezirke vereinigt, größere Gemeinden in mehrere Bezirke getheilt werden ......

§. 6. Die Schiedsmänner haben bei Ausübung ihres Amts die Rechte der Beamten.

§. 12. In bürgerlichen Rechtsstreitigkeiten findet eine Sühneverhandlung nur über vermögensrechtliche Ansprüche statt. Der Schiedsmann hat sich der Sühneverhandlung auf Antrag einer oder beider Parteien zu unterziehen. Zur Stellung dieses Antrages ist keine Partei verpflichtet ......

§. 13. Für die Sühneverhandlung ist der Schiedsmann zuständig, in dessen Bezirk der Gegner des Antragstellers seinen Wohnsitz hat.

Ein an sich unzuständiger Schiedsmann wird jedoch durch ausdrückliche oder stillschweigende Vereinbarung der Parteien zuständig.

§. 20. Der Antrag auf Sühneverhandlung kann bei dem Schiedsmanne schriftlich eingereicht oder mündlich zu Protokoll gegeben werden .....

§. 33. Bei den nur auf Antrag zu verfolgenden Beleidigungen und Körperverletzungen ist der Schiedsmann die zum Zwecke der Sühneverhandlung zuständige Vergleichsbehörde.

§. 35. Soweit nach der Vorschrift des §. 420 der Deutschen Strafprozeßordnung vor Erhebung der Privatklage wegen Beleidigungen nachgewiesen werden muß, daß die Sühne erfolglos versucht worden, ist für diesen Vergleichsversuch der Schiedsmann, in dessen Bezirk der Beschuldigte wohnt, ausschließlich zuständig.

Strafprozeßordnung.

Vom 1. Februar 1877. (Reichsgesetz.)

I. Der Strafprozeß.

Die Strafprozeßordnung findet Anwendung auf diejenigen Strafsachen, welche vor die ordentlichen Gerichte (Amtsgericht, Landgericht 2c.) gehören, d. h. Gegenstand gerichtlicher Bestrafung sind. Uebertretungen werden meist polizeilich bestraft und gelangen vor das Gericht nur dann, wenn

die Polizei zur Bestrafung unzuständig ist oder sich für unzuständig ansieht, oder

gegen eine polizeiliche Bestrafung Berufung eingelegt wurde.

Oertlich ist dasjenige Amts- oder Landgericht 2c.

zuständig, in dessen Bezirk die strafbare Handlung begangen ist oder der Angeschuldigte seinen Wohnsitz hat.

Die Eröffnung einer gerichtlichen Untersuchung ist durch die Erhebung einer Klage bedingt. In Strafsachen ist zur Erhebung der öffentlichen Klage die Staatsanwaltschaft berufen. Dieselbe ist verpflichtet, wegen aller gerichtlich strafbaren und verfolgbaren Handlungen einzuschreiten, sofern zureichende thatsächliche Anhaltspunkte vorliegen.

Vorverfahren.

Sobald die Staatsanwaltschaft durch eine Anzeige oder auf einem anderen Wege von dem Verdacht einer strafbaren Handlung Kenntniß erhält, hat sie behufs ihrer Entschließung darüber, ob die öffentliche Klage zu erheben sei, den Sachverhalt zu erforschen. Sie hat nicht bloß die zur Belastung, sondern auch die zur Entlastung dienenden Umstände zu ermitteln und für die Erhebung derjenigen Beweise Sorge zu tragen, deren Verlust zu besorgen steht. Zu diesem Zwecke kann die Staatsanwaltschaft von allen öffentlichen Behörden Auskunft verlangen, namentlich aber die Mitwirkung der Polizei-Behörden und -Beamten in Anspruch nehmen, sie kann auch die erforderlichen Untersuchungshandlungen durch den Amtsrichter vornehmen lassen.

Die Staatsanwaltschaft ist berechtigt, falls ihr die angestellten Ermittelungen nicht genügenden Anlaß zur Erhebung der öffentlichen Klage bieten, das Verfahren einzustellen. Andernfalls erhebt sie die öffentliche Klage beim Gericht, indem sie unter Vorlegung der Akten die **Eröffnung des Hauptverfahrens beantragt.**

Beim **Amtsgericht** befindet der Amtsrichter über die von der Amtsanwaltschaft erhobene öffentliche Klage, hält entweder noch weitere Beweiserhebungen für erforderlich und giebt die Sache der Amtsanwaltschaft zurück, oder er eröffnet sofort das Hauptverfahren und setzt Termin für die Verhandlung vor dem Schöffengericht an. Die Feststellungen erfolgen wesentlich ohne vorherige Vernehmungen erst im Gerichtstermin.

Beim **Landgericht** befindet die Strafkammer über die von der Staatsanwaltschaft erhobene öffentliche Klage und beschließt, nachdem sie ev. weitere erforderlich erscheinende Beweiserhebungen durch eines ihrer Mitglieder, den Untersuchungsrichter, oder den Amtsrichter hat vornehmen lassen, auf

Verwerfung der öffentlichen Klage der Staatsanwaltschaft, oder
Erhebung der öffentlichen Klage, oder
gerichtliche Voruntersuchung.

Die gerichtliche Voruntersuchung kommt also nur vor bei Strafsachen, die vor die Strafkammer oder das Schwurgericht gehören. Im letzteren Falle muß sie erfolgen, sie wird vom Untersuchungsrichter geführt.

Nach Abschluß einer gerichtlichen Voruntersuchung beschließt die Strafkammer nochmals über die Sache, ob das Hauptverfahren zu eröffnen sei oder nicht.

Die Eröffnung des Hauptverfahrens durch die Strafkammer findet demnach statt, wenn der Angeschuldigte

nach den Ermittelungen der Staatsanwaltschaft,
nach den etwaigen vorbereitenden Ermittelungen der Strafkammer,
oder nach den Ergebnissen der gerichtlichen Voruntersuchung

der strafbaren Handlung hinreichend verdächtig erscheint.

Der Thäter heißt Beschuldigter, sobald Verdacht auf

ihn fällt, Angeschuldigter, sobald von der Staats- bezw. Amtsanwaltschaft die öffentliche Klage erhoben ist, Angeklagter, sobald die Eröffnung des Hauptverfahrens gegen ihn beschlossen ist.

Hauptverfahren.

Der Termin zur Hauptverhandlung wird von dem Vorsitzenden des betreffenden Gerichtshofes anberaumt. Die zur Hauptverhandlung erforderlichen Ladungen und die Herbeischaffung der als Beweismittel dienenden Gegenstände bewirkt die Staatsanwaltschaft. Der Angeklagte kann die Ladung von Zeugen oder Sachverständigen oder die Herbeischaffung von Beweismitteln beantragen, vom Gericht abgelehnte Zeugen auch unmittelbar laden lassen. Ebenso kann der Vorsitzende des Gerichts die Ladung von Zeugen 2c. anordnen. In besonderen Fällen ist die kommissarische Vernehmung kranker oder weit entfernt wohnender Zeugen zulässig.

Zur Hauptverhandlung ist der Regel nach die Anwesenheit des Angeklagten erforderlich, ist sein Ausbleiben nicht genügend entschuldigt, so ist die Vorführung anzuordnen oder ein Haftbefehl zu erlassen. Wegen großer Entfernung kann der Angeklagte vom Erscheinen entbunden werden und er kann sich namentlich bei Uebertretungen durch einen Vertheidiger vertreten lassen.

Die Leitung der Verhandlung, Vernehmung des Angeklagten und die Beweisaufnahme erfolgt durch den Vorsitzenden.

Die Hauptverhandlung beginnt mit dem Aufrufe des Angeklagten, der Zeugen und der Sachverständigen. Die Verlesung des Beschlusses über die Eröffnung des Hauptverfahrens und die Vernehmung des Angeklagten erfolgt in Abwesenheit der Zeugen. Die Beweisaufnahme erfolgt durch Vernehmung der Zeugen und Sachverständigen und durch die Verlesung von Urkunden und sonstigen Schriftstücken. Nach der Vernehmung eines jeden Zeugen ꝛc. soll der Angeklagte befragt werden, ob er etwas zu erklären habe. Nach dem Schlusse der Beweisaufnahme erhalten die Staatsanwaltschaft, sodann der Angeklagte bezw. sein Vertheidiger zu ihren Ausführungen und Anträgen das Wort, dem Angeklagten gebührt das letzte Wort.

Die Hauptverhandlung schließt mit der Erlassung des Urtheils. Zu einer jeden dem Angeklagten nachtheiligen Entscheidung, welche die Schuldfrage betrifft, ist eine Mehrheit von zwei Dritteln der Stimmen erforderlich. Die Verkündung des Urtheils erfolgt durch Verlesung der Urtheilsformel und Eröffnung der Urtheilsgründe am Schlusse der Verhandlung oder spätestens mit Ablauf einer Woche.

Schwurgerichte.

Vor dem Schwurgericht beginnt die Hauptverhandlung mit der Bildung der aus 12 Geschworenen bestehenden Geschworenenbank durch Ausloosung aus mindestens 24 Geschworenen. Staatsanwaltschaft und Angeklagter haben das Recht der Ablehnung von zusammen so vielen Geschworenen, als Namen über 12 sich in der Urne befinden. Die Geschworenen werden beeidigt, dann erfolgt die Verhandlung.

Nach dem Schlusse der Beweisaufnahme werden den Geschworenen Fragen vorgelegt, die so zu stellen sind, daß sie sich mit Ja oder mit Nein beantworten lassen. Die Geschworenen ziehen sich zur Berathung zurück, wählen einen Obmann und dieser verkündet bei Rückkehr der Geschworenen ihren Spruch, der die vorgelegten Schuldfragen mit Ja oder Nein beantwortet. Zur

Schuldigsprechung seitens der Geschworenen ist eine Mehrheit von $^2/_3$ der Stimmen, also von 8 Stimmen erforderlich. Ist der Angeklagte von den Geschworenen für nicht schuldig erklärt worden, so spricht der aus 3 Richtern bestehende Gerichtshof ihn frei, anderenfalls erfolgt die Verurtheilung zu der von den Richtern festzusetzenden Strafe.

Rechtsmittel.

Gegen eine gerichtliche Entscheidung stehen sowohl der Staatsanwaltschaft als auch dem Beschuldigten, Angeklagten oder Verurtheilten selbst oder seinen Vertretern Rechtsmittel zu. Es sind dies Beschwerde, Berufung und Revision.

Die **Beschwerde** richtet sich gegen Beschlüsse und Verfügungen der Amts- und Landgerichte, sowie einzelner Richter bei ihnen. Die Beschwerde wird bei dem betreffenden Gericht eingelegt und geht, falls dieses nicht die Beschwerde für begründet hält und ihr abhilft, an das nächst höhere Gericht. Durch Einlegung der Beschwerde wird die Vollziehung der angefochtenen Entscheidung nicht gehemmt.

Die **Berufung** findet statt gegen die Urtheile der Schöffengerichte. Sie muß binnen einer Woche nach Verkündung des Urtheils bei dem Amtsgericht schriftlich oder zu Protokoll des Gerichtsschreibers eingelegt und binnen einer weiteren Woche gerechtfertigt werden. Durch rechtzeitige Einlegung der Berufung wird die Rechtskraft des Urtheils gehemmt, die Sache muß vor der Strafkammer noch einmal verhandelt werden.

Die **Revision** findet statt gegen Urtheile der Landgerichte und der Schwurgerichte, sie kann nur darauf gestützt werden, daß das Urtheil auf einer Gesetzesverletzung beruhe. Frist: eine Woche nach Verkündung des Urtheils.

Wiederaufnahme eines durch rechtskräftiges Urtheil geschlossenen Verfahrens.

Die Wiederaufnahme kann von der Staatsanwaltschaft, dem Verurtheilten oder seinen Vertretern beantragt werden, sie ist unzulässig, wenn nur die Strafe geändert werden soll. Wiederaufnahme kann vornehmlich erfolgen, wenn in der Hauptverhandlung gefälschte Urkunden vorgebracht waren, ein Zeuge oder Sachverständiger Meineid oder Falscheid begangen hat, ein Richter, Geschworener oder Schöffe unter Verletzung einer Amtspflicht mitwirkte, der Freigesprochene nachträglich ein Geständniß ablegte oder zu Gunsten des Verurtheilten neue Thatsachen und Beweismittel beigebracht werden.

Privatklage.

Beleidigungen und Körperverletzungen können, soweit die Verfolgung nur auf Antrag eintritt, von dem Verletzten im Wege der Privatklage verfolgt werden, ohne daß es einer vorgängigen Anrufung der Staatsanwaltschaft bedarf.

Die gleiche Befugniß steht denjenigen zu, welchen in den Strafgesetzen das Recht, selbstständig auf Bestrafung anzutragen, beigelegt ist.

Bezüglich Privatklagen wegen Beleidigung siehe Str.G.B. vor §. 185, wegen Körperverletzung vor §. 223.

Der Privatkläger hat für die der Staatskasse und dem Beschuldigten voraussichtlich erwachsenden Kosten Sicherheit zu leisten durch Hinterlegung. Für die Bewilligung des Armenrechts gelten die Bestimmungen der Civilprozeßordnung in der Fassung von 1898. Dieselbe bestimmt:

§. 114. Wer außer Stande ist, ohne Beeinträchtigung des für ihn und seine Familie nothwendigen Unterhalts die Kosten des Prozesses zu bestreiten, hat auf Bewilligung des **Armenrechts** Anspruch, wenn die beabsichtigte Rechtsverfolgung oder Rechtsvertheidigung nicht muthwillig oder aussichtslos erscheint . . . .

Nach **§. 115** erlangt durch die Bewilligung des Armenrechts die Partei:

1. die einstweilige Befreiung von der Berichtigung der Gerichtskosten, Gebühren und baaren Auslagen . . . . . .;
2. die Befreiung von der Sicherheitsleistung für die Prozeßkosten;
3. das Recht auf unentgeltliche Beiordnung eines Gerichtsvollziehers und, wo dies geboten ist, eines Rechtsanwalts . . . . . .

Nach **§. 118** ist das Gesuch um Bewilligung des Armenrechts bei dem Prozeßgericht anzubringen . . . . .

Dem Gesuch ist ein von der obrigkeitlichen Behörde der Partei (Polizei) ausgestelltes Zeugniß beizufügen, in welchem unter . . . . . das Unvermögen zur Bestreitung der Prozeßkosten ausdrücklich bezeugt wird.

§. 121. Das Armenrecht kann zu jeder Zeit entzogen werden, wenn sich ergiebt, daß eine Voraussetzung der Bewilligung nicht vorhanden war oder nicht mehr vorhanden ist.

Nach **§. 123.** können die Gerichtskosten, von deren Berichtigung die arme Partei einstweilen befreit ist, von dem in die Prozeßkosten verurtheilten Gegner eingezogen werden.

§. 117. Die Bewilligung des Armenrechts hat auf

die Verpflichtung zur Erstattung der dem Gegner erwachsenden Kosten keinen Einfluß.

Nach §. 125. ist die zum Armenrechte zugelassene Partei zur Nachzahlung der Beträge verpflichtet, sobald sie dazu im Stande ist.

Nebenklage.

Als Nebenkläger kann sich der erhobenen öffentlichen Klage anschließen

1. wer die Privatklage wegen Beleidigung oder Körperverletzung erheben könnte,
2. der Verletzte, der bei der Staatsanwaltschaft einen Antrag auf Erhebung der öffentlichen Klage gestellt hat und gegen den ablehnenden Bescheid derselben durch Antrag auf gerichtliche Entscheidung die Erhebung der öffentlichen Klage herbeigeführt hat,
3. derjenige, welcher berechtigt ist, die Zuerkennung einer Buße zu verlangen (Geldbuße ist zulässig bei Beleidigung und Körperverletzung).

Die Anschlußerklärung ist bei dem Gericht schriftlich einzureichen, zu einer Sicherheitsleistung ist der Nebenkläger nicht verpflichtet.

Verfahren bei amtsrichterlichen Strafbefehlen.

Bei Uebertretungen und den meisten Vergehen, welche nicht höher als mit Gefängniß bis zu drei Monaten oder mit Geldstrafe bis zu 600 Mk. bedroht sind, kann durch schriftlichen Strafbefehl des Amtsrichters ohne vorgängige Verhandlung eine Strafe festgesetzt werden, wenn die Amtsanwaltschaft hierauf anträgt. Zulässig ist eine Geldstrafe bis 150 Mk. oder Freiheitsstrafe bis zu 6 Wochen, sowie etwa verwirkte Einziehung von Sachen. Gegen den Strafbefehl kann binnen einer Woche Einspruch erhoben und gerichtliche Entscheidung beantragt werden. Andernfalls erlangt er die Wirkung eines rechtskräftigen Urtheils.

Verfahren nach vorangegangener polizeilicher Strafverfügung.

Siehe Einleitung zum XXIX. Abschnitt des Str.G.B. Uebertretungen.

Strafvollstreckung.

Strafurtheile sind erst vollstreckbar, wenn sie rechtskräftig geworden sind. Die Strafvollstreckung erfolgt durch die Staatsanwaltschaft, den Amtsanwälten steht sie nicht zu, jedoch ist sie in Preußen für die zur Zuständigkeit der Schöffengerichte gehörigen Sachen den Amtsrichtern übertragen.

Die Vollstreckung einer Freiheitsstrafe ist aufzuschieben, wenn der Verurtheilte in Geisteskrankheit oder eine mit naher Lebensgefahr verbundene andere Krankheit verfällt, sie kann aufgeschoben werden, wenn sich der Verurtheilte in einem körperlichen Zustande befindet, bei welchem eine sofortige Vollstreckung mit der Einrichtung der Strafanstalt unverträglich ist. Auf Antrag des Verurtheilten kann die Vollstreckung aufgeschoben werden, sofern durch die sofortige Vollstreckung dem Verurtheilten oder der Familie desselben erhebliche, außerhalb des Strafzwecks liegende Nachtheile erwachsen.

Die Staatsanwaltschaft ist befugt, behufs Vollstreckung einer Freiheitsstrafe einen Vorführungs- oder Haftbefehl zu erlassen, wenn der Verurtheilte auf die an ihn ergangene Ladung zum Antritt der Strafe sich nicht gestellt hat oder der Flucht verdächtig ist. Auch kann von der Staatsanwaltschaft zu demselben Zwecke ein Steckbrief erlassen werden, wenn der Verurtheilte flüchtig ist oder sich verborgen hält. Diese Befugnisse stehen bei schöffengerichtlichen Strafen dem Amtsrichter zu.

II. Mitwirkung der Polizei.

Aufgaben der gerichtlichen Polizei.

Die Polizei ist zur Mitwirkung bei der Strafrechtspflege berufen, indem sie

1. Anzeigen strafbarer Handlungen, die sie vom Publikum entgegen nimmt,
2. strafbare Handlungen, die sonst zu ihrer Kenntniß kommen,

erforscht und zur Kenntniß der Staatsanwaltschaft bringt,

3. bei den von der Staatsanwaltschaft oder dem Untersuchungsrichter anzustellenden Ermittelungen mitthätig ist.

Die die Polizei zur Mitwirkung verpflichtenden gesetzlichen Bestimmungen sind außer §§. 153 und 168 G.V.G. — siehe Seite 9 — folgende:

Zu 1. **§. 156 Str.P.O.** Anzeigen strafbarer Handlungen oder Anträge auf Strafverfolgung können bei der Staatsanwaltschaft, den Behörden und Beamten des Polizei- und Sicherheitsdienstes und den Amtsgerichten mündlich oder schriftlich angebracht werden. Die mündliche Anzeige ist zu beurkunden.

Bei strafbaren Handlungen, deren Verfolgung nur auf Antrag eintritt, muß der Antrag bei einem Gericht oder der Staatsanwaltschaft schriftlich oder zu Protokoll, bei einer anderen Behörde schriftlich angebracht werden.

Beurkundung erfolgt durch Vernehmung des Anzeigenden oder Wiedergabe des Inhalts der Anzeige in Form eines Berichts. Bezüglich Strafanträge siehe §§ 61—65 Str.G.B.

Zu 2. Nach **§. 346 Str.G.B.** wird ein Beamter, welcher . . . . mitzuwirken hat, wozu auch die Polizei-Exekutiv-Beamten gehören, mit Zuchthaus ev. Gefängniß bestraft, wenn er in der Absicht, Jemand der gesetzlichen Strafe rechtswidrig zu entziehen, die Verfolgung einer strafbaren Handlung unterläßt 2c. Als Unterlassen der Verfolgung wird auch die Nichtanzeige angesehen.

§. 157 Str.P.O. Sind Anhaltspunkte dafür vorhanden, daß Jemand eines nicht natürlichen Todes gestorben ist, oder wird der Leichnam eines Unbekannten gefunden, so sind die Polizei- und Gemeindebehörden zur sofortigen Anzeige an die Staatsanwaltschaft oder an den Amtsrichter verpflichtet.

Die Beerdigung darf nur auf Grund einer schriftlichen Genehmigung der Staatsanwaltschaft oder des Amtsrichters erfolgen.

§. 161 Str.P.O. Die Behörden und Beamten des Polizei- und Sicherheitsdienstes haben strafbare Handlungen zu erforschen und alle keinen Aufschub gestattenden Anordnungen zu treffen, um die Verdunkelung der Sache zu verhüten.

Sie übersenden ihre Verhandlungen ohne Verzug der Staatsanwaltschaft. Erscheint die schleunige Vornahme richterlicher Untersuchungshandlungen erforderlich, so kann die Uebersendung unmittelbar an den Amtsrichter erfolgen.

Aus Absatz 1 folgt das Recht, Zeugen einer strafbaren Handlung, die sich der Zeugnißpflicht entziehen wollen, nöthigenfalls zwangsweise behufs Feststellung der Personalien zu sistiren.

Zu 3. **§. 159 Str.P.O.** Zu dem im vorstehenden Paragraphen bezeichneten Zwecke (behufs Erforschung des Sachverhalts) kann die Staatsanwaltschaft von allen öffentlichen Behörden Auskunft verlangen und Ermittelungen jeder Art, mit Ausschluß eidlicher Vernehmungen, entweder selbst vornehmen oder durch die Behörden und Beamten des Polizei- und Sicherheitsdienstes vornehmen lassen. Die Behörden und Beamten des Polizei- und Sicherheitsdienstes sind verpflichtet, dem Ersuchen oder Auftrage der Staatsanwaltschaft zu genügen.

§. 187 Str.P.O. Die Behörden und Beamten des Polizei- und Sicherheitsdienstes sind verpflichtet, Ersuchen oder Aufträgen des Untersuchungsrichters um Ausführung einzelner Maßregeln oder um Vornahme von Ermittelungen zu genügen.

§. 162 Str.P.O. Bei Amtshandlungen an Ort und Stelle ist der Beamte, welcher dieselben leitet, befugt, Personen, welche seine amtliche Thätigkeit vorsätzlich stören oder sich den von ihm innerhalb seiner Zuständigkeit getroffenen Anordnungen widersetzen, festnehmen und bis zur Beendigung seiner Amtsverrichtungen, jedoch nicht über den nächstfolgenden Tag hinaus, festhalten zu lassen.

Diese Befugniß steht auch dem Polizei-Exekutiv-Beamten zu, wenn er in Strafsachen thätig ist.

Die Anzeigen strafbarer Handlungen, soweit nicht polizeiliche Bestrafung eintritt, gehen von der Polizei mit den einstweiligen Ermittelungen an die Staats- bezw. Amtsanwaltschaft. Sind in einer solchen Sache Personen vorläufig festgenommen, so erfolgt Vorführung beim Amtsgericht.

Bei solchen wegen Uebertretung vorgeführten Personen, die geständig sind, kann nach §. 211 Str.P.O. der Amtsrichter mit Zustimmung des Amtsanwalts ohne Zuziehung von Schöffen gleich zur Hauptverhandlung schreiten. Es geschieht dies namentlich bei Bettlern und Prostituirten. Das vom Amtsrichter allein ergangene Urtheil ist rechtskräftig, wenn die betreffende Person auf das Rechtsmittel der Berufung verzichtet.

Die übrigen von der Polizei vorgeführten Personen werden vom Amtsrichter vernommen und verfügt dieser die Entlassung oder erläßt einen Haftbefehl.

Bei den anzustellenden Ermittelungen und Maßregeln ist der Polizei-Exekutiv-Beamte, soweit nicht ein bestimmter Auftrag vorliegt, in der Wahl der einzelnen Mittel unbeschränkt und wird nur von der Zweckmäßigkeit und seiner Geschicklichkeit bestimmt. Es ist aber für ihn unerläßlich, will er sich nicht selbst strafbar machen, die seine Bethätigungsfreiheit einschränkenden gesetzlichen Bestimmungen zu kennen und zu beachten. Der einen Auftrag eines Vorgesetzten ausführende Untergebene ist für eine solche Ungesetzlichkeit sogar selbst mit strafbar, wenn ihm die Ungesetzlichkeit bewußt war. Namentlich sind aus dem Strafgesetzbuch zu beachten die §§. 331—359, betr. Verbrechen und Vergehen im Amte, aus der Str.P.O. die Bestimmungen über Beschlagnahme, Haussuchung, Durchsuchung von Personen, Verhaftung und vorläufige Festnahme. Wissenswerth sind auch die Bestimmungen der Str.P.O. über Zeugnißablegung vor Gericht.

Zeugnißablegung vor Gericht (siehe auch §. 163 Str.G.B.).

§. 48. Die Ladung der Zeugen geschieht unter Hinweis auf die gesetzlichen Folgen des Ausbleibens . .

§. 50. Ein ordnungsmäßig geladener Zeuge, welcher nicht erscheint, ist in die durch das Ausbleiben verursachten Kosten, sowie zu einer Geldstrafe bis zu dreihundert Mark, und für den Fall, daß diese nicht beigetrieben werden kann, zur Strafe der Haft bis zu sechs Wochen zu verurtheilen .....

Die Verurtheilung in Strafe und Kosten unterbleibt, wenn das Ausbleiben des Zeugen genügend entschuldigt ist. Erfolgt nachträglich genügende Entschuldigung, so werden die gegen den Zeugen getroffenen Anordnungen wieder aufgehoben.

Die Befugniß zu diesen Maßregeln steht auch dem Untersuchungsrichter, dem Amtsrichter im Vorverfahren, sowie dem beauftragten und ersuchten Richter zu. . . .

§§ 51—55. Verweigerung des Zeugnisses siehe § 154 Str.G.B.

§. 58 ..... Eine Gegenüberstellung mit anderen Zeugen oder mit dem Beschuldigten findet im Vorverfahren nur dann statt, wenn sie ohne Nachtheil für die Sache nicht bis zur Hauptverhandlung ausgesetzt bleiben kann.

§. 68. Der Zeuge ist zu veranlassen, dasjenige, was ihm von dem Gegenstande seiner Vernehmung bekannt ist, im Zusammenhange anzugeben .....

Zur Aufklärung und zur Vervollständigung der Aussage sowie zur Erforschung des Grundes, auf welchem die Wissenschaft des Zeugen beruht, sind nöthigenfalls weitere Fragen zu stellen.

§. 70. Jeder von dem Richter oder der Staatsanwaltschaft geladene Zeuge hat nach Maßgabe der Gebührenordnung Anspruch auf Entschädigung aus der Staatskasse für Zeitversäumniß und, wenn sein Erscheinen eine Reise erforderlich macht, auf Erstattung der Kosten, welche durch die Reise und den Aufenthalt am Orte der Vernehmung verursacht werden.

Königliche Polizei-Exekutiv-Beamte erhalten bei solchen Reisen Reisekosten und Tagegelder nach den Sätzen ihrer Rangklasse, die übrigen nur die baaren Auslagen. Wenn sie jedoch nach einem bei ihrer Behörde bestehenden Regulativ bei Dienstreisen nach außerhalb zur Lequidirung von Reisekosten und Tagegeldern berechtigt sind, steht ihnen dieser Anspruch auch dem Gericht gegenüber zu.

§. 249. Beruht der Beweis einer Thatsache auf der Wahrnehmung einer Person, so ist die letztere in der Hauptverhandlung zu vernehmen. Die Vernehmung darf nicht durch Verlesung des über eine frühere Vernehmung aufgenommenen Protokolls oder einer schriftlichen Erklärung ersetzt werden.

Auf die von einem Polizei-Beamten vorgetragene Bekundung von Zeugen und Gewährsmännern, die nicht genannt und daher nicht gerichtlich selbst vernommen werden können, legt das Gericht keinen Werth.

§. 225. Erklärt ein Zeuge . . . . , daß er sich einer Thatsache nicht mehr erinnert, so kann der hierauf bezügliche Theil des Protokolls über seine frühere Vernehmung zur Unterstützung seines Gedächtnisses verlesen werden.

Dasselbe kann geschehen, wenn ein in der Vernehmung hervortretender Widerspruch mit der früheren Aussage nicht auf andere Weise ohne Unterbrechung der Hauptverhandlung festgestellt oder gehoben werden kann.

Beschlagnahme.

§. 94. Gegenstände, welche als Beweismittel für die Untersuchung von Bedeutung sein können oder der Einziehung unterliegen, sind in Verwahrung zu nehmen oder in anderer Weise sicher zu stellen.

Befinden sich die Gegenstände in dem Gewahrsam

einer Person und werden dieselben nicht freiwillig herausgegeben, so bedarf es der Beschlagnahme.

Der Einziehung unterliegen nach § 40 Str.G.B. Gegenstände, welche durch ein vorsätzliches Verbrechen oder Vergehen hervorgebracht, oder zur Begehung eines solchen gebraucht oder bestimmt sind; nach § 41 Schriften, Abbildungen oder Darstellungen strafbaren Inhalts; nach § 152 nachgemachtes oder verfälschtes Geld nebst den Anfertigungswerkzeugen; nach § 295 Gewehr, Jagdgeräth und Hunde bei unberechtigter Jagdausübung; ferner die in den §§ 360, 367 und 369 am Schluß bezeichneten Gegenstände, z. B. heimliche Ansammlungen von Waffen oder Schießbedarf, bei verbotenem Glücksspiel die auf dem Spieltisch oder in der Bank befindlichen Gelder, verfälschte oder verdorbene Eßwaaren und Getränke, verbotene Waffen, vorschriftswidrige Maaße, Gewichte, Waagen oder sonstige Meßwerkzeuge.

§. 95. Wer einen Gegenstand der vorbezeichneten Art in seinem Gewahrsam hat, ist verpflichtet, denselben auf Erfordern vorzulegen und auszuliefern.

Er kann im Falle der Weigerung durch die im §. 69 bestimmten Zwangsmittel hierzu angehalten werden. Gegen Personen, welche zur Verweigerung des Zeugnisses berechtigt sind, finden diese Zwangsmittel keine Anwendung.

Die Zwangsmittel sind Geldstrafe und Haft bis zu 6 Monaten wie bei unberechtigter Zeugnißverweigerung. Zur Verweigerung des Zeugnisses berechtigt sind: Verlobte, Ehegatten, Verwandte, Verschwägerte, Adoptiveltern und =Kinder, Seelsorger, Vertheidiger, Rechtsanwälte und Aerzte. Die verweigerte freiwillige Herausgabe kann durch eine Durchsuchung und zwangsweise Wegnahme ersetzt werden.

§. 97. Schriftliche Mittheilungen zwischen dem Beschuldigten und denjenigen Personen, die wegen ihres Verhältnisses zu ihm nach §§. 51, 52 zur Verweigerung des Zeugnisses berechtigt sind, unterliegen der Beschlagnahme nicht, falls sie sich in den Händen der letzteren

Personen befinden und diese nicht einer Theilnahme, Begünstigung oder Hehlerei verdächtig sind.

§. 98. Die Anordnung von Beschlagnahmen steht dem Richter, bei Gefahr im Verzug auch der Staatsanwaltschaft und denjenigen Polizei- und Sicherheitsbeamten zu, welche als Hülfsbeamte der Staatsanwaltschaft den Anordnungen derselben Folge zu leisten haben.

(Absatz 2 und 3.) Nachsuchen richterlicher Bestätigung einer ohne richterliche Anordnung erfolgten Beschlagnahme.

Beschlagnahmen in militärischen Dienstgebäuden, zu welchen auch Kriegsfahrzeuge gehören, erfolgen durch Ersuchen der Militärbehörde, und auf Verlangen der Civilbehörde (Richter, Staatsanwaltschaft) unter deren Mitwirkung. Des Ersuchens der Militärbehörde bedarf es jedoch nicht, wenn die Beschlagnahme in Räumen vorzunehmen ist, welche in militärischen Dienstgebäuden ausschließlich von Civilpersonen bewohnt werden.

Zu den Civilpersonen gehören auch die Civilbeamten der Militärverwaltung.

§§. 99—101. Beschlagnahme von Postsendungen und Telegrammen kann nur vom Richter, bei Gefahr im Verzug von der Staatsanwaltschaft verfügt werden.

§. 109. Die in Verwahrung oder in Beschlag genommenen Gegenstände sind genau zu verzeichnen und zur Verhütung von Verwechselungen durch amtliche Siegel oder in sonst geeigneter Weise kenntlich zu machen.

§. 111. Gegenstände, welche durch die strafbare Handlung dem Verletzten entzogen wurden, sind, falls nicht Ansprüche Dritter entgegenstehen, nach Beendigung der Untersuchung und geeignetenfalls schon vorher von

Amtswegen dem Verletzten zurückzugeben, ohne daß es eines Urtheils hierüber bedarf.

Dem Betheiligten bleibt die Geltendmachung seiner Rechte im Civilverfahren vorbehalten.

Hierher gehört die alsbaldige Rückgabe gestohlener Sachen an den Eigenthümer durch die Polizei, Aushändigung von Pfandscheinen, anderweitiges Verkaufsverbot an Trödler.

Formvorschriften für die Beschlagnahme sind nicht gegeben, es genügt, wenn nicht Mitnahme erfolgt, die Beschlagnahmeerklärung und das Verbot der Verfügung oder Veränderung. Praktisch ist aber die Kenntlichmachung der betreffenden Gegenstände durch polizeiliche Siegel oder Siegelmarken. Nach §. 137 Str.G.B. ist strafbar, wer rechtmäßig in Beschlag genommene Sachen vorsätzlich bei Seite schafft, zerstört oder sonst der Verstrickung entzieht.

Die förmliche Beschlagnahme erfolgt, wenn der betreffende Gegenstand sich in Gewahrsam einer Person befindet und nicht freiwillig herausgegeben wird. Die Anordnung dieser Beschlagnahme steht nur dem Richter, der Staatsanwaltschaft und ev. dem Hülfsbeamten der Staatsanwaltschaft zu. Eine von diesen angeordnete Beschlagnahme kann jeder Polizei-Exekutiv-Beamte ausführen.

Zu folgenden Beschlagnahme- bezw. Verwahrungsmaßregeln ist jeder Polizei-Exekutiv-Beamte aus eigener Machtvollkommenheit berechtigt:

1. Wenn er mit einer Durchsuchung beauftragt Gegenstände findet, die auf eine andere strafbare Handlung hindeuten, so hat er diese gemäß § 108 in Beschlag zu nehmen (Seite 38).

2. Er kann Beweisstücke und der Einziehung unterliegende Sachen (siehe § 40 Str.G.B.) in Verwahrung nehmen oder in anderer Weise sicher stellen, wenn sie sich nicht in Gewahrsam einer Person befinden oder nicht freiwillig herausgegeben werden.
3. Mit der Festnahme einer Person gehen auch alle von dieser bei sich geführten Gegenstände in die Verwahrung des Beamten über, er muß sie sicher stellen und ihre Beiseiteschaffung vereiteln.
4. Die von der Polizei nicht zum Zwecke einer Strafverfolgung, sondern als Vorbeugungsmittel gegen strafbare Handlungen oder Gefahren für Leben, Gesundheit und Eigenthum von Menschen zu treffenden Maßregeln werden nicht von der Strafprozeßordnung berührt. Derartige Sachen können daher vorläufig weg- und in Verwahrung genommen werden, z. B. Druckschriften, die im Wandergewerbebetriebe entgegen § 56 G.O. feilgehalten werden, ohne im Verzeichniß aufgeführt zu sein; Wildpret während der Schonzeit; verdorbene Nahrungsmittel; nicht untersuchtes Fleisch, das feilgehalten wird; gefährliche Werkzeuge bei drohender Körperverletzung; gefährliches Spielzeug von Kindern.

Haus- und Durchsuchung.

1. Zulässigkeit.

§. 102. Bei demjenigen, welcher als Thäter oder Theilnehmer einer strafbaren Handlung oder als Begünstiger oder Hehler verdächtig ist, kann eine Durchsuchung der Wohnung und anderer Räume, sowie seiner Person und der ihm gehörigen Sachen, sowohl zum Zwecke seiner Ergreifung, als auch dann vorgenommen werden, wenn zu vermuthen ist, daß die Durchsuchung zur Auffindung von Beweismitteln führen werde.

§. 103. Bei anderen Personen sind Durchsuchungen nur behufs der Ergreifung des Beschuldigten oder behufs der Verfolgung von Spuren einer strafbaren Handlung oder behufs der Beschlagnahme bestimmter Gegenstände und nur dann zulässig, wenn Thatsachen vorliegen, aus denen zu schließen ist, daß die gesuchte Person, Spur oder Sache sich in den zu durchsuchenden Räumen befinde.

Diese Beschränkung findet keine Anwendung auf die Räume, in welchen der Beschuldigte ergriffen worden ist, oder welche er während der Verfolgung betreten hat, oder in welchen eine unter Polizeiaufsicht stehende Person wohnt oder sich aufhält.

2. Beschränkung hinsichtlich der Zeit.

§. 104. Zur Nachtzeit dürfen die Wohnung, die Geschäftsräume und das befriedete Besitzthum nur bei Verfolgung auf frischer That oder bei Gefahr im Verzug oder dann durchsucht werden, wenn es sich um die Wiederergreifung eines entwichenen Gefangenen handelt.

Diese Beschränkung findet keine Anwendung auf Wohnungen von Personen, welche unter Polizeiaufsicht stehen, sowie auf Räume, welche zur Nachtzeit Jedermann zugänglich oder welche der Polizei als Herbergen oder Versammlungsorte bestrafter Personen, als Niederlagen von Sachen, welche mittels strafbarer Handlungen erlangt sind, oder als Schlupfwinkel des Glücksspiels oder gewerbsmäßiger Unzucht bekannt sind.

Die Nachtzeit umfaßt in dem Zeitraume vom 1. April bis 30. September die Stunden von 9 Uhr Abends bis 4 Uhr Morgens und in dem Zeitraume vom 1. Oktober bis 31. März die Stunden von 9 Uhr Abends bis 6 Uhr Morgens.

3. Verfahren.

§. 105. Die Anordnung von Durchsuchungen steht dem Richter, bei Gefahr im Verzug auch der Staatsanwaltschaft und denjenigen Polizei- und Sicherheitsbeamten zu, welche als Hülfsbeamte der Staatsanwaltschaft den Anordnungen derselben Folge zu leisten haben.

Wenn eine Durchsuchung der Wohnung, der Geschäftsräume oder des befriedeten Besitzthums ohne Beisein des Richters oder des Staatsanwalts stattfindet, so sind, wenn dies möglich, ein Gemeindebeamter oder zwei Mitglieder der Gemeinde, in deren Bezirk die Durchsuchung erfolgt, zuzuziehen. Die als Gemeindemitglieder zugezogenen Personen dürfen nicht Polizei- oder Sicherheitsbeamte sein.

Die in den vorstehenden Absätzen angeordneten Beschränkungen der Durchsuchung finden keine Anwendung auf die im §. 104 Abs. 2 bezeichneten Wohnungen und Räume.

Durchsuchungen in militärischen Dienstgebäuden erfolgen ..... (wie im § 98 Seite 33)."

§. 106. Der Inhaber der zu durchsuchenden Räume oder Gegenstände darf der Durchsuchung beiwohnen. Ist er abwesend, so ist, wenn dies möglich, sein Vertreter oder ein erwachsener Angehöriger, Hausgenosse oder Nachbar zuzuziehen.

Dem Inhaber oder der in dessen Abwesenheit zugezogenen Person ist in den Fällen des §. 103 Abs. 1 der Zweck der Durchsuchung vor deren Beginn bekannt zu machen. Diese Vorschrift findet keine Anwendung auf die Inhaber der im §. 104 Abs. 2 bezeichneten Räume.

§. 107. Dem von der Durchsuchung Betroffenen ist nach deren Beendigung auf Verlangen eine schriftliche Mittheilung zu machen, welche den Grund der Durchsuchung (§§. 102, 103) sowie im Falle des §. 102 die strafbare Handlung bezeichnen muß. Auch ist demselben auf Verlangen ein Verzeichniß der in Verwahrung oder in Beschlag genommenen Gegenstände, falls aber nichts Verdächtiges gefunden wird, eine Bescheinigung hierüber zu geben.

§. 108. Werden bei Gelegenheit einer Durchsuchung Gegenstände gefunden, welche zwar in keiner Beziehung zu der Untersuchung stehen, aber auf die erfolgte Verübung einer anderen strafbaren Handlung hindeuten, so sind dieselben einstweilen in Beschlag zu nehmen. Der Staatsanwaltschaft ist hiervon Kenntniß zu geben.

§. 109. Die in Verwahrung oder in Beschlag genommenen Gegenstände sind genau zu verzeichnen und zur Verhütung von Verwechselungen durch amtliche Siegel oder in sonst geeigneter Weise kenntlich zu machen.

4. **Durchsicht der Papiere.**

§. 110. Eine Durchsicht der Papiere des von der Durchsuchung Betroffenen steht nur dem Richter zu.

Andere Beamte sind zur Durchsicht der aufgefundenen

Papiere nur dann befugt, wenn der Inhaber derselben die Durchsicht genehmigt. Anderenfalls haben sie die Papiere, deren Durchsicht sie für geboten erachten, in einem Umschlage, welcher in Gegenwart des Inhabers mit dem Amtssiegel zu verschließen ist, an den Richter abzuliefern.

Dem Inhaber der Papiere oder dessen Vertreter ist die Beidrückung seines Siegels gestattet; . . . . .

Hiernach können durchsucht werden Wohnungen und andere Räume (Haussuchung), Personen und Sachen (Durchsuchung), der Zweck ist Ergreifung einer Person oder Auffindung von Beweismitteln. Zur Anordnung einer solchen Haus- oder Durchsuchung sind unter bestimmten Voraussetzungen berechtigt der Richter, bei Gefahr im Verzug die Staatsanwaltschaft und ein Polizei-Beamter, der die Eigenschaft als Hülfsbeamter der Staatsanwaltschaft hat (Seite 9).

Jeder Polizei-Exekutiv-Beamte darf eine Haus- oder Durchsuchung vornehmen, wenn

1. er von einer zur Anordnung derselben ermächtigten Person beauftragt ist,
2. die Durchsuchung freiwillig vom Betroffenen angeboten oder gestattet wird,
3. gemäß § 105 Abs. 3 bei Gefahr im Verzug, wenn es sich handelt um
   a) Wohnungen von Personen, die unter Polizeiaufsicht stehen,
   b) Räume, welche zur Nachtzeit Jedermann zugänglich sind,
   c) Räume, welche der Polizei als Herbergen oder Versammlungsorte bestrafter Personen (Ver-

brechernester), als Niederlagen von Sachen, welche mittels strafbarer Handlungen erlangt sind (Hehlernester), oder als Schlupfwinkel des Glücksspiels oder gewerbsmäßiger Unzucht bekannt sind.

Zu 1. Der ausführende Polizei-Exekutiv-Beamte wird durch seinen Auftraggeber gedeckt, muß aber selbst die bestehenden formellen Bestimmungen beachten. Eine unter Vernachlässigung derselben ausgeführte Durchsuchung ist keine rechtmäßige Amtsausübung und ev. nach §§ 123 und 342 Str.G.B. strafbar. Die Durchsuchung darf nicht nach 9 Uhr Abends begonnen, kann aber darüber hinaus ausgedehnt werden; die Zuziehung von Gemeindebeamten oder Gemeindemitgliedern kann unterbleiben, wenn durch den entstehenden Zeitverlust der Erfolg der Durchsuchung vereitelt würde.

Zu 2. Eine freiwillig angebotene Durchsuchung liegt oft im Interesse sowohl der Rechtfertigung des Beschuldigten als auch der Strafverfolgung und ist daher nicht abzulehnen, namentlich nicht bei frischer That. Dagegen ist es meist nicht praktisch, den Verdächtigen anzugehen, daß er eine Durchsuchung freiwillig gestatte. Ist dieses Ansinnen aber gestellt und abgelehnt, so ist nach Möglichkeit dafür zu sorgen, daß das Gesuchte nicht bei Seite geschafft oder vernichtet wird, und daß die Durchsuchung von dem zur Anordnung Berechtigten umgehend angeordnet wird.

Zu 3. Eine solche Durchsuchung ist nur vorzunehmen, wenn Gefahr im Verzug liegt und der Verdacht einer **bestimmten** strafbaren Handlung und die sichere Vermuthung besteht, daß die Durchsuchung Erfolg hat. Zuziehung von Gemeindemitgliedern rc. ist hier nicht erforderlich.

Sonstige polizeiliche Maßregeln werden durch vorstehende Bestimmungen nicht eingeschränkt, nur darf der Beamte keine Durchsuchung vornehmen. Er kann namentlich verdächtige Personen sammt ihren Effekten sistiren und behufs Ergreifung von verfolgten oder entsprungenen Personen eindringen, wie im Folgenden besagt wird.

Verhaftung und vorläufige Festnahme.

Die von den Polizei-Exekutiv-Beamten vorzunehmenden Freiheitsentziehungen: Verhaftung, vorläufige Festnahme, Vorführung, Sistirung, polizeiliche Verwahrung sind beim §. 239 Str.G.B. zusammengestellt. In den gesetzlichen Bestimmungen wird nur die Verhaftung, vorläufige Festnahme und polizeiliche Verwahrung genannt, die gesetzlichen Unterlagen sind:

1. Verhaftung.

§. 112. Der Angeschuldigte darf nur dann in Untersuchungshaft genommen werden, wenn dringende Verdachtsgründe gegen ihn vorhanden sind und entweder er der Flucht verdächtig ist oder Thatsachen vorliegen, aus denen zu schließen ist, daß er Spuren der That vernichten oder daß er Zeugen oder Mitschuldige zu einer falschen Aussage oder Zeugen dazu verleiten werde, sich der Zeugnißpflicht zu entziehen. Diese Thatsachen sind aktenkundig zu machen.

Der Verdacht der Flucht bedarf keiner weiteren Begründung:

1. wenn ein Verbrechen den Gegenstand der Untersuchung bildet;
2. wenn der Angeschuldigte ein Heimathloser oder

Landstreicher oder nicht im Stande ist, sich über seine Person auszuweisen;

3. wenn der Angeschuldigte ein Ausländer ist und gegründeter Zweifel besteht, daß er sich auf Ladung vor Gericht stellen und dem Urtheile Folge leisten werde.

§. 113. Ist die That nur mit Haft oder Geldstrafe bedroht, so darf die Untersuchungshaft nur wegen Verdachts der Flucht und nur dann verhängt werden, wenn der Angeschuldigte zu den im §. 112 Nr. 2 oder 3 bezeichneten Personen gehört, oder wenn derselbe unter Polizeiaufsicht steht, oder wenn es sich um eine Uebertretung handelt, wegen deren die Ueberweisung an die Landespolizeibehörde erkannt werden kann.

§. 114. Die Verhaftung erfolgt auf Grund eines schriftlichen Haftbefehls des Richters.

In dem Haftbefehl ist der Angeschuldigte genau zu bezeichnen und die ihm zur Last gelegte strafbare Handlung sowie der Grund der Verhaftung anzugeben.

Dem Angeschuldigten ist der Haftbefehl bei der Verhaftung und, wenn dies nicht thunlich ist, spätestens am Tage nach seiner Einlieferung in das Gefängniß, nach Vorschrift des §. 35 bekannt zu machen und zu eröffnen, daß ihm das Rechtsmittel der Beschwerde zustehe.

2. Vorläufige Festnahme.

§. 127. Wird Jemand auf frischer That betroffen oder verfolgt, so ist, wenn er der Flucht verdächtig ist oder seine Persönlichkeit nicht sofort festgestellt werden kann, Jedermann befugt, ihn auch ohne richterlichen Befehl vorläufig festzunehmen.

Die Staatsanwaltschaft und die Polizei- und

Sicherheitsbeamten sind auch dann zur vorläufigen Festnahme befugt, wenn die Voraussetzungen eines Haftbefehls vorliegen und Gefahr im Verzug obwaltet.

Bei strafbaren Handlungen, deren Verfolgung nur auf Antrag eintritt, ist die vorläufige Festnahme von der Stellung eines solchen Antrags nicht abhängig.

Gesetz vom 12. Februar 1850 zum Schutze der persönlichen Freiheit.

§. 6. Die im §. 3 genannten (Polizei-)Behörden, Beamten und Wachtmannschaften sind befugt, Personen in polizeiliche Verwahrung zu nehmen, wenn der eigene Schutz dieser Personen oder die Aufrechthaltung der öffentlichen Sittlichkeit, Sicherheit und Ruhe diese Maßregel dringend erfordern . . . . . .

§. 7. In eine Wohnung darf wider den Willen des Inhabers Niemand eindringen, außer auf Grund einer aus amtlicher Eigenschaft folgenden Befugniß oder eines von einer gesetzlich dazu ermächtigten Behörde ertheilten Auftrags.

§. 8. Das Eindringen in die Wohnung während der Nachtzeit ist verboten. (Die Nachtzeit umfaßt gemäß § 104 Abs. 3 Str.P.O. für die Strafverfolgung die Stunden von 9—4 und für den Winter von 9—6 Uhr Morgens.)

§. 10. Zum Zweck der vorläufigen Ergreifung und Festnahme einer Person, welche bei Ausführung einer strafbaren Handlung oder gleich nach derselben verfolgt worden, sowie zum Zweck der Wiederergreifung eines entsprungenen Gefangenen, darf der verfolgende oder zugezogene Beamte, ingleichen die verfolgende oder zugezogene Wachtmannschaft, auch zur Nachtzeit in eine Wohnung eindringen. Außerdem darf zum Zwecke der Verhaftung oder vorläufigen Festnahme der verfolgende Beamte nur dann zur Nachtzeit in eine Wohnung eindringen, wenn dringende Gründe dafür sprechen, daß bei längerer Verzögerung der Verfolgte sich der Festnahme ganz entziehen werde.

Ueber das Eindringen in Wohnungen zu anderem als Festnahmezwecken siehe zu § 123 Str.G.B. am Schluß und Seite 36.

Strafbare Freiheitsentziehung seitens eines Beamten wird nach §§ 235—239 und 341 Str.G.B. bestraft. Verhaftete werden unter Abgabe des Haftbefehls möglichst sofort an das nächste Gerichtsgefängniß, vorläufig festgenommene und in polizeiliche Verwahrung genommene Personen an das nächste Polizei-Gefängniß abgeliefert, sistirte Personen nach dem nächsten Polizei-Büreau, vorzuführende Personen direkt an den im Auftrage bezeichneten Ort geführt.

Nach § 168 G.V.G. — Seite 10 — können flüchtige Personen von Polizei-Beamten auch im Gebiete eines anderen Bundesstaates verfolgt und ergriffen werden.

Militärpersonen in Uniform — abgesehen von Deserteuren — sollen möglichst durch Militär-Wachtmannschaften oder einen Militär-Vorgesetzten arretirt werden. Festnahme durch einen Polizei-Beamten ist nur als Ausnahme in dringenden Fällen zulässig, wenn ein Soldat den Ermahnungen oder Aufforderungen nicht Folge leistet und die geforderte Auskunft über seine Person verweigert oder ersichtlich falsch angiebt, Straßenunfug treibt, sich in Schlägereien einläßt oder erhebliche Vergehen oder Verbrechen verübt. Festgenommene Militärpersonen sind der nächsten Militärwache zuzuführen.

Zum Militärdienst einberufene Personen gehören von Mitternacht an desjenigen Tages, an welchem die

Meldung zum Dienst erfolgen muß, ebenso bis Mitternacht des Entlassungstages dem aktiven Militärstande an und haben daher von jener Stunde ab bezw. bis zu dieser Stunde den Militärgerichtsstand. Die Gestellungsordre ist daher ev. als genügende Legitimation des Inhabers derselben anzusehen und ist dieser stets sofort der nächsten Militärwache zuzuführen. Anzeige über den Grund der Festnahme ist sowohl der Militärwache als der Polizei-Verwaltung umgehend zu erstatten.

Strafgesetzbuch für das Deutsche Reich

vom 15. Mai 1871.

Einleitende Bestimmungen.

§. 1. Eine mit dem Tode, mit Zuchthaus, oder mit Festungshaft von mehr als fünf Jahren bedrohte Handlung ist ein Verbrechen.

Z. B. sind Verbrechen: Mord (§ 211), weil Todesstrafe angedroht ist; Todtschlag (§ 212), weil Zuchthaus angedroht ist; feindliche Handlungen gegen einen befreundeten außerdeutschen Staat (§ 102), weil als schwerste Strafe Festungshaft bis zu 10 Jahren angedroht ist.

Eine mit Festungshaft bis zu fünf Jahren, mit Gefängniß oder mit Geldstrafe von mehr als einhundertfunfzig Mark bedrohte Handlung ist ein Vergehen.

Z. B. ist Herausforderung zum Zweikampf (§ 201) ein Vergehen, weil Festungshaft bis zu 6 Monaten; einfacher

Diebstahl (§ 242) ein Vergehen, weil Gefängniß; Dulden von Glücksspielen (§ 285) ein Vergehen, weil Geldstrafe bis zu 1500 Mk. angedroht ist.

Eine mit Haft oder mit Geldstrafe bis zu einhundertfunfzig Mark bedrohte Handlung ist eine Uebertretung.

Die in den §§ 360—370 aufgeführten Strafthaten sind Uebertretungen, weil das Strafmaß nicht über Haft- oder Geldstrafe bis 150 Mk. hinausgeht.

Diese Unterscheidungsmerkmale sind nicht nur beim St.G.B., sondern bei allen strafbaren Handlungen anwendbar. Für den Polizei-Exekutiv-Beamten ist es unerläßlich, diese Unterschiede geläufig zu kennen, erstens damit er eine strafbare Handlung richtig benennt, dann aber auch, weil seine Festnahmebefugniß und die Strafbarkeit, z. B. des Versuchs, eine verschiedene ist, je nachdem ein Verbrechen, Vergehen oder eine Uebertretung vorliegt. Z. B. ist schwerer Diebstahl ein Verbrechen, begründet Fluchtverdacht und rechtfertigt die Festnahme des Thäters auf jeden Fall — einfacher Diebstahl nicht. Der Versuch eines Verbrechens ist stets, eines Vergehens in manchen Fällen, einer Uebertretung nie strafbar. Hat man den Paragraphen, unter den eine strafbare Handlung fällt, gefunden, so sieht man zuerst nach der härtesten Strafart, die angedroht ist. Die Strafen rangiren: Tod, Zuchthaus, Gefängniß, Festungshaft, Haft, Geldstrafe. Wird Tod oder Zuchthaus angedroht, so liegt jedesmal ein Verbrechen vor; ist die härteste Strafe Gefängniß, so liegt ein Vergehen, ist sie Haft, so liegt eine Uebertretung vor. Bei Geldstrafe kommt es auf das höchste Maß der angedrohten Strafe an — ob über 150 Mk. —, ob ein Vergehen oder eine Uebertretung vorliegt. Aehnlich bei Festungshaft.

§. 2. Eine Handlung kann nur dann mit einer Strafe belegt werden, wenn diese Strafe gesetzlich bestimmt war, bevor die Handlung begangen wurde.

Bei Verschiedenheit der Gesetze von der Zeit der begangenen Handlung bis zu deren Aburtheilung ist das mildeste Gesetz anzuwenden.

§. 3. Die Strafgesetze des Deutschen Reichs finden

Anwendung auf alle im Gebiete desselben begangenen strafbaren Handlungen, auch wenn der Thäter ein Ausländer ist.

Ueber das Recht der Exterritorialität siehe Seite 4.

§§ 4—9. Wegen der im Auslande von Deutschen begangenen strafbaren Handlungen tritt diesseits nur unter Umständen eine Strafverfolgung ein, namentlich bei Hoch- und Landesverrath, Münzverbrechen, Amtsvergehen von Beamten im Auslande. Auslieferung Deutscher an das Ausland ist verboten. Die Auslieferung straffälliger Deutscher an Deutschland und straffälliger Ausländer von Deutschland ist mit den einzelnen Staaten durch besondere Auslieferungsverträge geregelt. Eine Auslieferung innerhalb der Bundesstaaten des deutschen Reiches ist nur erforderlich, wenn das betreffende Gericht örtlich nicht zuständig ist, sonst ist jedes deutsche Gericht über jeden Deutschen zuständig.

§. 4. Wegen der im Auslande begangenen Verbrechen und Vergehen findet in der Regel keine Verfolgung statt.

Jedoch kann nach den Strafgesetzen des Deutschen Reichs verfolgt werden:

1. ein Deutscher oder ein Ausländer, welcher im Auslande eine hochverrätherische Handlung gegen das Deutsche Reich oder einen Bundesstaat, oder ein Münzverbrechen, oder als Beamter des Deutschen Reichs oder eines Bundesstaats eine Handlung begangen hat, die nach den Gesetzen des Deutschen Reichs als Verbrechen oder Vergehen im Amte anzusehen ist;
2. ein Deutscher, welcher im Auslande eine landesverrätherische Handlung gegen das Deutsche Reich oder einen Bundesstaat, oder eine Beleidigung gegen einen Bundesfürsten begangen hat;
3. ein Deutscher, welcher im Auslande eine Handlung

begangen hat, die nach den Gesetzen des Deutschen Reichs als Verbrechen oder Vergehen anzusehen und durch die Gesetze des Orts, an welchem sie begangen wurde, mit Strafe bedroht ist.

Die Verfolgung ist auch zulässig, wenn der Thäter bei Begehung der Handlung noch nicht Deutscher war. In diesem Falle bedarf es jedoch eines Antrages der zuständigen Behörde des Landes, in welchem die strafbare Handlung begangen worden, und das ausländische Strafgesetz ist anzuwenden, soweit dieses milder ist.

§. 5. Im Falle des §. 4 Nr. 3 bleibt die Verfolgung ausgeschlossen, wenn

1. von den Gerichten des Auslandes über die Handlung rechtskräftig erkannt und entweder eine Freisprechung erfolgt oder die ausgesprochene Strafe vollzogen,
2. die Strafverfolgung oder die Strafvollstreckung nach den Gesetzen des Auslandes verjährt oder die Strafe erlassen, oder
3. der nach den Gesetzen des Auslandes zur Verfolgbarkeit der Handlung erforderliche Antrag des Verletzten nicht gestellt worden ist.

§. 6. Im Auslande begangene Uebertretungen sind nur dann zu bestrafen, wenn dies durch besondere Gesetze oder durch Verträge angeordnet ist.

§. 7. Eine im Auslande vollzogene Strafe ist, wenn wegen derselben Handlung im Gebiete des Deutschen Reichs abermals eine Verurtheilung erfolgt, auf die zu erkennende Strafe in Anrechnung zu bringen.

§. 8. **Ausland** im Sinne dieses Strafgesetzes ist jedes nicht zum Deutschen Reiche gehörige Gebiet.

§. 9. Ein Deutscher darf einer ausländischen Regierung zur Verfolgung oder Bestrafung nicht überliefert werden.

§. 10. Auf deutsche **Militärpersonen** finden die allgemeinen Strafgesetze des Reichs insoweit Anwendung, als nicht die Militärgesetze ein Anderes bestimmen.

Statt des bürgerlichen gilt das Militär-Strafgesetzbuch.

§. 11. Kein Mitglied eines Landtags oder einer Kammer eines zum Reich gehörigen Staats darf außerhalb der Versammlung, zu welcher das Mitglied gehört, wegen seiner Abstimmung oder wegen der in Ausübung seines Berufes gethanen Aeußerung zur Verantwortung gezogen werden.

§. 12. Wahrheitsgetreue Berichte über Verhandlungen eines Landtags oder einer Kammer eines zum Reich gehörigen Staats bleiben von jeder Verantwortlichkeit frei.

Dasselbe gilt gemäß Reichsverfassung für Reichstagsabgeordnete und Reichstagssitzungen. Während der Dauer der Sitzungsperiode darf gegen die Mitglieder des Abgeordneten- und Herrenhauses bezw. des Reichstages eine Strafverfolgung nur mit Zustimmung der betr. Körperschaft eingeleitet werden.

Erster Theil.

Von der Bestrafung der Verbrechen, Vergehen und Uebertretungen im Allgemeinen.

„Und Uebertretungen" ist besonders hervorzuheben. Hiernach finden, soweit nichts Anderes ausdrücklich festgesetzt ist, die Bestimmungen des I. Theils auch auf die Uebertretungsparagraphen des Str.G.B. und auf die Uebertretungen der Polizei-Verordnungen Anwendung.

Erster Abschnitt.

Strafen.

Hauptstrafen.

Todesstrafe = Enthaupten.

Zuchthaus = lebenslänglich oder zeitig, zeitig = 15 Jahre bis 1 Jahr.

Gefängniß = 5 Jahre bis 1 Tag.

Festungshaft = lebenslänglich oder zeitig, zeitig = 15 Jahre bis 1 Tag.

Haft = 6 Wochen bis 1 Tag.

Geldstrafe = mindestens 3 Mk. bei Vergehen und Verbrechen, 1 Mk. bei Uebertretungen.

§. 13. Die Todesstrafe ist durch Enthauptung zu vollstrecken.

§. 14. Die Zuchthausstrafe ist eine lebenslängliche oder eine zeitige.

Der Höchstbetrag der zeitigen Zuchthausstrafe ist funfzehn Jahre, ihr Mindestbetrag Ein Jahr.

Wo das Gesetz die Zuchthausstrafe nicht ausdrücklich als eine lebenslängliche androht, ist dieselbe eine zeitige.

§. 15. Die zur Zuchthausstrafe Verurtheilten sind in der Strafanstalt zu den eingeführten Arbeiten anzuhalten.

Sie können auch zu Arbeiten außerhalb der Anstalt, insbesondere zu öffentlichen oder von einer Staatsbehörde beaufsichtigten Arbeiten verwendet werden. Diese Art der Beschäftigung ist nur dann zulässig, wenn die Gefangenen dabei von anderen freien Arbeitern getrennt gehalten werden.

§. 16. Der Höchstbetrag der Gefängnißstrafe ist fünf Jahre, ihr Mindestbetrag Ein Tag.

Die zur Gefängnißstrafe Verurtheilten können in einer Gefangenanstalt auf eine ihren Fähigkeiten und Verhältnissen angemessene Weise beschäftigt werden; auf ihr Verlangen sind sie in dieser Weise zu beschäftigen.

Eine Beschäftigung außerhalb der Anstalt (§. 15) ist nur mit ihrer Zustimmung zulässig.

§. 17. Die Festungshaft ist eine lebenslängliche oder eine zeitige.

Der Höchstbetrag der zeitigen Festungshaft ist funfzehn Jahre, ihr Mindestbetrag Ein Tag.

Wo das Gesetz die Festungshaft nicht ausdrücklich als eine lebenslängliche androht, ist dieselbe eine zeitige.

Die Strafe der Festungshaft besteht in Freiheitsentziehung mit Beaufsichtigung der Beschäftigung und Lebensweise der Gefangenen; sie wird in Festungen oder in anderen dazu bestimmten Räumen vollzogen.

§. 18. Der Höchstbetrag der Haft ist sechs Wochen, ihr Mindestbetrag Ein Tag.

Die Strafe der Haft besteht in einfacher Freiheitsentziehung.

§. 19. Bei Freiheitsstrafen wird der Tag zu vierundzwanzig Stunden, die Woche zu sieben Tagen, der Monat und das Jahr nach der Kalenderzeit gerechnet.

Die Dauer einer Zuchthausstrafe darf nur nach vollen Monaten, die Dauer einer anderen Freiheitsstrafe nur nach vollen Tagen bemessen werden.

§. 20. Wo das Gesetz die Wahl zwischen Zuchthaus und Festungshaft gestattet, darf auf Zuchthaus nur dann erkannt werden, wenn festgestellt wird, daß die strafbar befundene Handlung aus einer ehrlosen Gesinnung entsprungen ist.

§. 21. Achtmonatliche Zuchthausstrafe ist einer einjährigen Gefängnißstrafe, achtmonatliche Gefängnißstrafe einer einjährigen Festungshaft gleich zu achten.

§. 22. Die Zuchthaus- und Gefängnißstrafe können sowohl für die ganze Dauer, wie für einen Theil der erkannten Strafzeit in der Weise in Einzelhaft vollzogen werden, daß der Gefangene unausgesetzt von anderen Gefangenen gesondert gehalten wird.

Die Einzelhaft darf ohne Zustimmung des Gefangenen die Dauer von drei Jahren nicht übersteigen.

§. 23. Die zu einer längeren Zuchthaus- oder Gefängnißstrafe Verurtheilten können, wenn sie drei Viertheile, mindestens aber Ein Jahr der ihnen auferlegten Strafe verbüßt, sich auch während dieser Zeit gut geführt haben, mit ihrer Zustimmung vorläufig entlassen werden.

§. 24. Die vorläufige Entlassung kann bei schlechter Führung des Entlassenen oder, wenn derselbe den ihm bei der Entlassung auferlegten Verpflichtungen zuwiderhandelt, jederzeit widerrufen werden.

Der Widerruf hat die Wirkung, daß die seit der vorläufigen Entlassung bis zur Wiedereinlieferung verflossene Zeit auf die festgesetzte Strafdauer nicht angerechnet wird.

§. 25. Der Beschluß über die vorläufige Entlassung, sowie über einen Widerruf ergeht von der obersten Justiz-Aufsichtsbehörde. Vor dem Beschluß über die Entlassung ist die Gefängnißverwaltung zu hören.

Die einstweilige Festnahme vorläufig Entlassener kann aus dringenden Gründen des öffentlichen Wohls von der Polizeibehörde des Orts, an welchem der Entlassene sich aufhält, verfügt werden. Der Beschluß über den endgültigen Widerruf ist sofort nachzusuchen.

Führt die einstweilige Festnahme zu einem Widerrufe, so gilt dieser als am Tage der Festnahme erfolgt.

§. 26. Ist die festgesetzte Strafzeit abgelaufen, ohne daß ein Widerruf der vorläufigen Entlassung erfolgt ist, so gilt die Freiheitsstrafe als verbüßt.

Die Polizeibehörde des Aufenthaltsortes hat die vorläufig Entlassenen bis zum Ablauf der in dem Straferkenntnisse festgesetzten Strafzeit unter polizeiliche Kontrolle zu nehmen, welche den Zweck hat, ihn fortdauernd und in wirksamer Weise von dem Mißbrauche der ihm gewordenen Vergünstigung abzuhalten, welche aber nicht in der Weise ausgeübt werden soll, daß der Entlassene dadurch in seinem Fortkommen behindert oder der öffentlichen Verachtung ausgesetzt wird. Oberste Justiz-Aufsichtsbehörde ist der Oberstaatsanwalt.

§. 27. Der Mindestbetrag der Geldstrafe ist bei Verbrechen und Vergehen drei Mark, bei Uebertretungen Eine Mark.

§. 28. Eine nicht beizutreibende Geldstrafe ist in Gefängniß und, wenn sie wegen einer Uebertretung erkannt worden ist, in Haft umzuwandeln.

Ist bei einem Vergehen Geldstrafe allein oder an erster Stelle, oder wahlweise neben Haft angedroht, so kann die Geldstrafe in Haft umgewandelt werden, wenn die erkannte Strafe nicht den Betrag von sechshundert Mark und die an ihre Stelle tretende Freiheitsstrafe nicht die Dauer von sechs Wochen übersteigt.

War neben der Geldstrafe auf Zuchthaus erkannt, so ist die an deren Stelle tretende Gefängnißstrafe nach Maßgabe des §. 21 in Zuchthausstrafe umzuwandeln.

Der Verurtheilte kann sich durch Erlegung des Strafbetrages, soweit dieser durch die erstandene Freiheitsstrafe noch nicht getilgt ist, von der letzteren freimachen.

§. 29. Bei Umwandlung einer wegen eines Verbrechens oder Vergehens erkannten Geldstrafe ist der Betrag von drei bis zu funfzehn Mark, bei Umwandlung einer wegen einer Uebertretung erkannten Geldstrafe der Betrag von Einer bis zu funfzehn Mark einer eintägigen Freiheitsstrafe gleich zu achten.

Der Mindestbetrag der an Stelle einer Geldstrafe tretenden Freiheitsstrafe ist Ein Tag, ihr Höchstbetrag bei Haft sechs Wochen, bei Gefängniß Ein Jahr. Wenn jedoch eine neben der Geldstrafe wahlweise angedrohte Freiheitsstrafe ihrer Dauer nach den vorgedachten Höchstbetrag nicht erreicht, so darf die an Stelle der Geldstrafe tretende Freiheitsstrafe den angedrohten Höchstbetrag jener Freiheitsstrafe nicht übersteigen.

Umwandlung nicht beitreibbarer Geldstrafen erfolgt bei Uebertretungen stets in Haft, sonst erfolgt sie in Gefängniß oder Zuchthaus.

Bei Uebertretungen werden 1—15 Mark, bei Vergehen

und Verbrechen 3—15 Mk. = 1 Tage gerechnet. Festsetzung des Verhältnisses erfolgt durch das Gericht nach den persönlichen Verhältnissen des Bestraften.

§. 30. In den Nachlaß kann eine Geldstrafe nur dann vollstreckt werden, wenn das Urtheil bei Lebzeiten des Verurtheilten rechtskräftig geworden war.

Nebenstrafen.

§§ 32—34. Aberkennung der bürgerlichen Ehrenrechte (Ehrverlust) muß oder kann neben Tod, Zuchthaus, Gefängniß von mindestens 3 Monaten erfolgen. Neben den Folgen der §§ 33 und 34 kann nach § 176 G.V.G. solchen Personen, welche sich nicht im Besitze der bürgerlichen Ehrenrechte befinden, der Zutritt zu öffentlichen Gerichtsverhandlungen untersagt werden.

§§ 38, 39. Polizei-Aufsicht. Gericht erkennt auf Zulässigkeit, Landespolizeibehörde (Regierungs-Präsident) setzt sie auf 6 Monate bis höchstens 5 Jahre fest, Polizei übt sie aus, Beginn mit dem Freiheitsgenusse.

§. 31. Die Verurtheilung zur Zuchthausstrafe hat die dauernde Unfähigkeit zum Dienste in dem Deutschen Heere und der Kaiserlichen Marine, sowie die dauernde Unfähigkeit zur Bekleidung öffentlicher Aemter von Rechtswegen zur Folge.

Unter öffentlichen Aemtern im Sinne dieses Strafgesetzes sind die Advokatur, die Anwaltschaft und das Notariat, sowie der Geschworenen- und Schöffendienst mitbegriffen.

§. 32. Neben der Todesstrafe und der Zuchthausstrafe kann auf den Verlust der bürgerlichen Ehrenrechte erkannt werden, neben der Gefängnißstrafe nur, wenn die Dauer der erkannten Strafe drei Monate erreicht und entweder das Gesetz den Verlust der bürgerlichen Ehrenrechte ausdrücklich zuläßt oder die Gefängnißstrafe wegen Annahme mildernder Umstände an Stelle von Zuchthausstrafe ausgesprochen wird.

Die Dauer dieses Verlustes beträgt bei zeitiger Zuchthausstrafe mindestens zwei und höchstens zehn Jahre, bei Gefängnißstrafe mindestens Ein Jahr und höchstens fünf Jahre.

§. 33. Die Aberkennung der bürgerlichen Ehrenrechte bewirkt den dauernden Verlust der aus öffentlichen Wahlen für den Verurtheilten hervorgegangenen Rechte, ingleichen den dauernden Verlust der öffentlichen Aemter, Würden, Titel, Orden und Ehrenzeichen.

§. 34. Die Aberkennung der bürgerlichen Ehrenrechte bewirkt ferner die Unfähigkeit, während der im Urtheile bestimmten Zeit

1. die Landeskokarde zu tragen;
2. in das Deutsche Heer oder in die Kaiserliche Marine einzutreten;
3. öffentliche Aemter, Würden, Titel, Orden und Ehrenzeichen zu erlangen;
4. in öffentlichen Angelegenheiten zu stimmen, zu wählen oder gewählt zu werden oder andere politische Rechte auszuüben;
5. Zeuge bei Aufnahme von Urkunden zu sein;
6. Vormund, Gegenvormund, Pfleger, Beistand der Mutter, Mitglied eines Familienraths oder Kurator zu sein, es sei denn, daß es sich um Verwandte absteigender Linie handele und die obervormundschaftliche Behörde oder der Familienrath die Genehmigung ertheile.

§. 35. Neben einer Gefängnißstrafe, mit welcher die Aberkennung der bürgerlichen Ehrenrechte überhaupt hätte verbunden werden können, kann auf die Unfähigkeit zur Bekleidung öffentlicher Aemter auf die Dauer von Einem bis zu fünf Jahren erkannt werden.

Die Aberkennung der Fähigkeit zur Bekleidung öffentlicher Aemter hat den dauernden Verlust der bekleideten Aemter von Rechtswegen zur Folge.

§. 36. Die Wirkung der Aberkennung der bürgerlichen Ehrenrechte überhaupt, sowie der Fähigkeit zur Bekleidung öffentlicher Aemter insbesondere, tritt mit der Rechtskraft des Urtheils ein; die Zeitdauer wird von dem Tage berechnet, an dem die Freiheitsstrafe, neben welcher jene Aberkennung ausgesprochen wurde, verbüßt verjährt oder erlassen ist.

§. 37. Ist ein Deutscher im Auslande wegen eines Verbrechens oder Vergehens bestraft worden, welches nach den Gesetzen des Deutschen Reichs den Verlust der bürgerlichen Ehrenrechte überhaupt oder einzelner bürgerlichen Ehrenrechte zur Folge hat oder zur Folge haben kann, so ist ein neues Strafverfahren zulässig, um gegen den in diesem Verfahren für schuldig Erklärten auf jene Folge zu erkennen.

§. 38. Neben einer Freiheitsstrafe kann in den durch das Gesetz vorgesehenen Fällen auf die Zulässigkeit von Polizei-Aufsicht erkannt werden.

Die höhere Landespolizeibehörde erhält durch ein solches Erkenntniß die Befugniß, nach Anhörung der Gefängnißverwaltung den Verurtheilten auf die Zeit von höchstens fünf Jahren unter Polizei-Aufsicht zu stellen.

Diese Zeit wird von dem Tage berechnet, an welchem die Freiheitsstrafe verbüßt, verjährt oder erlassen ist.

§. 39. Die Polizei-Aufsicht hat folgende Wirkungen:

1. dem Verurtheilten kann der Aufenthalt an einzelnen bestimmten Orten von der höheren Landespolizeibehörde untersagt werden;
2. die höhere Landespolizeibehörde ist befugt, den Ausländer aus dem Bundesgebiete zu verweisen;
3. Haussuchungen unterliegen keiner Beschränkung hinsichtlich der Zeit, zu welcher sie stattfinden dürfen.

An bestimmten Orten, d. h. auch Lokalen innerhalb eines Ortes, z. B. Jahrmärkten, Wochenmärkten.

Polizei-Observaten unterliegen außerdem noch folgenden Beschränkungen:

Nach § 43 G.O. und § 5 Reichspreßgesetz vom 7. Mai 1874 erhalten sie keinen Legitimationsschein zum gewerbsmäßigen Verkaufen oder Vertheilen von Druckschriften auf öffentlichen Straßen rc. und die nichtgewerbsmäßige öffentliche Verbreitung kann ihnen untersagt werden.

Nach § 57² G.O. dürfen sie keinen Wandergewerbeschein erhalten und nach § 62 G.O. dürfen sie nicht in einem Wandergewerbeschein als Begleiter eingetragen werden.

Haussuchungen können nicht nur, wie unter Nr. 3 von § 39 und § 104 Str.Pr.O. gesagt, auch zur Nachtzeit ausgeführt werden, sie dürfen nach § 103 Str.Pr.O. in solchen Räumen, in welchen ein Polizei-Observat wohnt oder sich aufhält, auch vorgenommen werden, ohne daß

> „Thatsachen vorliegen, aus denen zu schließen ist, daß die gesuchte Person, Spur oder Sache sich in den zu durchsuchenden Räumen befinde."

Solche Haussuchungen können nach § 105 Str.Pr.O. auch von anderen Personen angeordnet werden als dem sonst allein zuständigen Richter, Staatsanwalt oder Hülfsbeamten der St.A., und die Zuziehung von Gemeindebeamten oder Gemeindemitgliedern ist nicht erforderlich; ferner ist nach § 106 Str.Pr.O. die Bekanntgabe des Zweckes der Haussuchung vor Vornahme derselben nicht erforderlich. Schließlich können Polizei-Observaten nach § 113 Str.Pr.O. von Polizei-Beamten festgenommen werden, wenn die Strafthat nur mit Haft oder Geldstrafe (bei Uebertretungen) bedroht ist.

Der Polizei-Exekutiv-Beamte hat Polizei-Observaten, die ihm zur Aufsicht überwiesen werden, besondere Aufmerksamkeit zuzuwenden, damit er über ihr Thun und Treiben fortwährend unterrichtet ist, namentlich über ihre Wohnung, Beschäftigung, ihren Verkehr. Er soll aber sich hüten, durch ungeschickte Erkundigungen den Observaten als bestrafte Person zu verrathen, damit ihm ehrlicher Erwerb nicht abgeschnitten wird.

§. 40. Gegenstände, welche durch ein vorsätzliches Verbrechen oder Vergehen hervorgebracht, oder welche zur Begehung eines vorsätzlichen Verbrechens oder Vergehens gebraucht oder bestimmt sind, können, sofern sie dem Thäter oder einem Theilnehmer gehören, eingezogen werden. Die Einziehung ist im Urtheile auszusprechen.

Zunächst muß also eine strafbare Handlung vorliegen. Die Einziehung erfolgt nur von dem nachweislichen Thäter oder Theilnehmer und ist an die Person gebunden, nicht an den Thatort. Bei Verbrechen und Vergehen erfolgt sie stets; bei Uebertretungen, auch von Polizei-Verordnungen, erfolgt sie nur dann, wenn ihre Zulässigkeit ausdrücklich ausgesprochen ist, z. B. § 360 am Schluß. Die definitive Einziehung erfolgt durch das Gericht. Der Polizei-Exekutiv-Beamte handelt nach § 94 Str.P.O.:

> Gegenstände, welche als Beweismittel für die Untersuchung von Bedeutung sein können oder der Einziehung unterliegen, sind in Verwahrung zu nehmen oder in anderer Weise sicher zu stellen.

§. 41. Wenn der Inhalt einer Schrift, Abbildung oder Darstellung strafbar ist, so ist im Urtheile auszusprechen, daß alle Exemplare, sowie die zu ihrer Herstellung bestimmten Platten und Formen unbrauchbar zu machen sind.

Diese Vorschrift bezieht sich jedoch nur auf die im Besitze des Verfassers, Druckers, Herausgebers, Verlegers oder Buchhändlers befindlichen und auf die öffentlich ausgelegten oder öffentlich angebotenen Exemplare.

Ist nur ein Theil der Schrift, Abbildung oder Darstellung strafbar, so ist, insofern eine Ausscheidung möglich ist, auszusprechen, daß nur die strafbaren Stellen und derjenige Theil der Platten und Formen, auf welchem sich diese Stellen befinden, unbrauchbar zu machen sind.

Beschlagnahme zu konfiscirender Druckschriften ꝛc., welche sich im Besitz anderer als der genannten Personen befinden, ist also unzulässig, z. B. bei Zeitungen, welche bereits in der Wohnung abgegeben sind. Dasselbe sagt § 27 des Reichspreßgesetzes vom 7. Mai 1874:

„Die Beschlagnahme von Druckschriften trifft die Exemplare nur da, wo dergleichen zum Zwecke der Verbreitung sich befinden."

Die Beschlagnahme von Druckschriften ohne richterliche Anordnung ist im § 23 des Reichspreßgesetzes vom 7. Mai 1874 geregelt. Hat die Polizeibehörde die Beschlagnahme ohne Anordnung der Staatsanwaltschaft verfügt, so muß sie nach § 24 die Absendung der Verhandlungen an die letztere ohne Verzug und spätestens binnen 12 Stunden bewirken. Ein Polizei-Beamter, der aus eigener Initiative Druckschriften nicht „beschlagnahmt", aber als Beweisstücke einer Strafthat und um die Fortsetzung der Strafthat zu verhindern, beifügt, muß demnach die Anzeige unverzüglich erstatten und vorlegen.

§. 42. Ist in den Fällen der §§. 40 und 41 die Verfolgung oder die Verurtheilung einer bestimmten Person nicht ausführbar, so können die daselbst vorgeschriebenen Maßnahmen selbstständig erkannt werden.

Außerdem kommen im Strafgesetzbuch noch folgende Haupt- oder Nebenstrafen bezw. strafähnliche Erkenntnisse des Gerichts vor:

§ 57⁴. Verweis gegen Personen von 12—18 Jahren bei Vergehen und Uebertretungen.

§§ 81, 83, 84, 87—90, 94, 95. Verlust der bekleideten

öffentlichen Aemter, sowie der aus öffentlichen Wahlen hervorgegangenen Rechte.

§ 161. Bei Meineid dauernde Unfähigkeit, als Zeuge oder Sachverständiger eidlich vernommen zu werden.

§§ 165, 200. Publikationsbefugniß bei falscher Anschuldigung und bei Beleidigung.

§§ 188, 231. Geldbuße bei Beleidigung und Körperverletzung.

§ 319. Unfähigkeit zu einer Beschäftigung im Eisenbahn- oder Telegraphendienst.

§ 335. Konfiskation des Bestechungsobjekts.

§ 362 Absatz 2. Ueberweisung an die Landespolizeibehörde.

§ 362 Absatz 3. Ausweisung von Ausländern.

Zweiter Abschnitt.

Versuch.

§. 43. Wer den Entschluß, ein Verbrechen oder Vergehen zu verüben, durch Handlungen, welche einen Anfang der Ausführung dieses Verbrechens oder Vergehens enthalten, bethätigt hat, ist, wenn das beabsichtigte Verbrechen oder Vergehen nicht zur Vollendung gekommen ist, wegen Versuches zu bestrafen.

Der Versuch eines Vergehens wird jedoch nur in den Fällen bestraft, in welchen das Gesetz dies ausdrücklich bestimmt.

Der Versuch eines Verbrechens ist hiernach bis auf den Fall des § 46 stets strafbar, aber nach § 44 milder. Versuch eines Vergehens nur strafbar, wenn dies ausdrücklich im Gesetz gesagt ist, z. B. § 239 bei widerrechtlicher Freiheitsberaubung ist der Versuch nicht strafbar, § 240 bei widerrechtlicher Nöthigung ist er strafbar.

Zur Strafbarkeit des Versuchs ist erforderlich, daß mit der Ausführung wenigstens einer derjenigen Handlungen, welche zum Thatbestand gehören, bereits begonnen ist. Nur vorbereitende Handlungen, z. B. Auskundschaften eines Diebstahls, genügen nicht.

Strafbar ist auch der Versuch mit untauglichen Mitteln, z. B. Mordversuch mit Platzpatronen statt scharfer, Beibringen eines unschädlichen Mittels, das für Gift, Einnehmen eines wirkungslosen Mittels, das für Abtreibungsmittel gehalten wurde. Ebenso ist strafbar der Versuch an untauglichen Objekten, z. B. Einbrechen in leere Wohnungen, Abtreibungsversuche einer Person, die sich fälschlich für schwanger hält, Greifen in eine fremde Tasche behufs Diebstahls, wenn auch die Tasche leer war.

Versuch einer Uebertretung nicht strafbar, also auch nicht bei Uebertretungen von Polizei-Verordnungen, falls in diesen nicht die Strafbarkeit des Versuchs festgesetzt ist.

Der Versuch von Feld- und Forstdiebstählen wird mit der vollen Strafe bestraft gemäß § 4 Forstdiebstahlsgesetz vom 15. April 1878 und § 8 Feld- und Forstpolizeigesetz vom 1. April 1880.

§. 44. Das versuchte Verbrechen oder Vergehen ist milder zu bestrafen, als das vollendete.

Ist das vollendete Verbrechen mit dem Tode oder mit lebenslänglichem Zuchthaus bedroht, so tritt Zuchthausstrafe nicht unter drei Jahren ein, neben welcher auf Zulässigkeit von Polizei-Aufsicht erkannt werden kann.

Ist das vollendete Verbrechen mit lebenslänglicher Festungshaft bedroht, so tritt Festungshaft nicht unter drei Jahren ein.

In den übrigen Fällen kann die Strafe bis auf ein Viertheil des Mindestbetrages der auf das vollendete Verbrechen oder Vergehen angedrohten Freiheits- und Geldstrafe ermäßigt werden. Ist hiernach Zuchthausstrafe unter Einem Jahre verwirkt, so ist dieselbe nach Maßgabe des §. 21 in Gefängniß zu verwandeln.

§. 45. Wenn neben der Strafe des vollendeten Verbrechens oder Vergehens die Aberkennung der bürgerlichen Ehrenrechte zulässig oder geboten ist, oder auf

Zulässigkeit von Polizei-Aufsicht erkannt werden kann, so gilt Gleiches bei der Versuchsstrafe.

§. 46. Der **Versuch** als solcher bleibt **straflos**, wenn der Thäter

1. die Ausführung der beabsichtigten Handlung **aufgegeben** hat, ohne daß er an dieser Ausführung durch Umstände gehindert worden ist, welche von seinem Willen unabhängig waren, oder
2. zu einer Zeit, zu welcher die Handlung noch nicht entdeckt war, den Eintritt des zur Vollendung des Verbrechens oder Vergehens gehörigen Erfolges durch eigene Thätigkeit **abgewendet** hat.

Ausführung aufgegeben, d. h. wenn der Thäter aus freiem Willen von der Fortsetzung seiner verbrecherischen Thätigkeit abstand, obwohl ihm die Weiterführung derselben möglich schien.

Dritter Abschnitt.

Theilnahme.

Thäter = wer den Thatbestand unmittelbar oder mittelbar ausführt. Theilnahme umfaßt Mitthäterschaft, Anstiftung, Beihülfe, Aufforderung und Erbieten.

§. 47. Wenn Mehrere eine **strafbare Handlung** gemeinschaftlich ausführen, so wird Jeder als Thäter bestraft.

Bewußte Mitwirkung im Einverständniß mit dem Thäter, z. B. Wachestehen beim Betten und Stehlen, Weglocken des zu Bestehlenden.

§. 48. Als Anstifter wird bestraft, wer einen Anderen zu der von demselben **begangenen strafbaren Handlung** durch Geschenke oder Versprechen, durch Drohung, durch Mißbrauch des Ansehens oder der Gewalt durch absichtliche Herbeiführung oder Beförderung eines

Irrthums oder durch andere Mittel **vorsätzlich** bestimmt hat.

Die Strafe des Anstifters ist nach demjenigen Gesetze festzusetzen, welches auf die Handlung Anwendung findet, zu welcher er wissentlich angestiftet hat.

Anstiftung zu jeder vorsätzlichen strafbaren Handlung ist strafbar, auch zu Uebertretungen. Die strafbare Handlung muß begangen oder der Versuch strafbar sein. Der Versuch eines Verbrechens ist stets, eines Vergehens in den besonders genannten Fällen eine strafbare Handlung.

§. 49. Als Gehülfe wird bestraft, wer dem Thäter zur Begehung des **Verbrechens** oder **Vergehens** durch Rath oder That wissentlich Hülfe geleistet hat.

Die Strafe des Gehülfen ist nach demjenigen Gesetze festzusetzen, welches auf die Handlung Anwendung findet, zu welcher er wissentlich Hülfe geleistet hat, jedoch nach den über die Bestrafung des Versuches aufgestellten Grundsätzen zu ermäßigen.

Beihülfe zu einer Uebertretung ist also nicht strafbar. Die strafbare Handlung muß begangen oder der Versuch strafbar sein. Es kann der Thäter straffrei ausgehen z. B. beim Diebstahl gegen Eltern, der Gehülfe aber straffällig sein. Begünstigung (§ 257) = Beistandleistung nach vollbrachter That. War die Begünstigung vor der That zugesagt so = Beihülfe.

(§ 49a). Wegen Aufforderung oder Erbietens wird bestraft, wer einen Anderen zur Begehung eines Verbrechens oder zur Theilnahme an einem Verbrechen auffordert, oder wer eine solche Aufforderung annimmt, wer sich dazu erbietet oder ein solches Erbieten annimmt. Geschieht es mündlich, so ist zur Strafbarkeit die Gewährung von Vortheilen erforderlich.

§. 49a. Wer einen Anderen zur Begehung eines **Verbrechens** oder zur Theilnahme an einem Verbrechen **auffordert**, oder wer eine solche Aufforderung annimmt, wird, soweit nicht das Gesetz eine andere Strafe androht, wenn das Verbrechen mit dem Tode oder mit lebenslänglicher Zuchthausstrafe bedroht ist, mit Gefängniß nicht unter drei Monaten, wenn das Verbrechen mit einer geringeren Strafe bedroht ist, mit Gefängniß bis zu zwei Jahren oder mit Festungshaft von gleicher Dauer bestraft.

Die gleiche Strafe trifft denjenigen, welcher sich zur Begehung eines Verbrechens oder zur Theilnahme an einem Verbrechen erbietet, sowie denjenigen, welcher ein solches Erbieten annimmt.

Es wird jedoch das lediglich mündlich ausgedrückte Auffordern oder Erbieten, sowie die Annahme eines solchen nur dann bestraft, wenn die Aufforderung oder das Erbieten an die Gewährung von Vortheilen irgend welcher Art geknüpft worden ist.

Neben der Gefängnißstrafe kann auf Verlust der bürgerlichen Ehrenrechte und auf Zulässigkeit von Polizei-Aufsicht erkannt werden.

Strafbarkeit also nur bei Verbrechen. Auffordern und Erbieten, sowie Annahme müssen ernstlich gemeint sein.

§. 50. Wenn das Gesetz die Strafbarkeit einer Handlung nach den persönlichen Eigenschaften oder Verhältnissen desjenigen, welcher dieselbe begangen hat, erhöht oder vermindert, so sind diese besonderen Thatumstände dem Thäter oder demjenigen Theilnehmer (Mitthäter, Anstifter, Gehülfe) zuzurechnen, bei welchem sie vorliegen.

Vierter Abschnitt.

Gründe, welche die Strafe ausschließen oder mildern.

Eine strafbare Handlung ist nicht vorhanden, bezw. es tritt Freisprechung oder mildere Bestrafung ein, wenn der Thäter

§ 51 (Unzurechnungsfähigkeit) bewußtlos oder geistesgestört war,

§ 52 (Nöthigung) durch unwiderstehliche Gewalt oder Drohung genöthigt war,

§ 53 (Nothwehr) in Nothwehr war,

§ 54 (Nothstand) sich oder einen Angehörigen aus Gefahr retten mußte,

§ 55 (Strafunmündigkeit) noch nicht 12 Jahre alt war,

§ 56 (Minderjährige) zwar 12 aber noch nicht 18 Jahre alt war,

§ 58 (Taubstumme) taubstumm ist und die erforderliche Einsicht nicht besaß.

§. 51. **Eine strafbare Handlung ist nicht vorhanden, wenn der Thäter zur Zeit der Begehung der Handlung sich in einem Zustande von Bewußtlosigkeit oder krankhafter Störung der Geistesthätigkeit befand, durch welchen seine freie Willensbestimmung ausgeschlossen war.**

Bewußtlos z. B. Schlaf, Fieber, Trunkenheit, Verwirrung bei Schreck oder Furcht. Feststellung und Angabe des Grades der Trunkenheit ist wichtig, da hierdurch viele hinterher unnütze Arbeit erspart werden kann. Schon begründeter Zweifel an der Willensfreiheit des Thäters führt ev. zur Freisprechung.

§. 52. **Eine strafbare Handlung ist nicht vorhanden, wenn der Thäter durch unwiderstehliche Gewalt oder durch eine Drohung, welche mit einer gegenwärtigen, auf andere Weise nicht abwendbaren Gefahr für Leib oder Leben seiner selbst oder eines Angehörigen verbunden war, zu der Handlung genöthigt worden ist.**

Als Angehörige im Sinne dieses Strafgesetzes sind anzusehen Verwandte und Verschwägerte auf- und absteigender Linie, Adoptiv- und Pflege-Eltern und -Kinder, Ehegatten, Geschwister und deren Ehegatten, und Verlobte.

Verwandte und Verschwägerte siehe bei § 173. Als Verlobte gelten diejenigen, welche sich gegenseitig ein ernstlich gemeintes, auf Verheirathung abzielendes Eheversprechen gegeben haben.

§. 53. Eine strafbare Handlung ist nich tvorhanden, wenn die Handlung durch Nothwehr geboten war.

Nothwehr ist diejenige Vertheidigung, welche erforderlich ist, um einen gegenwärtigen, rechtswidrigen Angriff von sich oder einem Anderen abzuwenden.

Die Ueberschreitung der Nothwehr ist nicht strafbar, wenn der Thäter in Bestürzung, Furcht oder Schrecken über die Grenzen der Vertheidigung hinausgegangen ist.

Nothwehr gilt fast nur gegen körperlichen Angriff, gegen Angriff auf das Eigenthum oder andere Rechte nur bei erheblichem Werth. Die eigenmächtige Erzwingung vermögensrechtlicher Ansprüche ist als unerlaubte Selbsthülfe strafbar; zur rechtmäßigen Durchsetzung derselben sind die Gerichte vorhanden.

§. 54. Eine strafbare Handlung ist nicht vorhanden, wenn die Handlung außer dem Falle der Nothwehr in einem unverschuldeten, auf andere Weise nicht zu beseitigenden Nothstande zur Rettung aus einer gegenwärtigen Gefahr für Leib oder Leben des Thäters oder eines Angehörigen begangen worden ist.

§. 55. Wer bei Begehung der Handlung das zwölfte Lebensjahr nicht vollendet hat, kann wegen derselben nicht strafrechtlich verfolgt werden.

Gegen denselben können jedoch nach Maßgabe der landesgesetzlichen Vorschriften die zur Besserung und Beaufsichtigung geeigneten Maßregeln getroffen werden. Die Unterbringung in eine Familie, Erziehungsanstalt oder Besserungsanstalt kann nur erfolgen, nachdem durch Beschluß des Vormundschaftsgerichtes die

Begehung der Handlung festgestellt und die Unterbringung für zulässig erklärt ist.

Theilnehmer sind darum nicht straflos. Zwangserziehung kann vom Vormundschaftsrichter bis zum 18. Lebensjahr festgesetzt werden, wenn der Thäter schon das 6. aber noch nicht das 12. Lebensjahr vollendet hatte. Gesetz vom 3. März 1878, betr. die Unterbringung verwahrloster Kinder.

§. 56. Ein Angeschuldigter, welcher zu einer Zeit, als er das zwölfte, aber nicht das achtzehnte Lebensjahr vollendet hatte, eine strafbare Handlung begangen hat, ist freizusprechen, wenn er bei Begehung derselben die zur Erkenntniß ihrer Strafbarkeit erforderliche Einsicht nicht besaß.

In dem Urtheile ist zu bestimmen, ob der Angeschuldigte seiner Familie überwiesen oder in eine Erziehungs- oder Besserungsanstalt gebracht werden soll. In der Anstalt ist er so lange zu behalten, als die der Anstalt vorgesetzte Verwaltungsbehörde solches für erforderlich erachtet, jedoch nicht über das vollendete zwanzigste Lebensjahr.

§. 57. Wenn ein Angeschuldigter, welcher zu einer Zeit, als er das zwölfte, aber nicht das achtzehnte Lebensjahr vollendet hatte, eine strafbare Handlung begangen hat, bei Begehung derselben die zur Erkenntniß ihrer Strafbarkeit erforderliche Einsicht besaß, so kommen gegen ihn folgende Bestimmungen zur Anwendung:

1. ist die Handlung mit dem Tode oder mit lebenslänglichem Zuchthaus bedroht, so ist auf Gefängniß von drei bis zu funfzehn Jahren zu erkennen;
2. ist die Handlung mit lebenslänglicher Festungshaft

bedroht, so ist auf Festungshaft von drei bis zu funfzehn Jahren zu erkennen;

3. ist die Handlung mit Zuchthaus oder mit einer anderen Strafart bedroht, so ist die Strafe zwischen dem gesetzlichen Mindestbetrage der angedrohten Strafart und der Hälfte des Höchstbetrages der angedrohten Strafe zu bestimmen.

   Ist die so bestimmte Strafe Zuchthaus, so tritt Gefängnißstrafe von gleicher Dauer an ihre Stelle;

4. ist die Handlung ein Vergehen oder eine Uebertretung, so kann in besonders leichten Fällen auf Verweis erkannt werden;

5. auf Verlust der bürgerlichen Ehrenrechte überhaupt oder einzelner bürgerlichen Ehrenrechte, sowie auf Zulässigkeit von Polizei-Aufsicht ist nicht zu erkennen.

Die Freiheitsstrafe ist in besonderen, zur Verbüßung von Strafen jugendlicher Personen bestimmten Anstalten oder Räumen zu vollziehen.

Bei Zuwiderhandlungen gegen das Forstdiebstahlsgesetz vom 15. April 1878 und das Feld- und Forstpolizeigesetz vom 1. April 1880 findet nach den §§ 10 und 4 dieser Gesetze eine Strafermäßigung nicht statt.

§. 58. Ein Taubstummer, welcher die zur Erkenntniß der Strafbarkeit einer von ihm begangenen Handlung erforderliche Einsicht nicht besaß, ist freizusprechen.

§. 59. Wenn Jemand bei Begehung einer strafbaren Handlung das Vorhandensein von Thatumständen nicht kannte, welche zum gesetzlichen Thatbestande gehören oder die Strafbarkeit erhöhen, so sind ihm diese Umstände nicht zuzurechnen.

Bei der Bestrafung fahrlässig begangener Handlungen gilt diese Bestimmung nur insoweit, als die Unkenntniß selbst nicht durch Fahrlässigkeit verschuldet ist.

Unkenntniß des Gesetzes schützt vor Strafe nicht. Straflosigkeit oder Strafmilderung tritt nach Absatz 1 auch nicht ein, wenn Thäter den betreffenden Paragraphen nicht kannte, sondern wenn er Nebenumstände nicht kannte, die eine Handlung zu einer strafbaren machen, z. B. Beischlaf zwischen Blutsverwandten (§ 173), wenn diese Verwandtschaft unbekannt und nicht zu vermuthen war; Widerstand gegen in Civilkleidung befindliche Polizei-Beamte, die sich als solche nicht genügend zu erkennen gegeben haben oder als solche nicht persönlich bekannt waren. Dagegen ist Widerstand gegen uniformirte Polizei-Beamte strafbar, auch wenn Thäter § 113 nicht gekannt haben sollte.

Bewußtsein der Möglichkeit eines anderen Erfolges einer Strafthat, als ursprünglich beabsichtigt war, mit dem aber der Thäter einverstanden ist (dolus eventualis), macht strafbar.

§. 60. Eine erlittene Untersuchungshaft kann bei Fällung des Urtheils auf die erkannte Strafe ganz oder theilweise angerechnet werden.

Antragsvergehen und -Uebertretungen.

§. 61. Eine Handlung, deren Verfolgung nur auf Antrag eintritt, ist nicht zu verfolgen, wenn der zum Antrage Berechtigte es unterläßt, den Antrag binnen drei Monaten zu stellen. Diese Frist beginnt mit dem Tage, seit welchem der zum Antrage Berechtigte von der Handlung und von der Person des Thäters Kenntniß gehabt hat.

§. 62. Wenn von mehreren zum Antrage Berechtigten einer die dreimonatliche Frist versäumt, so wird hierdurch das Recht der übrigen nicht ausgeschlossen.

§. 63. Der Antrag kann nicht getheilt werden. Das gerichtliche Verfahren findet gegen sämmtliche an der Handlung Betheiligte (Thäter und Theilnehmer), sowie gegen den Begünstiger statt, auch wenn nur gegen eine dieser Personen auf Bestrafung angetragen worden ist.

§. 64. Die Zurücknahme des Antrages ist nur in den gesetzlich besonders vorgesehenen Fällen und nur bis zur Verkündung eines auf Strafe lautenden Urtheils zulässig.

Die rechtzeitige Zurücknahme des Antrages gegen eine der vorbezeichneten Personen hat die Einstellung des Verfahrens auch gegen die anderen zur Folge.

§. 65. Der Verletzte, welcher das achtzehnte Lebensjahr vollendet hat, ist selbstständig zu dem Antrage auf Bestrafung berechtigt. So lange er minderjährig ist, hat, unabhängig von seiner eigenen Befugniß, auch sein gesetzlicher Vertreter das Recht, den Antrag zu stellen.

Ist der Verletzte geschäftsunfähig oder hat er das achtzehnte Lebensjahr noch nicht vollendet, so ist sein gesetzlicher Vertreter der zur Stellung des Antrages Berechtigte.

Unter den Antragsvergehen befinden sich diejenigen Strafthaten, die dem Polizei-Exekutiv-Beamten am häufigsten vorkommen: Hausfriedensbruch, Beleidigung, Körperverletzung, Hausdiebstahl, Pfandentziehung, Sachbeschädigung und Nahrungsmitteldiebstahl. Es ist daher für ihn von Wichtigkeit, daß er nicht nur eine eingehende Kenntniß der bezüglichen §§ des Str.G.B. sich zunächst aneignet, sondern sich auch über die besondere Behandlung dieser Antragsvergehen orientirt. Diese Antragsvergehen sind nicht auf jeden Fall zu bestrafen wie Mord, Todtschlag, Brandstiftung, sondern nur dann, wenn der Verletzte die Bestrafung beantragt. Sie werden für den Polizei-Exekutiv-Beamten erst durch den Strafantrag zu einer strafbaren Handlung, mit der er sich zu befassen hat. Seine Thätigkeit hängt also wesentlich davon ab, ob Strafantrag gestellt wird oder nicht. Die Thätigkeit des Polizei-Exekutiv-Beamten besteht im thätigen Einschreiten zur Beseitigung des rechtswidrigen Zustandes, Erstatten der Strafanzeige, Beifügen des Strafantrages.

Erklärt der Verletzte, Strafantrag nicht stellen zu wollen, so veranlaßt der Beamte nichts, es müßte sonst ein anderer Grund zum Einschreiten vorliegen, wie Störung der öffentlichen Ruhe, Sicherheit und Ordnung.

Wird vom Verletzten die Frage nach Stellung des Strafantrages bejaht, so hat der Beamte nicht nur polizeilichen Schutz zur Beseitigung des Rechtseingriffes zu gewähren, sondern auch die Anzeige zu erstatten und zu diesem Zwecke alle zur Feststellung erforderlichen Maßregeln zu treffen.

Ist der Verletzte noch unschlüssig, ob er Strafantrag stellen will oder nicht, oder kann er nicht befragt werden, so trifft der Beamte einstweilen alle zur Feststellung des Thatbestandes erforderlichen Maßregeln, damit eine etwaige gerichtliche Verfolgung möglich ist. Wichtig hierbei ist § 127 Abs. 3 der Str.P.O.:

> Bei strafbaren Handlungen, deren Verfolgung nur auf Antrag eintritt, ist die vorläufige Festnahme von der Stellung eines solchen Antrags nicht abhängig.

Zur Festnahme des Thäters ist zu schreiten, wenn dieser auf frischer That betroffen oder verfolgt wird, fluchtverdächtig ist oder seine Persönlichkeit nicht sofort festgestellt werden kann.

Bezüglich der Anzeige ist nach § 156 Str.P.O., Seite 26, der Polizei-Exekutiv-Beamte verpflichtet, Anzeigen strafbarer Handlungen und Anträge auf Strafverfolgung vom Publikum entgegen zu nehmen. Die Anzeige braucht nur mündlich erstattet zu werden, und der Beamte muß sie beurkunden, d. h. zu Papier bringen und seiner Behörde vorlegen. Der Strafantrag muß dagegen vom Publikum schriftlich angebracht werden. Letzteres kann dadurch geschehen, daß der Verletzte die strafbare Handlung und seine Erklärung, Strafverfolgung herbeiführen zu wollen, in seiner Anzeige oder auf besonderem Blatt selbst niederschreibt, oder daß der Beamte die Anzeige erstattet, den Strafantrag vorschreibt und nur unterschreiben läßt, oder daß der Strafantrag zu Protokoll in einer polizeilichen Verhandlung erklärt wird, in welchem Falle er ja auch unterschrieben ist. Bedingungen, von denen die Strafverfolgung abhängen soll, z. B. wenn der Thäter den Schaden nicht bezahlt, sich wegen einer Verletzung nicht abfindet, sind im Strafantrag nicht zulässig, ein bedingter Strafantrag ist direkt ungültig; entweder — oder. Ev. ist in der Anzeige zu sagen, daß Verletzter sich Strafantrag vorbehält. Es ist nicht erforderlich, daß der Thäter ermittelt und im Strafantrag namentlich bezeichnet ist, der Antrag kann auch gegen den noch zu ermittelnden Thäter gestellt werden, oder erst nach Jahren, wenn der Verletzte nicht 3 Monate vorher von der Strafthat und der Person des Thäters erfahren hatte. Eine besondere Form ist nicht vorgeschrieben, nur muß vorhanden sein: Bezeichnung der betreffenden strafbaren Handlung, Erklärung, Strafverfolgung herbeiführen zu wollen und Unterschrift des Berechtigten. Der Strafantrag hat etwa folgende Form:

Gegen den Arbeiter August Müller stelle ich hiermit wegen der mir am 18. August zugefügten vorsätzlichen Sachbeschädigung Strafantrag.

(Ort und Datum.)

August Schulze (oder † † †.)

Die Richtigkeit der Unterschrift (oder das Handzeichen des August Schulze) beglaubigt

N. N., Polizei-Sergeant.

Grundsatz muß sein, daß der Polizei-Exekutiv-Beamte bei jeder Anzeige über Antragsvergehen, die er vorlegt, sich darüber ausläßt, ob Strafantrag gestellt wird oder nicht. Er muß daher wenigstens die am häufigsten vorkommenden Antragsvergehen im Kopfe haben.

Strafantrag ist erforderlich bei: (in den mit *) bezeichneten Fällen kann er wieder zurückgezogen werden.)

§§ 102—104*). Feindliche Handlungen gegen befreundete außerdeutsche Staaten und deren Regenten.

§ 123 Absatz 1. Einfacher Hausfriedensbruch.

§ 170. Arglistige Verleitung zu ungültiger Ehe.

§ 172. Ehebruch.

§ 179. Verleitung zum Beischlaf durch Vorspiegelung einer Trauung.

§ 182. Verführung eines unbescholtenen Mädchens unter 16 Jahren.

§§ 185—187*), 189*), 194*). Beleidigung. Verleumdung. Beschimpfung des Andenkens eines Verstorbenen.

§§ 195*), 196*). Strafantrag wegen Beleidigung von Ehefrauen, Kindern, Beamten.

§§ 223*), 232*). Leichte vorsätzliche Körperverletzung, sofern nicht mit Uebertretung einer Amts= oder Berufspflicht. (Strafantrag nur gegen Angehörige zurückziehbar.)

§ 230 Absatz 1.*) Fahrlässige Körperverletzung, sofern nicht mit Uebertretung einer Amts= oder Berufspflicht (Strafantrag nur gegen Angehörige zurückziehbar).

§ 236. Entführung von Frauenspersonen wider ihren Willen.

§ 237. Entführung minderjähriger Frauenspersonen mit ihrem Willen.

§ 247.*) Diebstahl und Unterschlagung gegen Angehörige, Vormünder, Erzieher, Lehr= und Dienstherren.

§ 263.*) Betrug gegen Angehörige, Vormünder, Erzieher.

§ 288. Veräußerung von Vermögensgegenständen zur Vereitelung der Zwangsvollstreckung.

§ 289. Rechtswidrige Wegnahme von Pfandgegenständen.

§ 292.*) Unberechtigte Jagdausübung durch Angehörige des Berechtigten.

§ 299. Verletzung des Briefgeheimnisses.

§ 300. Offenbarung von Privatgeheimnissen durch Rechtsanwälte, Aerzte 2c.

§§ 301, 302. Strafbarer Eigennutz gegen Minderjährige durch Kreditgeben, Ehrenschulden.

§ 303.*) Sachbeschädigung. (Strafantrag nur gegen Angehörige zurückziehbar.)

§ 370⁵*). Entwendung von Nahrungs= und Genußmitteln von unbedeutendem Werth zum alsbaldigen Verbrauch.

§ 370⁶*). Entwendung von Futtermitteln für das Vieh des Geschädigten.

§. 66. Durch **Verjährung** wird die Strafverfolgung und die Strafvollstreckung ausgeschlossen.

Strafverfolgung verjährt bei Verbrechen mit 20, 15 oder 10 Jahren, je nach der angedrohten höchsten Strafe, bei Vergehen mit 5 oder 3 Jahren, bei Uebertretungen mit 3 Monaten.

Strafvollstreckung verjährt erst nach längerer Zeit als die Strafverfolgung, in 2—30 Jahren.

§. 67. Die Strafverfolgung von Verbrechen verjährt,

wenn sie mit dem Tode oder mit lebenslänglichem Zuchthaus bedroht sind, in zwanzig Jahren;

wenn sie im Höchstbetrage mit einer Freiheitsstrafe von einer längeren als zehnjährigen Dauer bedroht sind, in funfzehn Jahren;

wenn sie mit einer geringeren Freiheitsstrafe bedroht sind, in zehn Jahren.

Die Strafverfolgung von Vergehen, die im Höchstbetrage mit einer längeren als dreimonatlichen Gefängnißstrafe bedroht sind, verjährt in fünf Jahren, von anderen Vergehen in drei Jahren.

Die Strafverfolgung von Uebertretungen verjährt in drei Monaten.

Die Verjährung beginnt mit dem Tage, an welchem die Handlung begangen ist, ohne Rücksicht auf den Zeitpunkt des eingetretenen Erfolges.

§. 68. Jede Handlung des Richters, welche wegen der begangenen That gegen den Thäter gerichtet ist, unterbricht die Verjährung.

Die Unterbrechung findet nur rücksichtlich desjenigen statt, auf welchen die Handlung sich bezieht.

Nach der Unterbrechung beginnt eine neue Verjährung.

Nach § 453 Absatz 4 Str.P.O. unterbricht auch eine polizeiliche Strafverfügung:

„Die Strafverfügung wirkt in Betreff der Unterbrechung der Verjährung wie eine richterliche Handlung."

§. 69. Die Verjährung ruht während der Zeit, in welcher auf Grund gesetzlicher Vorschrift die Strafverfolgung nicht begonnen oder nicht fortgesetzt werden kann. Ist der Beginn oder die Fortsetzung eines Strafverfahrens von einer Vorfrage abhängig, deren Entscheidung in einem anderen Verfahren erfolgen muß, so ruht die Verjährung bis zu dessen Beendigung.

Ist zur Strafverfolgung ein Antrag oder eine Ermächtigung nach dem Strafgesetz erforderlich, so wird der Lauf der Verjährung durch den Mangel des Antrages oder der Ermächtigung nicht gehindert.

§. 70. Die Vollstreckung rechtskräftig erkannter Strafen verjährt, wenn

1. auf Tod oder auf lebenslängliches Zuchthaus oder auf lebenslängliche Festungshaft erkannt ist, in dreißig Jahren;
2. auf Zuchthaus oder Festungshaft von mehr als zehn Jahren erkannt ist, in zwanzig Jahren;
3. auf Zuchthaus bis zu zehn Jahren oder auf Festungshaft von fünf bis zu zehn Jahren oder Gefängniß von mehr als fünf Jahren erkannt ist, in funfzehn Jahren;
4. auf Festungshaft oder Gefängniß von zwei bis zu fünf Jahren oder auf Geldstrafe von mehr als sechstausend Mark erkannt ist, in zehn Jahren;
5. auf Festungshaft oder Gefängniß bis zu zwei Jahren oder auf Geldstrafe von mehr als einhundertfunfzig bis zu sechstausend Mark erkannt ist, in fünf Jahren;
6. auf Haft oder auf Geldstrafe bis zu einhundertfunfzig Mark erkannt ist, in zwei Jahren.

Die Verjährung beginnt mit dem Tage, an welchem das Urtheil rechtskräftig geworden ist.

§. 71. Die Vollstreckung einer wegen derselben

Handlung neben einer Freiheitsstrafe erkannten Geldstrafe verjährt nicht früher, als die Vollstreckung der Freiheitsstrafe.

§. 72. Jede auf Vollstreckung der Strafe gerichtete Handlung derjenigen Behörde, welcher die Vollstreckung obliegt, sowie die zum Zwecke der Vollstreckung erfolgende Festnahme des Verurtheilten unterbricht die Verjährung.

Nach der Unterbrechung der Vollstreckung der Strafe beginnt eine neue Verjährung.

Fünfter Abschnitt.

Zusammentreffen mehrerer strafbarer Handlungen.

§. 73. Wenn eine und dieselbe Handlung mehrere Strafgesetze verletzt, so kommt nur dasjenige Gesetz, welches die schwerste Strafe, und bei ungleichen Strafarten dasjenige Gesetz, welches die schwerste Strafart androht, zur Anwendung.

Die §§ 73—79 interessiren für das Gericht. Für den Polizeidienst ist es dennoch wichtig, möglichst die verschiedenen verletzten Gesetzesbestimmungen zu benennen und auf sie in der Anzeige einzugehen. Z. B. liegt Hausfriedensbruch und einfacher Diebstahl vor, wenn aus dem Innern von Gebäuden gestohlen wird, Sachbeschädigung und schwerer Diebstahl beim Erbrechen von Thüren und Behältnissen. Im Urtheil werden auch die übrigen verletzten Gesetzesstellen aufgeführt und rechnen alsdann beim Rückfall mit.

Verurtheilung wegen gewerbs- oder gewohnheitsmäßiger, sowie fortgesetzter strafbarer Handlungen schließt nachträgliche Bestrafung wegen gleichartiger Handlungen, die vor der Verurtheilung liegen, aus.

§. 74. Gegen denjenigen, welcher durch mehrere selbstständige Handlungen mehrere Verbrechen oder Vergehen, oder dasselbe Verbrechen oder Vergehen mehrmals begangen und dadurch mehrere zeitige Freiheitsstrafen verwirkt hat, ist auf eine Gesammtstrafe zu erkennen, welche in einer Erhöhung der verwirkten schwersten Strafe besteht.

Bei dem Zusammentreffen ungleichartiger Freiheitsstrafen tritt diese Erhöhung bei der ihrer Art nach schwersten Strafe ein.

Das Maß der Gesammtstrafe darf den Betrag der verwirkten Einzelstrafen nicht erreichen und funfzehnjähriges Zuchthaus, zehnjähriges Gefängniß oder funfzehnjährige Festungshaft nicht übersteigen.

§. 75. Trifft Festungshaft nur mit Gefängniß zusammen, so ist auf jede dieser Strafarten gesondert zu erkennen.

Ist Festungshaft oder Gefängniß mehrfach verwirkt, so ist hinsichtlich der mehreren Strafen gleicher Art so zu verfahren, als wenn dieselben allein verwirkt wären.

Die Gesammtdauer der Strafen darf in diesen Fällen funfzehn Jahre nicht übersteigen.

§. 76. Die Verurtheilung zu einer Gesammtstrafe schließt die Aberkennung der bürgerlichen Ehrenrechte nicht aus, wenn diese auch nur neben einer der verwirkten Einzelstrafen zulässig oder geboten ist.

Ingleichen kann neben der Gesammtstrafe auf Zulässigkeit von Polizei-Aufsicht erkannt werden, wenn dieses auch nur wegen einer der mehreren strafbaren Handlungen statthaft ist.

§. 77. Trifft Haft mit einer anderen Freiheitsstrafe zusammen, so ist auf die erstere gesondert zu erkennen.

Auf eine mehrfach verwirkte Haft ist ihrem Gesammtbetrage nach, jedoch nicht über die Dauer von drei Monaten zu erkennen.

§. 78. Auf Geldstrafen, welche wegen mehrerer strafbarer Handlungen allein oder neben einer Freiheitsstrafe verwirkt sind, ist ihrem vollen Betrage nach zu erkennen.

Bei Umwandlung mehrerer Geldstrafen ist der Höchstbetrag der an die Stelle derselben tretenden Freiheitsstrafe zwei Jahre Gefängniß und, wenn die mehreren Geldstrafen nur wegen Uebertretungen erkannt worden sind, drei Monate Haft.

§. 79. Die Vorschriften der §§. 74 bis 78 finden auch Anwendung, wenn, bevor eine erkannte Strafe verbüßt, verjährt oder erlassen ist, die Verurtheilung wegen einer strafbaren Handlung erfolgt, welche vor der früheren Verurtheilung begangen war.

Zweiter Theil.

Von den einzelnen Verbrechen, Vergehen und Uebertretungen und deren Bestrafung.

Erster Abschnitt.

Hochverrath und Landesverrath.

Zuständig das Reichsgericht, wenn Hoch- oder Landesverrath gegen den Kaiser oder das Reich gerichtet ist.

§§ 80—86. Hochverrath ist gerichtet gegen die Person (Mord, Gefangennahme 2c.) des Kaisers oder eines Deutschen Bundesfürsten, die Verfassung oder das Gebiet des Deutschen Reiches oder eines Bundesstaates. Bei Mord und Mordversuch nach § 80 Todesstrafe.

Strafbar als Hochverrath sind schon das Unternehmen, Verabredung, Einlassen mit auswärtiger Regierung, Mißbrauch der Amtsmacht, Anwerben und Einüben von Mannschaften, Aufforderung zu diesen Handlungen.

§§ 87—92. Landesverrath ist: (vor dem Kriege) Einlassen mit ausländischer Regierung, um dieselbe zu einem Kriege gegen das Deutsche Reich zu veranlassen,

(während des Krieges) Dienen oder Waffentragen in der feindlichen Kriegsmacht gegen das Deutsche Reich oder dessen Bundesgenossen, Vorschubleisten dem Feinde, Zufügen von Nachtheil der deutschen oder verbündeten Kriegsmacht (speziell nennt § 90 einzelne besondere Strafthaten),

(im Frieden) Verrath von Staatsgeheimnissen 2c. an eine fremde Regierung, sonstige Gefährdung und Benachtheiligung des Deutschen Reiches oder eines Bundesstaates.

(Nach § 1 des Gesetzes vom 3. Juli 1893 gegen den Verrath militärischer Geheimnisse wird mit Zuchthaus bestraft, wer vorsätzlich Schriften, Zeichnungen oder andere Gegenstände, deren Geheimhaltung im Interesse der Landesvertheidigung erforderlich ist, in den Besitz oder zur Kenntniß eines Anderen gelangen läßt, wenn er weiß, daß dadurch die Sicherheit des Deutschen Reiches gefährdet wird.)

§. 80. Der Mord und der Versuch des Mordes, welche an dem Kaiser, an dem eigenen Landesherrn, oder während des Aufenthalts in einem Bundesstaate an dem Landesherrn dieses Staats verübt worden sind, werden als Hochverrath mit dem Tode bestraft.

§. 81. Wer außer den Fällen des §. 80 es unternimmt,

1. einen Bundesfürsten zu tödten, gefangen zu nehmen, in Feindes Gewalt zu liefern oder zur Regierung unfähig zu machen,

2. die Verfassung des Deutschen Reichs oder eines Bundesstaats oder die in demselben bestehende Thronfolge gewaltsam zu ändern,
3. das Bundesgebiet ganz oder theilweise einem fremden Staate gewaltsam einzuverleiben oder einen Theil desselben vom Ganzen loszureißen, oder
4. das Gebiet eines Bundesstaats ganz oder theilweise einem anderen Bundesstaate gewaltsam einzuverleiben oder einen Theil desselben vom Ganzen loszureißen,

wird wegen Hochverraths mit lebenslänglichem Zuchthaus oder lebenslänglicher Festungshaft bestraft.

Sind mildernde Umstände vorhanden, so tritt Festungshaft nicht unter fünf Jahren ein.

Neben der Festungshaft kann auf Verlust der bekleideten öffentlichen Aemter, sowie der aus öffentlichen Wahlen hervorgegangenen Rechte erkannt werden.

§. 82. Als ein Unternehmen, durch welches das Verbrechen des Hochverraths vollendet wird, ist jede Handlung anzusehen, durch welche das Vorhaben unmittelbar zur Ausführung gebracht werden soll.

§. 83. Haben Mehrere die Ausführung eines hochverrätherischen Unternehmens verabredet, ohne daß es zum Beginn einer nach §. 82 strafbaren Handlung gekommen ist, so werden dieselben mit Zuchthaus nicht unter fünf Jahren oder mit Festungshaft von gleicher Dauer bestraft.

Sind mildernde Umstände vorhanden, so tritt Festungshaft nicht unter zwei Jahren ein.

Neben der Festungshaft kann auf Verlust der bekleideten öffentlichen Aemter, sowie der aus öffentlichen Wahlen hervorgegangenen Rechte erkannt werden.

§. 84. Die Strafvorschriften des §. 83 finden auch gegen denjenigen Anwendung, welcher zur Vorbereitung eines Hochverraths entweder sich mit einer auswärtigen Regierung einläßt oder die ihm von dem Reich oder einem Bundesstaate anvertraute Macht mißbraucht oder Mannschaften anwirbt oder in den Waffen einübt.

§. 85. Wer öffentlich vor einer Menschenmenge, oder wer durch Verbreitung oder öffentlichen Anschlag oder öffentliche Ausstellung von Schriften oder anderen Darstellungen zur Ausführung einer nach §. 82 strafbaren Handlung auffordert, wird mit Zuchthaus bis zu zehn Jahren oder Festungshaft von gleicher Dauer bestraft.

Sind mildernde Umstände vorhanden, so tritt Festungshaft von Einem bis zu fünf Jahren ein.

§. 86. Jede andere, ein hochverrätherisches Unternehmen vorbereitende Handlung wird mit Zuchthaus bis zu drei Jahren oder Festungshaft von gleicher Dauer bestraft.

Sind mildernde Umstände vorhanden, so tritt Festungshaft von sechs Monaten bis zu drei Jahren ein.

§. 87. Ein Deutscher, welcher sich mit einer ausländischen Regierung einläßt, um dieselbe zu einem Kriege gegen das Deutsche Reich zu veranlassen, wird wegen Landesverraths mit Zuchthaus nicht unter fünf Jahren und, wenn der Krieg ausgebrochen ist, mit lebenslänglichem Zuchthaus bestraft.

Sind mildernde Umstände vorhanden, so tritt Festungshaft von sechs Monaten bis zu fünf Jahren und, wenn der Krieg ausgebrochen ist, Festungshaft nicht unter fünf Jahren ein.

Neben der Festungshaft kann auf Verlust der bekleideten öffentlichen Aemter, sowie der aus öffentlichen Wahlen hervorgegangenen Rechte erkannt werden.

§. 88. Ein Deutscher, welcher während eines gegen das Deutsche Reich ausgebrochenen Krieges in der feindlichen Kriegsmacht Dienste nimmt oder die Waffen gegen das Deutsche Reich oder dessen Bundesgenossen trägt, wird wegen Landesverraths mit lebenslänglichem Zuchthaus oder lebenslänglicher Festungshaft bestraft.

Sind mildernde Umstände vorhanden, so tritt Festungshaft nicht unter fünf Jahren ein.

Ein Deutscher, welcher schon früher in fremden Kriegsdiensten stand, wird, wenn er nach Ausbruch des Krieges in der feindlichen Kriegsmacht verbleibt oder die Waffen gegen das Deutsche Reich oder dessen Bundesgenossen trägt, wegen Landesverraths mit Zuchthaus von zwei bis zu zehn Jahren oder mit Festungshaft von gleicher Dauer bestraft. Sind mildernde Umstände vorhanden, so tritt Festungshaft bis zu zehn Jahren ein.

Neben der Festungshaft kann auf Verlust der bekleideten öffentlichen Aemter, sowie der aus öffentlichen Wahlen hervorgegangenen Rechte erkannt werden.

§. 89. Ein Deutscher, welcher vorsätzlich während eines gegen das Deutsche Reich ausgebrochenen Krieges einer feindlichen Macht Vorschub leistet oder der Kriegsmacht des Deutschen Reichs oder der Bundesgenossen desselben Nachtheil zufügt, wird wegen Landesverraths mit Zuchthaus bis zu zehn Jahren oder mit Festungshaft von gleicher Dauer bestraft. Sind mildernde

Umstände vorhanden, so tritt Festungshaft bis zu zehn Jahren ein.

Neben der Festungshaft kann auf Verlust der bekleideten öffentlichen Aemter, sowie der aus öffentlichen Wahlen hervorgegangenen Rechte erkannt werden.

§. 90. Lebenslängliche Zuchthausstrafe tritt im Falle des §. 89 ein, wenn der Thäter

1. Festungen, Pässe, besetzte Plätze oder andere Vertheidigungsposten, ingleichen Theile oder Angehörige der deutschen oder einer verbündeten Kriegsmacht in feindliche Gewalt bringt;
2. Festungswerke, Schiffe oder Fahrzeuge der Kriegsmarine, öffentliche Gelder, Vorräthe von Waffen, Schießbedarf oder anderen Kriegsbedürfnissen, sowie Brücken, Eisenbahnen, Telegraphen und Transportmittel in feindliche Gewalt bringt oder zum Vortheile des Feindes zerstört oder unbrauchbar macht;
3. dem Feinde Mannschaften zuführt oder Angehörige der deutschen oder einer verbündeten Kriegsmacht verleitet, zum Feinde überzugehen;
4. Operationspläne oder Pläne von Festungen oder festen Stellungen dem Feinde mittheilt;
5. dem Feinde als Spion dient oder feindliche Spione aufnimmt, verbirgt oder ihnen Beistand leistet, oder
6. einen Aufstand unter Angehörigen der deutschen oder einer verbündeten Kriegsmacht erregt.

In minder schweren Fällen kann auf Zuchthaus nicht unter zehn Jahren erkannt werden.

Sind mildernde Umstände vorhanden, so tritt Festungshaft nicht unter fünf Jahren ein.

Neben der Festungshaft kann auf Verlust der bekleideten öffentlichen Aemter, sowie der aus öffentlichen Wahlen hervorgegangenen Rechte erkannt werden.

§. 91. Gegen Ausländer ist wegen der in den §§. 87, 89, 90 bezeichneten Handlungen nach dem Kriegsgebrauche zu verfahren.

Begehen sie aber solche Handlungen, während sie unter dem Schutze des Deutschen Reichs oder eines Bundesstaats sich innerhalb des Bundesgebietes aufhalten, so kommen die in den §§. 87, 89 und 90 bestimmten Strafen zur Anwendung.

§. 92. Wer vorsätzlich

1. Staatsgeheimnisse oder Festungspläne, oder solche Urkunden, Aktenstücke oder Nachrichten, von denen er weiß, daß ihre Geheimhaltung einer anderen Regierung gegenüber für das Wohl des Deutschen Reichs oder eines Bundesstaats erforderlich ist, dieser Regierung mittheilt oder öffentlich bekannt macht;
2. zur Gefährdung der Rechte des Deutschen Reichs oder eines Bundesstaats im Verhältniß zu einer anderen Regierung die über solche Rechte sprechenden Urkunden oder Beweismittel vernichtet, verfälscht oder unterdrückt, oder
3. ein ihm von Seiten des Deutschen Reichs oder von einem Bundesstaate aufgetragenes Staatsgeschäft mit einer andern Regierung zum Nachtheil dessen führt, der ihm den Auftrag ertheilt hat,

wird mit Zuchthaus nicht unter zwei Jahren bestraft.

Sind mildernde Umstände vorhanden, so tritt Festungshaft nicht unter sechs Monaten ein.

§. 93. Wenn in den Fällen der §§. 80, 81, 83, 84, 87 bis 92 die Untersuchung eröffnet wird, so kann bis zu deren rechtskräftigen Beendigung das Vermögen, welches der Angeschuldigte besitzt, oder welches ihm später anfällt, mit Beschlag belegt werden.

Zweiter Abschnitt.

Beleidigung des Landesherrn.

§§ 94—95. Thätlichkeiten und Beleidigungen gegen den Kaiser, den eigenen oder den aufenthaltsörtlichen Landesherrn.

§§ 96—97. Thätlichkeiten und Beleidigungen gegen ein Mitglied der eigenen oder aufenthaltsörtlichen landesherrlichen Familie, gegen den Regenten des eigenen oder aufenthaltsörtlichen Staates.

§. 94. Wer einer Thätlichkeit gegen den Kaiser, gegen seinen Landesherrn oder während seines Aufenthalts in einem Bundesstaate einer Thätlichkeit gegen den Landesherrn dieses Staats sich schuldig macht, wird mit lebenslänglichem Zuchthaus oder lebenslänglicher Festungshaft, in minder schweren Fällen mit Zuchthaus nicht unter fünf Jahren oder mit Festungshaft von gleicher Dauer bestraft. Neben der Festungshaft kann auf Verlust der bekleideten öffentlichen Aemter, sowie der aus öffentlichen Wahlen hervorgegangenen Rechte erkannt werden.

Sind mildernde Umstände vorhanden, so tritt Festungshaft nicht unter fünf Jahren ein.

Thätlichkeit = vorsätzliche und rechtswidrige körperliche Einwirkung gegen Leib, Leben, Freiheit oder Ehre. Majestätsbeleidigung wird feiner aufgefaßt als gewöhnliche Beleidigung; die Absicht, zu beleidigen, ist nicht erforderlich, es genügt das Bewußtsein von dem der Aeußerung beiwohnenden ehrkränkenden Charakter.

§. 95. Wer den Kaiser, seinen Landesherrn oder während seines Aufenthalts in einem Bundesstaate dessen

Landesherrn beleidigt, wird mit Gefängniß nicht unter zwei Monaten oder mit Festungshaft von zwei Monaten bis zu fünf Jahren bestraft.

Neben der Gefängnißstrafe kann auf Verlust der bekleideten öffentlichen Aemter, sowie der aus öffentlichen Wahlen hervorgegangenen Rechte erkannt werden.

§. 96. Wer einer Thätlichkeit gegen ein Mitglied des landesherrlichen Hauses seines Staats oder gegen den Regenten seines Staats oder während seines Aufenthalts in einem Bundesstaate einer Thätlichkeit gegen ein Mitglied des landesherrlichen Hauses dieses Staats oder gegen den Regenten dieses Staats sich schuldig macht, wird mit Zuchthaus nicht unter fünf Jahren oder mit Festungshaft von gleicher Dauer, in minder schweren Fällen mit Zuchthaus bis zu fünf Jahren oder mit Festungshaft von gleicher Dauer bestraft.

Sind mildernde Umstände vorhanden, so tritt Festungshaft von Einem bis zu fünf Jahren ein.

§. 97. Wer ein Mitglied des landesherrlichen Hauses seines Staats oder den Regenten seines Staats oder während seines Aufenthalts in einem Bundesstaate ein Mitglied des landesherrlichen Hauses dieses Staats oder den Regenten dieses Staats beleidigt, wird mit Gefängniß von Einem Monat bis zu drei Jahren oder mit Festungshaft von gleicher Dauer bestraft.

Dritter Abschnitt.

Beleidigung von Bundesfürsten.

§§ 98—101. Thätlichkeiten und Beleidigungen gegen sonstige Bundesfürsten und gegen Regenten eines Bundesstaates, Thätlichkeiten gegen Mitglieder eines bundesfürstlichen Hauses.

§. 98. Wer außer dem Falle des §. 94 sich einer Thätlichkeit gegen einen Bundesfürsten schuldig macht, wird mit Zuchthaus von zwei bis zu zehn Jahren oder mit Festungshaft von gleicher Dauer bestraft.

Sind mildernde Umstände vorhanden, so tritt Festungshaft von sechs Monaten bis zu zehn Jahren ein.

§. 99. Wer außer dem Falle des §. 95 einen Bundesfürsten beleidigt, wird mit Gefängniß von Einem Monat bis zu drei Jahren oder mit Festungshaft von gleicher Dauer bestraft.

Die Verfolgung tritt nur mit Ermächtigung des Beleidigten ein.

§. 100. Wer außer dem Falle des §. 96 sich einer Thätlichkeit gegen ein Mitglied eines bundesfürstlichen Hauses oder den Regenten eines Bundesstaats schuldig macht, wird mit Zuchthaus bis zu fünf Jahren oder mit Festungshaft von gleicher Dauer bestraft.

Sind mildernde Umstände vorhanden, so tritt Festungshaft von Einem Monat bis zu drei Jahren ein.

§. 101. Wer außer dem Falle des §. 97 den Regenten eines Bundesstaats beleidigt, wird mit Gefängniß von Einer Woche bis zu zwei Jahren oder mit Festungshaft von gleicher Dauer bestraft.

Die Verfolgung tritt nur mit Ermächtigung des Beleidigten ein.

Vierter Abschnitt.

Feindliche Handlungen gegen befreundete Staaten.

§§ 102—104. Hochverrath gegen einen außerdeutschen Staat oder dessen Landesherrn, Beleidigung eines außerdeutschen Landesherrn oder Regenten, ihrer Gesandten oder Geschäftsträger, Wegnahme, Beschimpfung 2c. ihrer Autoritätszeichen.

§. 102. Ein Deutscher, welcher im Inlande oder Auslande, oder ein Ausländer, welcher während seines Aufenthalts im Inlande gegen einen nicht zum Deutschen Reich gehörenden Staat oder dessen Landesherrn eine Handlung vornimmt, die, wenn er sie gegen einen Bundesstaat oder einen Bundesfürsten begangen hätte, nach Vorschrift der §§. 81 bis 86 zu bestrafen sein würde, wird in den Fällen der §§. 81 bis 84 mit Festungshaft von Einem bis zu zehn Jahren oder, wenn mildernde Umstände vorhanden sind, mit Festungshaft von sechs Monaten bis zu zehn Jahren, in den Fällen der §§. 85 und 86 mit Festungshaft von Einem Monat bis zu drei Jahren bestraft, sofern in dem anderen Staate dem Deutschen Reich die Gegenseitigkeit verbürgt ist.

Die Verfolgung tritt nur auf Antrag der auswärtigen Regierung ein. Die Zurücknahme des Antrages ist zulässig.

§. 103. Wer sich gegen den Landesherrn oder den Regenten eines nicht zum Deutschen Reich gehörenden Staats einer Beleidigung schuldig macht, wird mit Gefängniß von Einer Woche bis zu zwei Jahren oder mit Festungshaft von gleicher Dauer bestraft, sofern in diesem Staate dem Deutschen Reich die Gegenseitigkeit verbürgt ist.

Die Verfolgung tritt nur auf Antrag der auswärtigen Regierung ein. Die Zurücknahme des Antrages ist zulässig.

§. 103 a. Wer ein öffentliches Zeichen der Autorität eines nicht zum Deutschen Reich gehörenden Staats oder ein Hoheitszeichen eines solchen Staats böswillig wegnimmt, zerstört oder beschädigt oder beschimpfenden Unfug daran verübt, wird mit Geldstrafe bis zu sechshundert Mark oder mit Gefängniß bis zu zwei Jahren bestraft.

§. 104. Wer sich gegen einen bei dem Reich, einem bundesfürstlichen Hofe oder bei dem Senate einer der freien Hansestädte beglaubigten Gesandten oder Geschäftsträger einer Beleidigung schuldig macht, wird mit Gefängniß bis zu Einem Jahre oder mit Festungshaft von gleicher Dauer bestraft.

Die Verfolgung tritt nur auf Antrag des Beleidigten ein. Die Zurücknahme des Antrages ist zulässig.

Fünfter Abschnitt.

Verbrechen und Vergehen in Beziehung auf die Ausübung staatsbürgerlicher Rechte.

§§ 105—106. Gewaltthätige Einwirkung auf die gesetzgebenden Körperschaften des Reichs, eines Bundesstaats oder der freien Hansestädte, sowie auf einzelne Mitglieder dieser Körperschaften.

§. 105. Wer es unternimmt, den Senat oder die Bürgerschaft einer der freien Hansestädte, eine gesetzgebende Versammlung des Reichs oder eines Bundesstaats auseinander zu sprengen, zur Fassung oder Unterlassung von Beschlüssen zu nöthigen oder Mitglieder aus ihnen gewaltsam zu entfernen, wird mit Zuchthaus nicht unter fünf Jahren oder mit Festungshaft von gleicher Dauer bestraft.

Sind mildernde Umstände vorhanden, so tritt Festungshaft nicht unter Einem Jahre ein.

§. 106. Wer ein Mitglied einer der vorbezeichneten

Versammlungen durch Gewalt oder durch Bedrohung mit einer strafbaren Handlung verhindert, sich an den Ort der Versammlung zu begeben oder zu stimmen, wird mit Zuchthaus bis zu fünf Jahren oder mit Festungshaft von gleicher Dauer bestraft.

Sind mildernde Umstände vorhanden, so tritt Festungshaft bis zu zwei Jahren ein.

§. 107. Wer einen Deutschen durch Gewalt oder durch Bedrohung mit einer strafbaren Handlung verhindert, in Ausübung seiner staatsbürgerlichen Rechte zu wählen oder zu stimmen, wird mit Gefängniß nicht unter sechs Monaten oder mit Festungshaft bis zu fünf Jahren bestraft.

Der Versuch ist strafbar.

Beamte sind nach § 339 Absatz 3 schon strafbar aus §§ 106 und 107, wenn sie auch ohne Gewalt oder Bedrohung, nur durch Mißbrauch ihrer Amtsgewalt oder Androhung eines bestimmten Mißbrauchs derselben das freie Wahl- und Stimmrecht beeinflussen. Strafbarkeit liegt schon vor, wenn Jemand durch Drohung bestimmt werden soll, nicht seinem, sondern einem anderen Kandidaten seine Stimme zu geben, er braucht an der Stimmabgabe überhaupt nicht gehindert zu sein. Auch die Gemeindewahlen fallen unter diesen Paragraphen.

§. 108. Wer in einer öffentlichen Angelegenheit mit der Sammlung von Wahl- oder Stimm-Zetteln oder -Zeichen oder mit der Führung der Beurkundungsverhandlung beauftragt, ein unrichtiges Ergebniß der Wahlhandlung vorsätzlich herbeiführt oder das Ergebniß verfälscht, wird mit Gefängniß von Einer Woche bis zu drei Jahren bestraft.

Wird die Handlung von Jemand begangen, welcher nicht mit der Sammlung der Zettel oder Zeichen oder einer anderen Verrichtung bei dem Wahlgeschäfte beauftragt ist, so tritt Gefängnißstrafe bis zu zwei Jahren ein.

Auch kann auf Verlust der bürgerlichen Ehrenrechte erkannt werden.

Strafbar nach Absatz 2 ist auch die Stimmabgabe für einen Anderen unter Mißbrauch von dessen Namen, Herbeiführung falscher Eintragungen in die Wählerlisten, um ein nicht zustehendes Wahlrecht auszuüben.

§. 109. Wer in einer öffentlichen Angelegenheit eine Wahlstimme kauft oder verkauft, wird mit Gefängniß von Einem Monat bis zu zwei Jahren bestraft; auch kann auf Verlust der bürgerlichen Ehrenrechte erkannt werden.

Kauf = jeder Vortheil für die Stimmabgabe, wenn beide Theile willenseins geworden sind. Einseitiges Versprechen von Vortheilen seitens des Käufers ist als bloßer Versuch nicht strafbar.

Sechster Abschnitt.

Widerstand gegen die Staatsgewalt.

§. 110. Wer öffentlich vor einer Menschenmenge, oder wer durch Verbreitung oder öffentlichen Anschlag oder öffentliche Ausstellung von Schriften oder anderen Darstellungen zum Ungehorsam gegen Gesetze oder rechtsgültige Verordnungen oder gegen die von der Obrigkeit innerhalb ihrer Zuständigkeit getroffenen Anordnungen auffordert, wird mit Geldstrafe bis zu sechshundert Mark oder mit Gefängniß bis zu zwei Jahren bestraft.

Oeffentlich steht im Gegensatz zum vertrauten Kreise, wenn nicht bestimmt ist, welche und wie viele Personen wahrnehmen können. Zum Ungehorsam muß aufgefordert sein gegen bestimmte Gesetze, Verordnungen (d. h. Polizei-Verordnungen) oder Anordnungen der Behörden, z. B. einer polizeilichen

Vorladung in Kriminalsachen. Thäter ist strafbar, auch wenn er sich in der irrigen Meinung befand, daß die Anordnung über die Zuständigkeit der Behörde hinaus ging.

Die von einem einzelnen Polizei-Beamten im besonderen Falle angeordneten Exekutivmaßregeln fallen nicht unter §. 110, da der Beamte keine Obrigkeit im Sinne dieses Paragraphen ist.

§. 111. Wer auf die vorbezeichnete Weise zur Begehung einer strafbaren Handlung auffordert, ist gleich dem Anstifter zu bestrafen, wenn die Aufforderung die strafbare Handlung oder einen strafbaren Versuch derselben zur Folge gehabt hat.

Ist die Aufforderung ohne Erfolg geblieben, so tritt Geldstrafe bis zu sechshundert Mark oder Gefängnißstrafe bis zu Einem Jahre ein. Die Strafe darf jedoch, der Art oder dem Maße nach, keine schwerere sein, als die auf die Handlung selbst angedrohte.

Aufreizung ganzer Bevölkerungsklassen siehe § 130.

§. 112. Wer eine Person des Soldatenstandes, es sei des Deutschen Heeres oder der Kaiserlichen Marine, auffordert oder anreizt, dem Befehle des Oberen nicht Gehorsam zu leisten, wer insbesondere eine Person, welche zum Beurlaubtenstande gehört, auffordert oder anreizt, der Einberufung zum Dienste nicht zu folgen, wird mit Gefängniß bis zu zwei Jahren bestraft.

Militärpersonen, d. h. des aktiven Soldatenstandes und des Beurlaubtenstandes, auch vorläufig beurlaubte Rekruten; Ungehorsam gegen bestimmte Dienstbefehle.

Widerstand gegen die Staatsgewalt.

§. 113. Wer einem Beamten, welcher zur Vollstreckung von Gesetzen, von Befehlen und Anordnungen der Verwaltungsbehörden oder von Urtheilen und Verfügungen der Gerichte berufen ist, in der rechtmäßigen Ausübung seines Amtes durch Gewalt oder durch Bedrohung mit Gewalt Widerstand leistet, oder wer einen solchen Beamten während der rechtmäßigen Ausübung seines Amtes thätlich angreift, wird mit Gefängniß von vierzehn Tagen bis zu zwei Jahren bestraft.

Sind mildernde Umstände vorhanden, so tritt Gefängnißstrafe bis zu Einem Jahre oder Geldstrafe bis zu eintausend Mark ein.

Dieselben Strafvorschriften treten ein, wenn die Handlung gegen Personen, welche zur Unterstützung des Beamten zugezogen waren, oder gegen Mannschaften der bewaffneten Macht, oder gegen Mannschaften einer Gemeinde-, Schutz- oder Bürgerwehr in Ausübung des Dienstes begangen wird.

Zu den Beamten, welche ..... berufen sind, gehören auch die Polizei-Exekutiv-Beamten.

In der rechtmäßigen Ausübung seines Amtes, d. h. der Beamte muß zu der betr. Amtshandlung berufen und in ihr schon begriffen sein. Wenn der Polizei-Beamte auf Befehl eines zuständigen Vorgesetzten handelt, so ist er stets in rechtmäßiger Amtsausübung. Schreitet er aus eigener Initiative ein, so muß er sachlich — z. B. Bedingungen einer Festnahme —, örtlich — Eindringen in Grundstücke — und zeitlich — Eindringen bei Nacht — zu der betr. Amtshandlung berechtigt sein und muß deren wesentliche Merkmale beachten, z. B. bei Haussuchungen die Zuziehung von Gemeindebeamten 2c., bei Festnahmen eine entsprechende ausdrückliche Erklärung. Mindestens muß er bei thatsächlichem Irrthum nach pflichtmäßigem Ermessen gehandelt haben. Andernfalls ist er nicht in rechtmäßiger Amtsausübung und Widerstand ist straflos. Dagegen schützt die irrige Meinung, der Beamte sei nicht in rechtmäßiger Amtsausübung, den Thäter nicht.

Durch Gewalt muß der Widerstand geleistet sein, d. h.

durch eine gegen die Person des Beamten gerichtete Kraftäußerung, daher nicht durch Weigerung, Zurerdewerfen oder Losreißen von Arrestanten, wohl aber durch Stemmen gegen den Fußboden, Stoßen, Schlagen, Ausholen zum Schlag.

Privatpersonen 2c. werden als zur Unterstützung des Beamten zugezogen nur dann angesehen, wenn der Beamte bei dem Widerstande und der Amtshandlung zugegen war oder ursprünglich bei der Amtshandlung zugegen gewesen ist, sie also als seine eigene gewollt hat. Ist die selbständige Ausführung einer Amtshandlung einer solchen Privatperson übertragen, so ist diese durch Absatz 3 nicht geschützt.

Nöthigung von Beamten.

§. 114. Wer es unternimmt, durch Gewalt oder Drohung eine Behörde oder einen Beamten zur Vornahme oder Unterlassung einer Amtshandlung zu nöthigen, wird mit Gefängniß nicht unter drei Monaten bestraft.

Sind mildernde Umstände vorhanden, so tritt Gefängnißstrafe bis zu zwei Jahren ein.

§ 113 findet Anwendung während der Amtshandlung, § 114 vor und nach derselben. Vernehmung eines Beamten als Zeuge ist keine Amtshandlung. Abweichend von § 113 braucht hier nicht Drohung mit Gewalt vorzuliegen, es genügt Drohung mit einem Nachtheil, durch welche der Beamte in eine seine Willensfreiheit beschränkende Furcht versetzt werden soll.

§§ 115, 116, 125. Auflauf, Zusammenrottung, Aufruhr, Landfriedensbruch.

Auflauf = öffentlich versammelte Menschenmenge. Zusammenrottung = bedrohlich zu rechtswidrigem Handeln versammelte Menschenmenge. Aufruhr = Auflauf oder Zusammenrottung, sobald gegen die Beamten Widerstand, Gewalt oder Nöthigung verübt ist. Landfriedensbruch = Zusammenrottung, sobald Gewaltthätigkeiten gegen Personen oder Sachen verübt sind.

Aufruhr.

§. 115. Wer an einer öffentlichen Zusammenrottung, bei welcher eine der in den §§. 113 und 114 bezeichneten Handlungen mit vereinten Kräften begangen wird, Theil nimmt, wird wegen Aufruhrs mit Gefängniß nicht unter sechs Monaten bestraft.

Die Rädelsführer, sowie diejenigen Aufrührer, welche eine der in den §§. 113 und 114 bezeichneten Handlungen begehen, werden mit Zuchthaus bis zu zehn Jahren bestraft; auch kann auf Zulässigkeit von Polizei-Aufsicht erkannt werden. Sind mildernde Umstände vorhanden, so tritt Gefängnißstrafe nicht unter sechs Monaten ein.

An der Zusammenrottung nimmt Theil, wer sich des Zweckes bewußt in der zusammengerotteten Menge befindet und den Willen hat, in ihr zu verbleiben, er braucht nicht selbst Gewaltthätigkeiten zu begehen oder den Willen zu solchen zu haben. Theilnahme aus Neugierde macht nur dann straflos, wenn die noch nicht bekannten Zwecke der Menschenmenge in Erfahrung gebracht werden sollten, alsdann muß sich der Neugierige entfernen.

Auflauf. Aufruhr.

§. 116. Wird eine auf öffentlichen Wegen, Straßen oder Plätzen versammelte Menschenmenge von dem zuständigen Beamten oder Befehlshaber der bewaffneten Macht aufgefordert, sich zu entfernen, so wird jeder der Versammelten, welcher nach der dritten Aufforderung sich nicht entfernt, wegen Auflaufs mit Gefängniß bis zu drei Monaten oder mit Geldstrafe bis zu eintausendfünfhundert Mark bestraft.

Ist bei einem Auflaufe gegen die Beamten oder die bewaffnete Macht mit vereinten Kräften thätlicher Widerstand geleistet oder Gewalt verübt worden, so treten gegen diejenigen, welche an diesen Handlungen Theil genommen haben, die Strafen des Aufruhrs ein.

Oeffentlich hier = thatsächlich allgemein zugänglich, sodaß eine unbestimmte Menge von Personen sich betheiligen konnte. Berechtigt zur Aufforderung ist jeder Polizei-Exekutiv-Beamte, die Aufforderung muß an die versammelte Menge, darf nicht an einen Einzelnen gerichtet sein. Daß der Betreffende die dreimalige Aufforderung selbst gehört hat, braucht nicht erwiesen zu werden, es genügt, wenn er auf andere Weise Kenntniß erhalten hat, daß die dreimalige Aufforderung erfolgt ist. Zuständig ist von mehreren Exekutiv-Beamten derjenige, der das Kommando hat und für die Aufrechterhaltung der öffentlichen Ruhe, Sicherheit und Ordnung verantwortlich ist. Durch letztere Rücksicht muß die Aufforderung zur Entfernung auch hinreichend begründet sein.

§§ 117—119. Widerstand und thätlicher Angriff gegen Forst- oder Jagdschutzbeamte, Waldeigenthümer, Forst- und Jagdberechtigte oder von diesen bestellte Aufseher bei ihrer rechtmäßigen Amtsausübung.

§. 117. **Wer einem Forst- oder Jagdbeamten, einem Waldeigenthümer, Forst- oder Jagdberechtigten, oder einem von diesen bestellten Aufseher in der rechtmäßigen Ausübung seines Amtes oder Rechtes durch Gewalt oder durch Bedrohung mit Gewalt Widerstand leistet, oder wer eine dieser Personen während der Ausübung ihres Amtes oder Rechtes thätlich angreift, wird mit Gefängniß von vierzehn Tagen bis zu drei Jahren bestraft.**

Ist der Widerstand oder der Angriff unter Drohung mit Schießgewehr, Aexten oder anderen gefährlichen Werkzeugen erfolgt, oder mit Gewalt an der Person begangen worden, so tritt Gefängnißstrafe nicht unter drei Monaten ein.

Sind mildernde Umstände vorhanden, so tritt in den Fällen des Absatz 1 Gefängnißstrafe bis zu Einem Jahre, in den Fällen des Absatz 2 Gefängnißstrafe nicht unter Einem Monat ein.

§. 118. Ist durch den Widerstand oder den Angriff eine Körperverletzung dessen, gegen welchen die Handlung begangen ist, verursacht worden, so ist auf Zuchthaus bis zu zehn Jahren zu erkennen.

Sind mildernde Umstände vorhanden, so tritt Gefängnißstrafe nicht unter drei Monaten ein.

§. 119. Wenn eine der in den §§. 117 und 118 bezeichneten Handlungen von Mehreren gemeinschaftlich begangen worden ist, so kann die Strafe bis um die Hälfte des angedrohten Höchstbetrages, die Gefängnißstrafe jedoch nicht über fünf Jahre erhöht werden.

§§ 120—122. Gefangenenbefreiung.

§. 120. Wer einen Gefangenen aus der Gefangenanstalt oder aus der Gewalt der bewaffneten Macht, des Beamten oder desjenigen, unter dessen Beaufsichtigung, Begleitung oder Bewachung er sich befindet, vorsätzlich befreit oder ihm zur Selbstbefreiung vorsätzlich behülflich ist, wird mit Gefängniß bis zu drei Jahren bestraft.

Der Versuch ist strafbar.

Gefangene sind nicht nur die in Gefängnissen oder Strafanstalten untergebrachten, sondern auch die von Polizei-Exekutiv-Beamten verhafteten, vorläufig festgenommenen oder sistirten Personen, sobald sie sich in der Gewalt des Beamten befinden, siehe Str.G.B. § 239. Die von Civilpersonen festgenommenen Personen sind erst Gefangene, sobald sie an einen zuständigen Beamten abgeliefert und von diesem übernommen sind. Auch Untersuchungsgefangene, die sich in einer Kranken- oder Irrenanstalt befinden, sind Gefangene. Werden daher Strafthäter in solchen Anstalten von der Polizei untergebracht, so ist der Anstalt sofort davon Kenntniß zu geben, daß sie als Polizeigefangene anzusehen sind.

Zu verhaftende Personen sind für verhaftet zu erklären

und ist ihnen der Inhalt des richterlichen Haftbefehls thunlichst zu verkünden, vorläufig festgenommenen Personen muß der Grund mitgetheilt und erklärt werden, daß sie festgenommen oder arretirt sind, z. B. „Sie sind mein Arrestant.“ Man legt hierbei am besten die Hand auf solche Personen, zum Zeichen, daß sie sich in der Gewalt des Beamten befinden. Ebenso bei Sistirungen.

Selbstbefreiung eines Gefangenen auch aus einem Gefängniß ist nicht strafbar, soweit der Gefangene allein und mit nur seinen eigenen Kräften handelt, dagegen ist Anstiftung, Begünstigung und Beihülfe strafbar. Gemeinsamer Ausbruch von Gefangenen wird nach § 122 bestraft.

§. 121. **Wer vorsätzlich einen Gefangenen, mit dessen Beaufsichtigung oder Begleitung er beauftragt ist, entweichen läßt oder dessen Befreiung befördert, wird mit Gefängniß bis zu drei Jahren bestraft.**

Ist die Entweichung durch Fahrlässigkeit befördert worden, so tritt Gefängnißstrafe bis zu drei Monaten oder Geldstrafe bis zu dreihundert Mark ein.

Entweichenlassen von Gefangenen durch Beamte siehe § 347. — Entweichen ist nicht nur Flucht des Gefangenen, auch jede andere zeitweise Aufhebung der Freiheitsentziehung, z. B. Austretenlassen vorzuführender Personen ohne Aufsicht zu irgend welchen Zwecken.

Der Beauftragte kann auch eine Civilperson sein, z. B. Civiltransporteure, Wärter.

Bei Unterbrechung des Transports in Folge von Uebernachtungen, Erkrankungen 2c. dürfen die Gefangenen nicht in Krankenhäusern, Gasthöfen 2c. untergebracht werden. Sie sind vielmehr der örtlichen Polizeibehörde, und sofern diese kein genügend sicheres Gefängniß hat, dem nächsten Gerichtsgefängniß zuzuführen. Die Gerichtsbehörden sind nach Ministerial-Erlaß vom 12. Juli 1887 zur Annahme solcher übernachtenden Transportaten auch ohne schriftlichen Annahmebefehl verpflichtet. Erkrankte Transportaten sind der Ortspolizeibehörde zu übergeben, und diese hat für ihre sichere Unterbringung zu sorgen.

§. 122. Gefangene, welche sich zusammenrotten und mit vereinten Kräften die Anstaltsbeamten oder die mit der Beaufsichtigung Beauftragten angreifen, denselben Widerstand leisten oder es unternehmen, sie zu Handlungen oder Unterlassungen zu nöthigen, werden wegen Meuterei mit Gefängniß nicht unter sechs Monaten bestraft.

Gleiche Strafe tritt ein, wenn Gefangene sich zusammenrotten und mit vereinten Kräften einen gewaltsamen Ausbruch unternehmen.

Diejenigen Meuterer, welche Gewaltthätigkeiten gegen die Anstaltsbeamten oder die mit der Beaufsichtigung Beauftragten verüben, werden mit Zuchthaus bis zu zehn Jahren bestraft; auch kann auf Zulässigkeit von Polizei-Aufsicht erkannt werden.

Siebenter Abschnitt.

Verbrechen und Vergehen wider die öffentliche Ordnung.

Einfacher Hausfriedensbruch.

§. 123. Wer in die Wohnung, in die Geschäftsräume oder in das befriedete Besitzthum eines Anderen oder in abgeschlossene Räume, welche zum öffentlichen Dienst bestimmt sind, widerrechtlich eindringt, oder wer, wenn er ohne Befugniß darin verweilt, auf die Aufforderung des Berechtigten sich nicht entfernt, wird wegen Hausfriedensbruches mit Gefängniß bis zu drei Monaten oder mit Geldstrafe bis zu dreihundert Mark bestraft.

Die Verfolgung tritt nur auf Antrag ein.

Ist die Handlung von einer mit Waffen versehenen Person oder von Mehreren gemeinschaftlich

begangen worden, so tritt Gefängnißstrafe von Einer Woche bis zu Einem Jahre ein.

Von Beamten in amtlicher Thätigkeit begangener Hausfriedensbruch wird nach § 342 bestraft.

Der Hausfriedensbruch kann auf zweierlei Art begangen werden, erstens durch widerrechtliches Eindringen, zweitens durch Nichtentfernen auf Aufforderung des Berechtigten, ist aber nur strafbar, wenn Strafantrag gestellt wird. Das Gesetz nennt 4 Orte, wo Hausfriedensbruch vorkommen kann, Wohnung, Geschäftsräume, befriedetes Besitzthum, abgeschlossene Räume, welche zum öffentlichen Dienst bestimmt sind. Hausfriedensbruch ist ein dem Polizei-Exekutiv-Beamten sehr häufig vorkommendes Vergehen, und da er fast stets allein auf seine eigene Auffassung und Entscheidung angewiesen ist, so ist es nothwendig, diesen Paragraphen genau zu verstehen.

Das Gesetz schützt den Staatsbürger in seinen berechtigten Interessen, das Str.G.B. schützt namentlich Leben, Gesundheit, Freiheit, Eigenthum und Ehre. In dem vorliegenden VII. Abschnitt wird die öffentliche Ordnung, speziell in den §§ 126, 130 und 130a der öffentliche Friede geschützt; § 123 soll den Privatfrieden oder, da dieser Friede nicht an die Person, sondern an den Aufenthaltsort geknüpft ist, den Hausfrieden schützen, d. h. den Frieden, welchen der Einzelne um seine Person in seiner Wohnung, ihrer nächsten Umgebung und der Stätte seines Wirkens haben will. Der vorliegende § wahrt das Hausrecht, d. h. das Recht jedes Einzelnen, widerrechtlich eingedrungene oder verweilende Störer des von ihm gewollten Hausfriedens zu entfernen. Daher ist der § 123 die weitere Ausgestaltung des Gesetzes zum Schutze der persönlichen Freiheit vom 12. Febr. 50. Wie der Staatsbürger dort gegen etwaige Uebergriffe der staatlichen Behörden und Beamten geschützt werden sollte, so hier gegen Uebergriffe, die von Privatpersonen ausgehen.

Den genannten 4 Orten, Wohnung, Geschäftsräume 2c. ist gemeinsam, daß diese dauernden oder zeitweiligen Aufenthaltsräume baulich abgeschlossen oder durch besondere Kennzeichen gegen Betreten verboten sein müssen.

Wohnung. Zu ihr gehören auch Nebenräume und Zubehör, wie Bodenkammern und Keller, ferner die zur Benutzung mitgemietheten Treppen, der Flur und der Hof eines Hauses. Als Wohnung sind auch anzusehen außergewöhnliche Wohngelegenheiten, wie die Familienwagen herumziehender Personen, Schäferkarren, bewohnte Schiffe und Kähne.

Geschäftsräume sind baulich abgeschlossene Räume, in welchen Jemand seine regelmäßige Erwerbsthätigkeit vornimmt.

Befriedetes Besitzthum ist zunächst eingehegter oder eingefriedigter **Grund**-, also unbeweglicher Besitz, z. B. Haus- und Restaurationsgärten, Lagerplätze, Höfe. Sodann gehören hierher auch Neubauten, die durch zusammenhängende Schutzvorrichtungen gegen das Betreten außerhalb der Arbeitszeit gesichert sind (während der Arbeitszeit fallen sie unter Geschäftsräume). Steht ein Besitzthum in erkennbarem Zusammenhange mit Wohnungen oder Geschäftsräumen, wie die Höfe von Fabriken und sonstigen Grundstücken, so ist Einfriedigung nicht erforderlich. Steht ein Besitzthum dagegen nicht in unmittelbarer Verbindung mit einer menschlichen Niederlassung, z. B. Feldgärten, so ist das widerrechtliche Betreten und Verweilen auch bei vorhandener Einfriedigung nicht nach § 123, sondern nur als Uebertretung nach § 368[9] strafbar

> „wer unbefugt über Gärten oder Weinberge, Wiesen, bestellte Aecker, oder über solche Aecker, Wiesen, Weiden oder Schonungen, welche mit einer Einfriedigung versehen sind 2c., geht, reitet, fährt oder Vieh treibt."

Eines Anderen, d. h. des Verfügungsberechtigten, des Eigenthümers oder Nutzungsberechtigten. Der Hausbesitzer ist also allein berechtigt über die nicht vermietheten Theile seines Grundstücks; der Miether oder Pächter, seine Hausgenossenschaft und sein Personal ist allein berechtigt über die zur alleinigen Benutzung und mitberechtigt über die zur Mitbenutzung ermietheten oder erpachteten Theile des Grundstücks.

Eheleute begehen in der Wohnung des anderen Gatten jedenfalls Hausfriedensbruch, wenn das Getrenntleben in irgend einer rechtlichen Form festgesetzt ist. Leben sie nur thatsächlich getrennt, so darf der eine Ehegatte auch die vom anderen Ehegatten gemiethete Wohnung betreten, wenn es zu dem Zwecke geschieht, um das eheliche Leben fortzusetzen. Zu anderen Zwecken darf er weder eindringen noch nach Aufforderung verweilen. Nach einem Reichsgerichts-Erkenntniß v. 25. Nov. 79 begiebt sich der Inhaber einer Wohnung, welcher einer getrennt lebenden Ehefrau gegen Entgelt den Aufenthalt in seiner Wohnung gestattet, dadurch nicht des Hausrechtes gegen den Ehemann.

Widerrechtliches Eindringen, d. h. der Thäter muß ohne Berechtigung vorsätzlich und mit dem Bewußtsein, daß er gegen den Willen des Berechtigten handelt, eingedrungen sein, auch muß der Eintritt gegen den erklärten oder sich deutlich offenbarenden Willen des Berechtigten erfolgt sein, z. B. Miether, die durch den Gerichtsvollzieher exmittirt sind. Besuch bei einem Verwandten oder Miether gegen den erklärten Willen des Besitzers ist daher noch kein Hausfriedensbruch, weil ein solcher Besuch nicht unberechtigt ist, wird aber Hausfriedensbruch, wenn das Betreten zu anderem Zwecke erfolgt oder der Besucher auf dem Wege innerhalb des Grundstücks ohne triftigen Grund unnöthig verweilt und der Aufforderung des Berechtigten nicht Folge leistet. Der Eintritt in Restaurationen und öffentliche Verkaufslokale ist im Allgemeinen Jedermann gestattet, diese Befugniß ist aber beschränkt auf den Zweck des Lokals; ebenso ist das Betreten unverschlossener Höfe, Flure und Treppen durch Bettler, Hausirer ꝛc., von offenen Arbeitsplätzen durch hetzende Streiker noch kein Hausfriedensbruch, wird es aber, wenn eine entsprechende Verbotstafel angebracht ist. Die Eintrittsbefugniß zur Verfolgung eines an sich berechtigten Zweckes erlischt mit Erfüllung desselben, z. B. Mahnen eines Schuldners, Besichtigung des baulichen Zustandes einer Miethswohnung durch den Besitzer. Bei widerrechtlichem Eindringen ist sofort Hausfriedensbruch vorhanden, es braucht nicht erst zum Entfernen aufgefordert zu sein, wie bei dem

Verweilen ohne Befugniß. Einmalige Aufforderung genügt, sie braucht nicht, wie die Volksmeinung lautet, dreimal wiederholt zu werden. Es ist jedoch angemessene Zeit zum Entfernen zu lassen, z. B. nicht durch Fortsetzung des Disputs eine Entgegnung und dadurch Verzögerung herbeizuführen. Auf diese Feststellung kommt es sehr an, und der

Polizeibeamte kann eine Reihe von nachher gegenstandslosen Schreibereien ersparen, wenn er gleich in der ersten Anzeige darauf eingeht, ob der Thäter durch sein Verhalten bekundet hat, daß er sich durch das Zögern mit dem erlassenen Verbote in Widerspruch setzen wollte und das Verbot auch nach kurzer Zeit nicht befolgt hat, obwohl er dazu im Stande war. Das Verweilen muß ohne Befugniß sein, kann also auch nach Erfüllung eines berechtigten Zweckes strafbar sein, z. B. Gäste in Restaurationen, wenn sie zum Verlassen des Lokals aufgefordert sind; Gesinde, wenn das Dienstverhältniß rechtmäßig aufgehoben ist; Gesellen und Arbeiter nach ihrer Entlassung, auch wenn die sofortige Entlassung Ansprüche auf Entschädigung begründet; Hausbesitzer nach Erklärung des Retentionsrechtes oder Ausübung des Besichtigungsrechtes. Der Hausbesitzer kann bei seinem Miether Hausfriedensbruch begehen.

Aufforderung des Berechtigten. Berechtigt zur Aufforderung ist der Träger des Hausrechtes, seine Hausgenossenschaft und sein Personal, soweit es in den betreffenden Räumen zu thun hat; in öffentlichen Räumen derjenige Beamte, dem zur Zeit die Aufsicht über den Raum übertragen ist; in Versammlungsräumen zuerst der Einberufer, sodann der Leiter der Versammlung. Der zur Aufforderung Berechtigte darf zur Entfernung solcher Personen, welche nicht Folge leisten, Gewalt anwenden, dabei zugefügte Beschädigungen machen nur strafbar, wenn die Gewaltthätigkeit schuldbarer Weise weiter ausgedehnt wurde, als zur Erreichung des Zweckes erforderlich war.

Zur Stellung des Strafantrages ist nur der Träger des Hausrechts berechtigt, also der Besitzer, Nutznießer oder sein gesetzlicher Vertreter, bei Diensträumen die Behörde bezw. deren gesetzliche Vertreter. Hausgenossenschaft und Personal sind nur zur Aufforderung berechtigt, nicht zum Strafantrag.

Die gerichtliche Verfolgung tritt zwar nur auf Antrag ein, der Polizei-Exekutiv-Beamte — siehe Seite 71 — ist aber auch ohne vorher gestellten schriftlichen Strafantrag verpflichtet, einer bezüglichen Requisition auf Entfernung solcher Personen Folge zu leisten, weil der Verletzte 3 Monate Zeit hat zur Stellung des Strafantrages, bis dahin also die strafbare Handlung bestehen bleibt. Für die Praxis empfiehlt es sich, daß der Beamte den Verletzten befragt, ob er Strafantrag stellt. Wird die Frage verneint, so liegt eine strafbare Handlung nicht vor, und der Beamte braucht nicht einzuschreiten. Wird die Frage bejaht, so muß er einschreiten und die Person entfernen. An dieser Verpflichtung ändert es nichts, wenn hinterher die schriftliche Stellung des Strafantrages dennoch verweigert wird.

Der Polizei-Exekutiv-Beamte hat noch ein weitergehendes Recht, Wohnungen 2c. zu betreten, als es Civilpersonen haben, er darf auf Grund des § 7 des Gesetzes zum Schutze der persönlichen Freiheit — Seite 43 — auch eintreten gegen den Willen des Berechtigten, wenn eine aus amtlicher Eigenschaft folgende Befugniß oder ein Auftrag eines Vorgesetzten vorliegt. Tritt er dagegen ein zur Verfolgung eigener oder nicht hinreichend dienstlich motivirter fremder Privatzwecke — civilrechtliche Ansprüche eines Requirirenden —, so hat er durch sein Amt keine weitergehende Befugniß und macht sich ev. strafbar. Im Allgemeinen kann er in einem Hause bei Tage betreten unverschlossene Höfe, Treppen und Flure, soll aber vor Wohnungen zunächst Halt machen. Bei solchen allgemeinen Kontrollgängen, z. B. auf Flurbeleuchtung, bauliche Zustände, Feuersicherheit wird es meist angezeigt sein, sich vorher beim Besitzer oder Verwalter zu melden. In Wohnungen tritt man nur ein, wenn ein bestimmter dienstlicher Zweck dies erfordert, soll aber nicht versäumen, auch bei offenstehenden Wohnungsthüren sich durch Klopfen, Schellen vorher bemerkbar zu machen. Ist der dienstliche Zweck erfüllt, so muß auch der Beamte sich entfernen, bis dahin braucht er auch einer entsprechenden Aufforderung nicht Folge zu leisten, es ist vielmehr gemäß § 162 Str.P.O. — Seite 28 — unter Umständen einstweilige Festnahme des Auffordernden und seine Entfernung, z. B. von Bauten, gerechtfertigt, wenn die Erregung größeren Auflaufs und die Behinderung der Amtsgeschäfte zu erwarten ist. Unter Umständen ist der Polizei-Exekutiv-Beamte berechtigt, sich in Abwesenheit des Berechtigten und gegen seinen Willen, sogar zur Nachtzeit Eintritt zu verschaffen, z. B. bei Zwangsvollstreckungen zum Schutze des Vollziehungs-Beamten, bei Durchsuchungen und Festnahmen. Ueber das Eindringen zur

Nachtzeit bei Durchsuchungen und Festnahmen siehe Seite 36 und 43. Außer zu diesem Zwecke der Strafverfolgung darf der Polizei-Exekutiv-Beamte jeder Zeit eindringen in öffentliche Lokale, so lange sie noch offen sind,*) und in sonstige Wohnräume, wenn es zum Schutze von Personen dringend nöthig ist. Hierüber lautet § 9 des Gesetzes zum Schutze der persönlichen Freiheit vom 12. Februar 1850:

> Das Verbot, in eine Wohnung zur Nachtzeit einzudringen, begreift nicht die Fälle einer Feuers- oder Wassersnoth, einer Lebensgefahr oder eines aus dem Innern der Wohnung hervorgegangenen Ansuchens; es bezieht sich nicht auf die Orte, in welchen während der Nachtzeit das Publikum ohne Unterschied zugelassen wird, so lange diese Orte dem Publikum zum ferneren Eintritt oder dem eingetretenen Publikum zum ferneren Verweilen geöffnet sind.

Aus dem Innern der Wohnung kommt ein Ansuchen auch, wenn die Hülfe nachsuchende Person die Wohnung verlassen und sich auf die Straße begeben hatte.

§. 124. Wenn sich eine Menschenmenge öffentlich zusammenrottet und in der Absicht, Gewaltthätigkeiten gegen Personen oder Sachen mit vereinten Kräften zu begehen, in die Wohnung, in die Geschäftsräume oder in das befriedete Besitzthum eines Anderen oder in abgeschlossene Räume, welche zum öffentlichen Dienst bestimmt sind, widerrechtlich eindringt, so wird Jeder, welcher an diesen Handlungen Theil nimmt, mit Gefängniß von Einem Monat bis zu zwei Jahren bestraft.

§. 125. Wenn sich eine Menschenmenge öffentlich zusammenrottet und mit vereinten Kräften gegen Personen oder Sachen Gewaltthätigkeiten begeht, so wird Jeder, welcher an dieser Zusammenrottung Theil

---

*) Vergl. jedoch § 365 bezüglich des Nichteindringens in die von einer geschlossenen Gesellschaft gemietheten und ausschließlich von ihr benutzten Räume eines öffentlichen Lokals.

nimmt, wegen Landfriedensbruches mit Gefängniß nicht unter drei Monaten bestraft.

Die Rädelsführer, sowie diejenigen, welche Gewaltthätigkeiten gegen Personen begangen oder Sachen geplündert, vernichtet oder zerstört haben, werden mit Zuchthaus bis zu zehn Jahren bestraft; auch kann auf Zulässigkeit von Polizei-Aufsicht erkannt werden. Sind mildernde Umstände vorhanden, so tritt Gefängnißstrafe nicht unter sechs Monaten ein.

Beim Landfriedensbruch müssen die im § 124 nur beabsichtigten Gewaltthätigkeiten begangen sein.

§. 126. Wer durch Androhung eines gemeingefährlichen Verbrechens den öffentlichen Frieden stört, wird mit Gefängniß bis zu Einem Jahre bestraft.

Oeffentlicher Friede ist das im Publikum herrschende Gefühl ungestörter Rechtssicherheit. Die gemeingefährlichen Verbrechen sind in den §§ 306—324 behandelt, sie heißen gemeingefährlich, weil sie die Interessengemeinschaft der menschlichen Gesellschaft bedrohen.

§. 127. Wer unbefugterweise einen bewaffneten Haufen bildet oder befehligt oder eine Mannschaft, von der er weiß, daß sie ohne gesetzliche Befugniß gesammelt ist, mit Waffen oder Kriegsbedürfnissen versieht, wird mit Gefängniß bis zu zwei Jahren bestraft.

Wer sich einem solchen bewaffneten Haufen anschließt, wird mit Gefängniß bis zu Einem Jahre bestraft.

§. 128. Die Theilnahme an einer Verbindung, deren Dasein, Verfassung oder Zweck vor der Staatsregierung geheim gehalten werden soll, oder in welcher gegen unbekannte Obere Gehorsam oder gegen bekannte Obere unbedingter Gehorsam versprochen wird, ist an den Mitgliedern mit Gefängniß bis zu sechs Monaten, an den

Stiftern und Vorstehern der Verbindung mit Gefängniß von Einem Monat bis zu Einem Jahre zu bestrafen.

Gegen Beamte kann auf Verlust der Fähigkeit zur Bekleidung öffentlicher Aemter auf die Dauer von Einem bis zu fünf Jahren erkannt werden.

§. 129. Die Theilnahme an einer Verbindung, zu deren Zwecken oder Beschäftigungen gehört, Maßregeln der Verwaltung oder die Vollziehung von Gesetzen durch ungesetzliche Mittel zu verhindern oder zu entkräften, ist an den Mitgliedern mit Gefängniß bis zu Einem Jahre, an den Stiftern und Vorstehern der Verbindung mit Gefängniß von drei Monaten bis zu zwei Jahren zu bestrafen.

Gegen Beamte kann auf Verlust der Fähigkeit zur Bekleidung öffentlicher Aemter auf die Dauer von Einem bis zu fünf Jahren erkannt werden.

§. 130. Wer in einer den öffentlichen Frieden gefährdenden Weise verschiedene Klassen der Bevölkerung zu Gewaltthätigkeiten gegen einander öffentlich anreizt, wird mit Geldstrafe bis zu sechshundert Mark oder mit Gefängniß bis zu zwei Jahren bestraft.

Der öffentliche Friede ist gefährdet, wenn eine zu Gewaltthätigkeiten geneigte Stimmung hervorgerufen oder verstärkt wird. Die Gewaltthätigkeiten brauchen nicht nothwendig bestimmt bezeichnet zu sein. Verschiedene Klassen der Bevölkerung, z. B. die Bourgeois und Proletarier der Sozialdemokraten. Der Klassenhaß wächst vornehmlich auf sozialem und nationalem Boden. Aufreizung einzelner Personen ist nach §§ 110 und 111 strafbar.

§. 130a. Ein Geistlicher oder anderer Religionsdiener, welcher in Ausübung oder in Veranlassung der Ausübung seines Berufes öffentlich vor einer Menschenmenge, oder welcher in einer Kirche oder an einem anderen zu religiösen Versammlungen bestimmten Orte vor Mehreren Angelegenheiten des Staats in einer den öffentlichen Frieden gefährdenden Weise zum Gegenstande einer Verkündigung oder Erörterung macht, wird mit Gefängniß oder Festungshaft bis zu zwei Jahren bestraft.

Gleiche Strafe trifft denjenigen Geistlichen oder anderen Religionsdiener, welcher in Ausübung oder in Veranlassung der Ausübung seines Berufes Schriftstücke ausgiebt oder verbreitet, in welchen Angelegenheiten des Staats in einer den öffentlichen Frieden gefährdenden Weise zum Gegenstande einer Verkündigung oder Erörterung gemacht sind.

§. 131. Wer erdichtete oder entstellte Thatsachen, wissend, daß sie erdichtet oder entstellt sind, öffentlich behauptet oder verbreitet, um dadurch Staatseinrichtungen oder Anordnungen der Obrigkeit verächtlich zu machen, wird mit Geldstrafe bis zu sechshundert Mark oder mit Gefängniß bis zu zwei Jahren bestraft.

Staatseinrichtungen rc. des Deutschen Reiches und aller Bundesstaaten, nicht nur des aufenthaltsörtlichen.

§. 132. Wer unbefugt sich mit Ausübung eines öffentlichen Amtes befaßt oder eine Handlung vornimmt, welche nur kraft eines öffentlichen Amtes vorgenommen werden darf, wird mit Gefängniß bis zu Einem Jahre oder mit Geldstrafe bis zu dreihundert Mark bestraft.

§. 133. Wer eine Urkunde, ein Register, Akten oder einen sonstigen Gegenstand, welche sich zur amtlichen Aufbewahrung an einem dazu bestimmten Orte befinden, oder welche einem Beamten oder einem Dritten amtlich übergeben worden sind, vorsätzlich vernichtet, bei Seite schafft oder beschädigt, wird mit Gefängniß bestraft.

Ist die Handlung in gewinnsüchtiger Absicht begangen, so tritt Gefängnißstrafe nicht unter drei Monaten ein; auch kann auf Verlust der bürgerlichen Ehrenrechte erkannt werden.

Ueber den Begriff Urkunde siehe § 267, hier handelt es sich um dienstliche oder amtliche Schriftstücke und Gegenstände. Es muß der Vorsatz vorhanden sein, die amtliche Aufbewahrung und die damit verbundene jederzeitige Gebrauchsbereitschaft, wenn auch nur zeitweise aufzuheben. Gegenstände, welche keine innere Beziehung zu dem Amte, sondern nur einen Vermögenswerth besitzen (Kohlen, leeres Papier), fallen nicht unter § 133, sondern unter Diebstahl oder Unterschlagung. Beamte werden aus § 348 Absatz 2 bestraft.

§. 134. Wer öffentlich angeschlagene Bekanntmachungen, Verordnungen, Befehle oder Anzeigen von Behörden oder Beamten böswillig abreißt, beschädigt oder verunstaltet, wird mit Geldstrafe bis zu dreihundert Mark oder mit Gefängniß bis zu sechs Monaten bestraft.

§. 135. Wer ein öffentliches Zeichen der Autorität des Reichs oder eines Bundesfürsten oder ein Hoheitszeichen eines Bundesstaats böswillig wegnimmt, zerstört oder beschädigt oder beschimpfenden Unfug daran verübt, wird mit Geldstrafe bis zu sechshundert Mark oder mit Gefängniß bis zu zwei Jahren bestraft.

§. 136. Wer unbefugt ein amtliches Siegel, welches von einer Behörde oder einem Beamten angelegt ist, um Sachen zu verschließen, zu bezeichnen oder in Beschlag zu nehmen, vorsätzlich erbricht, ablöst oder beschädigt oder den durch ein solches Siegel bewirkten amtlichen Verschluß aufhebt, wird mit Gefängniß bis zu sechs Monaten bestraft.

Zu den Siegeln zählen auch Siegelmarken.

§. 137. Wer Sachen, welche durch die zuständigen Behörden oder Beamten gepfändet oder in Beschlag genommen worden sind, vorsätzlich bei Seite schafft, zerstört oder in anderer Weise der Verstrickung ganz oder theilweise entzieht, wird mit Gefängniß bis zu Einem Jahre bestraft.

Strafbarer Eigennutz Privaten gegenüber ist in den §§ 288, 289 behandelt, hier der Behörde gegenüber, sogenannter Arrestbruch. Sachen sind nur körperliche Gegenstände, Miethen oder sonstige Forderungen nicht. Pfändung muß durch den zuständigen Beamten erfolgt sein unter Beachtung der vorgeschriebenen Formen, auf die innere Rechtmäßigkeit kommt es nicht an. Ist also z. B. nicht der Schuldner, sondern ein Dritter rechtmäßiger Eigenthümer einer gepfändeten Sache, so macht sich dieser Dritte des Arrestbruches schuldig, wenn er nach erlangter Kenntniß der bestehenden Pfändung die Sachen entfernt.

Beschlagnahme erfolgt durch Erklärung an den Besitzer, daß der Gegenstand beschlagnahmt, d. h. aus der Verfügungsgewalt des Besitzers in amtliche übergegangen ist. Gleichgültig alsdann, ob der Gegenstand mitgenommen oder einstweilen an Ort und Stelle belassen wird. Ueber die Beschlagnahme-Befugniß der Polizei-Exekutiv-Beamten siehe Seite 34.

§. 138. Wer als Zeuge, Geschworener oder Schöffe berufen, eine unwahre Thatsache als Entschuldigung vorschützt, wird mit Gefängniß bis zu zwei Monaten bestraft.

Dasselbe gilt von einem Sachverständigen, welcher zum Erscheinen gesetzlich verpflichtet ist.

Die auf das Nichterscheinen gesetzten Ordnungsstrafen werden durch vorstehende Strafbestimmung nicht ausgeschlossen.

§. 139. Wer von dem Vorhaben eines Hochverraths, Landesverraths, Münzverbrechens, Mordes, Raubes, Menschenraubes oder eines gemeingefährlichen Verbrechens zu einer Zeit, in welcher die Verhütung des Verbrechens möglich ist, glaubhafte Kenntniß erhält und es unterläßt, hiervon der Behörde oder der durch das Verbrechen bedrohten Person zur rechten Zeit Anzeige zu machen, ist, wenn das Verbrechen oder ein strafbarer Versuch desselben begangen worden ist, mit Gefängniß zu bestrafen.

Zur Anzeige sind auch diejenigen Personen verpflichtet, die ihr Zeugniß verweigern können.

§ 140. Unerlaubte Auswanderung nicht gedienter Wehrpflichtiger (17.–45. Lebensjahr) in der Absicht, sich dem Eintritte in den Heeresdienst zu entziehen, und Verbleib im Auslande nach erreichtem militärpflichtigen Alter (1. Januar des 20. Lebensjahrs); unerlaubte Auswanderung von Offizieren &c.; Auswanderung Wehrpflichtiger bei eingetretener oder drohender Mobilmachung.

§. 140. Wegen Verletzung der Wehrpflicht wird bestraft:

1. ein Wehrpflichtiger, welcher in der Absicht, sich dem Eintritte in den Dienst des stehenden Heeres oder der Flotte zu entziehen, ohne Erlaubniß entweder das Bundesgebiet verläßt oder nach erreichtem militärpflichtigen Alter sich außerhalb des Bundesgebietes aufhält: mit Geldstrafe von einhundertfunfzig bis zu dreitausend Mark oder mit Gefängniß von Einem Monat bis zu Einem Jahre;

2. ein Offizier oder im Offizierrange stehender Arzt des Beurlaubtenstandes, welcher ohne Erlaubniß auswandert: mit Geldstrafe bis zu dreitausend Mark oder mit Haft oder mit Gefängniß bis zu sechs Monaten;
3. ein jeder Wehrpflichtige, welcher nach öffentlicher Bekanntmachung einer vom Kaiser für die Zeit eines Krieges oder einer Kriegsgefahr erlassenen besonderen Anordnung in Widerspruch mit derselben auswandert: mit Gefängniß bis zu zwei Jahren, neben welchem auf Geldstrafe bis zu dreitausend Mark erkannt werden kann.

Der Versuch ist strafbar.

Das Vermögen des Angeschuldigten kann, insoweit als es nach dem Ermessen des Richters zur Deckung der den Angeschuldigten möglicherweise treffenden höchsten Geldstrafe und der Kosten des Verfahrens erforderlich ist, mit Beschlag belegt werden.

Die unerlaubte Auswanderung beurlaubter Mannschaften der Reserve, Land- und Seewehr ist nach § 360[3] strafbar.

Nach § 107 der Wehrordnung dürfen Wehrpflichtigen, welche sich noch nicht im militärpflichtigen Alter befinden, Auslandspässe für eine über den 1. Januar ihres 20. Lebensjahres hinaus liegende Zeit nur auf Grund einer Bescheinigung der Militär-Ersatz-Kommission ertheilt werden.

Die Militärpflicht ist an die deutsche Staatsangehörigkeit gebunden. Das Gesetz vom 1. Juni 1870 über die Erwerbung und den Verlust der Bundes- und Staatsangehörigkeit lautet im § 21 Abs. 1 und 2:

Norddeutsche, welche das Bundesgebiet verlassen und sich 10 Jahre lang ununterbrochen im Auslande aufhalten, verlieren dadurch ihre Staatsangehörigkeit. Die vorbezeichnete Frist wird von dem Zeitpunkte des Austritts aus dem Bundesgebiete oder, wenn der Austretende sich im Besitz eines Reisepapieres oder

Heimathsscheines befindet, von dem Zeitpunkte des Ablaufs dieser Papiere an gerechnet. Sie wird unterbrochen durch die Eintragung in die Matrikel eines Bundeskonsulats. Ihr Lauf beginnt von Neuem mit dem auf die Löschung in der Matrikel folgenden Tage.

Der hiernach eingetretene Verlust der Staatsangehörigkeit erstreckt sich zugleich auf die Ehefrau und die unter väterlicher Gewalt stehenden minderjährigen Kinder, soweit sie sich bei dem Ehemanne, bezw. Vater befinden."

Verjährung tritt ein in 5 Jahren seit dem Ende der Wehrpflicht (45. Lebensjahr) oder seit Verlust der Staatsangehörigkeit oder seit dem Tage einer Rückkehr nach Deutschland, gleichgültig wie lange sie dauerte und zu welchem Zweck sie erfolgte.

Ausgewanderte und in Nordamerika naturalisirte Deutsche, welche dort 5 Jahre ununterbrochen zugebracht haben, unterliegen bei ihrer Rückkehr keiner Bestrafung gemäß Vertrag vom 22. Februar 1868 — B.G.Bl. S. 228. —

§. 141. Wer einen Deutschen zum Militärdienste einer ausländischen Macht anwirbt oder den Werbern der letzteren zuführt, ingleichen wer einen Deutschen Soldaten vorsätzlich zum Desertiren verleitet oder die Desertion desselben vorsätzlich befördert, wird mit Gefängniß von drei Monaten bis zu drei Jahren bestraft.

Der Versuch ist strafbar.

§. 142. Wer sich vorsätzlich durch Selbstverstümmelung oder auf andere Weise zur Erfüllung der Wehrpflicht untauglich macht oder durch einen Anderen untauglich machen läßt, wird mit Gefängniß nicht unter Einem Jahre bestraft; auch kann auf Verlust der bürgerlichen Ehrenrechte erkannt werden.

Dieselbe Strafe trifft denjenigen, welcher einen Anderen auf dessen Verlangen zur Erfüllung der Wehrpflicht untauglich macht.

§. 143. Wer in der Absicht, sich der Erfüllung der Wehrpflicht ganz oder theilweise zu entziehen, auf Täuschung berechnete Mittel anwendet, wird mit Gefängniß bestraft; auch kann auf Verlust der bürgerlichen Ehrenrechte erkannt werden.

Dieselbe Strafvorschrift findet auf den Theilnehmer Anwendung.

§. 144. Wer es sich zum Geschäfte macht, Deutsche unter Vorspiegelung falscher Thatsachen oder wissentlich mit unbegründeten Angaben oder durch andere auf Täuschung berechnete Mittel zur Auswanderung zu verleiten, wird mit Gefängniß von Einem Monat bis zu zwei Jahren bestraft.

Auswanderungsagenten bedürfen einer Konzession, die von der Regierung ausgestellt wird, gemäß Gesetz vom 7. Mai 1853, betr. die Beförderung von Auswanderern.

§. 145. Wer die vom Kaiser

zur Verhütung des Zusammenstoßens der Schiffe auf See,

über das Verhalten der Schiffer nach einem Zusammenstoße von Schiffen auf See, oder

in Betreff der Noth- und Lootsensignale für Schiffe auf See und auf den Küstengewässern

erlassenen Verordnungen übertritt, wird mit Geldstrafe bis zu eintausendfünfhundert Mark bestraft.

§. 145 a. Wer im Inlande Schuldverschreibungen auf den Inhaber, in denen die Zahlung einer bestimmten Geldsumme versprochen wird, ohne die erforderliche staatliche Genehmigung ausstellt und in den Verkehr bringt, wird mit einer Geldstrafe bestraft, die dem fünften Theil des Nennwerths der ausgegebenen Schuldverschreibungen gleichkommen kann, mindestens aber dreihundert Mark beträgt.

Achter Abschnitt.

Münzverbrechen und Münzvergehen.

§. 146. Wer inländisches oder ausländisches Metallgeld oder Papiergeld nachmacht, um das nachgemachte Geld als echtes zu gebrauchen oder sonst in Verkehr zu bringen, oder wer in gleicher Absicht echtem Gelde durch Veränderung an demselben den Schein eines höheren Werthes oder verrufenem Gelde durch Veränderung an demselben das Ansehen eines noch geltenden giebt, wird mit Zuchthaus nicht unter zwei Jahren bestraft; auch ist Polizei-Aufsicht zulässig.

Sind mildernde Umstände vorhanden, so tritt Gefängnißstrafe ein.

Falschmünzerei = Herstellung falschen Metall- oder Papiergeldes behufs Ausgabe als echtes, Münzfälscherei = Veränderung echten Geldes, um den Schein höheren Werthes zu geben.

§. 147. Dieselben Strafbestimmungen finden auf denjenigen Anwendung, welcher das von ihm auch ohne die vorbezeichnete Absicht nachgemachte oder verfälschte Geld als echtes in Verkehr bringt, sowie auf denjenigen, welcher nachgemachtes oder verfälschtes Geld sich verschafft und solches entweder in Verkehr bringt oder zum Zwecke der Verbreitung aus dem Auslande einführt.

§. 148. Wer nachgemachtes oder verfälschtes Geld als echtes empfängt und nach erkannter Unechtheit als echtes in Verkehr bringt, wird mit Gefängniß bis zu drei Monaten oder mit Geldstrafe bis zu dreihundert Mark bestraft.

Der Versuch ist strafbar.

Dieses Loswerden falschen Geldes wird häufig auch vom guten Publikum nicht als Unrecht angesehen, ist aber strafbar.

§. 149. Gleichstellung sonstiger Werthpapiere mit dem Papiergelde.

§. 149. Dem Papiergelde werden gleich geachtet die auf den Inhaber lautenden Schuldverschreibungen, Banknoten, Aktien oder deren Stelle vertretende Interimsscheine oder Quittungen, sowie die zu diesen Papieren gehörenden Zins-, Gewinnantheils- oder Erneuerungsscheine, welche von dem Reiche, dem Norddeutschen Bunde, einem Bundesstaate oder fremden Staate oder von einer zur Ausgabe solcher Papiere berechtigten Gemeinde, Korporation, Gesellschaft oder Privatperson ausgestellt sind.

Stempelbogen, Stempelmarken, Postmarken rc. fallen unter § 275.

§ 150. In Verkehr Bringen werthverringerter (beschnittener rc.) echter Metallgeldstücke.

§. 150. Wer echte, zum Umlauf bestimmte Metallgeldstücke durch Beschneiden, Abfeilen oder auf andere Art verringert und als vollgültig in Verkehr bringt, oder wer solche verringerte Münzen gewohnheitsmäßig oder im Einverständnisse mit dem, welcher sie verringert hat, als vollgültig in Verkehr bringt, wird mit Gefängniß bestraft, neben welchem auf Geldstrafe bis zu dreitausend Mark, sowie auf Verlust der bürgerlichen Ehrenrechte erkannt werden kann.

Der Versuch ist strafbar.

§. 151. Wer Stempel, Siegel, Stiche, Platten oder andere zur Anfertigung von Metallgeld, Papiergeld oder dem letzteren gleich geachteten Papieren dienliche Formen zum Zwecke eines Münzverbrechens angeschafft oder angefertigt hat, wird mit Gefängniß bis zu zwei Jahren bestraft.

Hier Anfertigung zu Münzverbrechen. Wer sonst dergleichen Stempel, Siegel, Stiche, Platten oder Formen, welche zur Herstellung dienen können, ohne Wissen der Behörde anfertigt, wird nach § 360[4] bestraft.

§. 152. Auf die Einziehung des nachgemachten oder verfälschten Geldes, sowie der im §. 151 bezeichneten Gegenstände ist zu erkennen, auch wenn die Verfolgung oder Verurtheilung einer bestimmten Person nicht stattfindet.

Ueberreicht eine Privatperson einem Polizei-Beamten ein falsches Geldstück, so empfiehlt es sich, zur Vermeidung von Weitläufigkeiten der Anzeige gleich die schriftliche Erklärung des Besitzers beizufügen, daß er sich mit der Einziehung des falschen Geldstücks ohne Erstattung des Werths einverstanden erklärt, falls es als thatsächlich falsch festgestellt werden sollte. Verloren ist es doch für ihn.

Neunter Abschnitt.

Meineid.

Meineid ist wissentlich und thatsächlich falsch geschworen, Falscheid thatsächlich falsch geschworen, jedoch ohne Absicht. Der Eid muß vor einer zuständigen Behörde abgelegt sein, die im Privatleben vorkommenden Schwüre 2c. fallen nicht unter das Strafgesetzbuch.

Parteien-Eid.

§. 153. Wer einen ihm zugeschobenen, zurückgeschobenen oder auferlegten Eid wissentlich falsch schwört, wird mit Zuchthaus bis zu zehn Jahren bestraft.

Zeugen-Eid.

§. 154. Gleiche Strafe trifft denjenigen, welcher vor einer zur Abnahme von Eiden zuständigen Behörde wissentlich ein falsches Zeugniß oder ein falsches Gutachten mit einem Eide bekräftigt oder den vor seiner Vernehmung geleisteten Eid wissentlich durch ein falsches Zeugniß oder ein falsches Gutachten verletzt.

Ist das falsche Zeugniß oder Gutachten in einer Strafsache zum Nachtheile eines Angeschuldigten abgegeben und dieser zum Tode, zu Zuchthaus oder zu einer anderen mehr als fünf Jahre betragenden Freiheitsstrafe verurtheilt worden, so tritt Zuchthausstrafe nicht unter drei Jahren ein.

Die Eidesformel für Zeugen lautet: „Ich schwöre bei Gott dem Allmächtigen und Allwissenden, daß ich nach bestem Wissen die reine Wahrheit sagen, nichts verschweigen und nichts hinzusetzen werde So wahr mir Gott helfe,“ bezw. „daß ich die reine Wahrheit gesagt, nichts verschwiegen und nichts hinzugesetzt habe.“ Danach ist auch das absichtliche Verschweigen von Thatsachen oder Umständen strafbar, wenn der Zeuge danach gefragt oder sich der Möglichkeit bewußt war, daß der Umstand erheblich sein könne. Zu vielen unbegründeten Denunciationen wegen Meineids seitens des Publikums führt die Auffassung, daß es schon strafbarer Meineid sei, wenn ein Zeuge während der Verhandlung eine unter dem Eide gemachte Aussage berichtigt oder zurücknimmt. Das ist irrthümlich, der vorbeeidete Zeuge kann sich bis zum Abschluß seiner Vernehmung berichtigen, ohne daß die zurückgenommene Aussage einen Meineid begründet.

§. 155. Der Ableistung eines Eides wird gleich geachtet, wenn

1. ein Mitglied einer Religionsgesellschaft, welcher das Gesetz den Gebrauch gewisser Betheuerungsformeln an Stelle des Eides gestattet, eine Erklärung unter der Betheuerungsformel seiner Religionsgesellschaft abgiebt;
2. derjenige, welcher als Partei, Zeuge oder Sachverständiger einen Eid geleistet hat, in gleicher

Eigenschaft eine Versicherung unter Berufung auf den bereits früher in derselben Angelegenheit geleisteten Eid abgiebt, oder ein Sachverständiger, welcher als solcher ein- für allemal vereidet ist, eine Versicherung auf den von ihm geleisteten Eid abgiebt;

3. ein Beamter eine amtliche Versicherung unter Berufung auf seinen Diensteid abgiebt.

§. 156. Wer vor einer zur Abnahme einer Versicherung an Eidesstatt zuständigen Behörde eine solche Versicherung wissentlich falsch abgiebt oder unter Berufung auf eine solche Versicherung wissentlich falsch aussagt, wird mit Gefängniß von Einem Monat bis zu drei Jahren bestraft.

§. 157. Hat ein Zeuge oder Sachverständiger sich eines Meineides (§§. 154, 155) oder einer falschen Versicherung an Eidesstatt schuldig gemacht, so ist die an sich verwirkte Strafe auf die Hälfte bis ein Viertheil zu ermäßigen, wenn

1. die Angabe der Wahrheit gegen ihn selbst eine Verfolgung wegen eines Verbrechens oder Vergehens nach sich ziehen konnte, oder
2. der Aussagende die falsche Aussage zu Gunsten einer Person, rücksichtlich welcher er die Aussage ablehnen durfte, erstattet hat, ohne über sein Recht, die Aussage ablehnen zu dürfen, belehrt worden zu sein.

Ist hiernach Zuchthausstrafe unter Einem Jahre verwirkt, so ist dieselbe nach Maßgabe des §. 21 in Gefängnißstrafe zu verwandeln.

Ueber das Zeugnißverweigerungsrecht handeln die §§ 51 ff. der Str.Pr.O.:

§. 51. Zur Verweigerung des Zeugnisses sind berechtigt:

1. der Verlobte des Beschuldigten;
2. der Ehegatte des Beschuldigten, auch wenn die Ehe nicht mehr besteht;
3. diejenigen, welche mit dem Beschuldigten in gerader Linie verwandt, verschwägert (siehe § 173) .... sind.

Nach §. 52 sind zur Verweigerung des Zeugnisses berechtigt Geistliche, Vertheidiger, Rechtsanwälte und Aerzte.

§. 53. Oeffentliche Beamte, auch wenn sie nicht mehr im Dienste sind, dürfen über Umstände, auf welche sich ihre Pflicht zur Amtsverschwiegenheit bezieht, als Zeugen nur mit Genehmigung ihrer vorgesetzten Dienstbehörde oder der ihnen zuletzt vorgesetzt gewesenen Dienstbehörde vernommen werden ....

§. 54. Jeder Zeuge kann die Auskunft auf solche Fragen verweigern, deren Beantwortung ihm selbst oder einem der im §. 51 Nr. 1—3 bezeichneten Angehörigen die Gefahr strafgerichtlicher Verfolgung zuziehen würde.

Die Gefahr von Disziplinarbestrafung, Unehre oder Vermögensnachtheil genügt nicht.

§. 158. Gleiche **Strafermäßigung** tritt ein, wenn derjenige, welcher sich eines Meineides oder einer falschen Versicherung an Eidesstatt schuldig gemacht hat, bevor eine Anzeige gegen ihn erfolgt oder eine Untersuchung gegen ihn eingeleitet und bevor ein Rechtsnachtheil für einen Anderen aus der falschen Aussage entstanden ist, diese bei derjenigen Behörde, bei welcher er sie abgegeben hat, widerruft.

Bei fahrlässigem Falscheid tritt unter den gleichen Verhältnissen nach § 168 Straflosigkeit ein.

§. 159. Wer es unternimmt, einen Anderen zur Begehung eines **Meineides zu verleiten**, wird mit

Zuchthaus bis zu fünf Jahren, und wer es unternimmt, einen Anderen zur wissentlichen Abgabe einer falschen Versicherung an Eidesstatt zu verleiten, mit Gefängniß bis zu Einem Jahre bestraft.

Es genügt jede, wenn auch erfolglose Handlung, durch welche Jemand durch Einwirkung auf seinen Willen zu einem wissentlichen falschen Eide verleitet werden sollte.

§. 160. Wer einen Anderen zur Ableistung eines falschen Eides verleitet, wird mit Gefängniß bis zu zwei Jahren bestraft, neben welchem auf Verlust der bürgerlichen Ehrenrechte erkannt werden kann, und wer einen Anderen zur Ableistung einer falschen Versicherung an Eidesstatt verleitet, wird mit Gefängniß bis zu sechs Monaten bestraft.

Der Versuch ist strafbar.

Das Verleiten kann z. B. durch Beeinflussung, Irrthumserregung erfolgen. Der Falscheid muß geleistet sein.

§. 161. Bei jeder Verurtheilung wegen Meineides, mit Ausnahme der Fälle in den §§. 157 und 158, ist auf Verlust der bürgerlichen Ehrenrechte und außerdem auf die dauernde Unfähigkeit des Verurtheilten, als Zeuge oder Sachverständiger eidlich vernommen zu werden, zu erkennen.

In den Fällen der §§. 156 bis 159 kann neben der Gefängnißstrafe auf Verlust der bürgerlichen Ehrenrechte erkannt werden.

§. 162. Wer vorsätzlich einer durch eidliches Angelöbniß vor Gericht bestellten Sicherheit oder dem in einem Offenbarungseide gegebenen Versprechen zuwiderhandelt, wird mit Gefängniß bis zu zwei Jahren bestraft.

Fahrlässiger Falscheid.

§. 163. Wenn eine der in den §§. 153 bis 156 bezeichneten Handlungen aus Fahrlässigkeit begangen worden ist, so tritt Gefängnißstrafe bis zu Einem Jahre ein.

Straflosigkeit tritt ein, wenn der Thäter, bevor eine Anzeige gegen ihn erfolgt oder eine Untersuchung gegen ihn eingeleitet und bevor ein Rechtsnachtheil für einen Anderen aus der falschen Aussage entstanden ist, diese bei derjenigen Behörde, bei welcher er sie abgegeben hat, widerruft.

Strafbare Fahrlässigkeit z. B. durch Nachlässigkeit eines Zeugen, wenn er Hülfsmittel zu benutzen unterließ, die sein Gedächtniß hätten auffrischen oder den Zweifel an der Richtigkeit seiner Erinnerung und Angabe hervorrufen können. Der Zeuge ist verpflichtet, sich vor dem Termin über den Fall zu unterrichten.

Der Polizei-Exekutiv-Beamte kommt sehr oft als Zeuge vor Gericht, und er ist es zunächst seiner eigenen Sicherheit schuldig, daß er sich nach Kräften informirt, z. B. aus seinen Notizen, durch nochmalige Besichtigung des Thatortes, Nachschlagen der Bestimmungen und etwaiger nichtgerichtlicher Akten, Erkundigung bei unbetheiligten Dritten, nicht aber durch Rücksprache mit Mitzeugen, weil daraus leicht eine Verleitung zu falschem Eide (§ 160) entstehen kann. Er ist es aber auch seinem Amte schuldig, daß seine Aussage, selbstverständlich ohne gegen die klare Wahrheit zu verstoßen, auch brauchbar und erschöpfend ist, denn es setzt die Glaubwürdigkeit und das Ansehen des ganzen Standes herunter, wenn der Beamte womöglich seine eigene Anzeige vor Gericht nicht vertreten kann. Vor Gericht wird nur mündlich verhandelt, der Beamte muß den Hergang oder einzelne Punkte desselben meist frei erzählen, die kurze Beantwortung gestellter Fragen kommt weniger vor, und ist es daher zu erstreben, daß der Zeuge vor Gericht den Hergang noch genau so im Gedächtniß hat, als wie er sich abspielte und in der Anzeige geschildert ist. Ohne Hülfsmittel ist dies nicht möglich, denn die gerichtliche Verhandlung kommt oft erst nach Monaten, Unterstützung des Gedächtnisses aus den Akten ist nur Ausnahme und Bezugnahme auf die Anzeige genügt nicht, maßgebend ist die mündliche Aussage. Zu diesem Zwecke ist es empfehlenswerth, wenn der Beamte seinen kurzen Aufschreibungen im Notizbuche alsbald noch Einzelheiten, die er im frischen Gedächtniß hat und aus ihm in der Anzeige brachte, hinzufügt, um sie später vor Gericht zur Hand zu haben. Die Benutzung solcher Notizen wird vor Gericht auf Ansuchen gestattet, und sie erhöht alsdann die Beweiskraft des Zeugnisses, während es andrerseits einen traurigen Eindruck macht, wenn der Beamte sich auf nichts mehr entsinnen kann und als Zeuge versagt. Der Angeschuldigte ist insofern im Vortheil, als er mit Ausreden kommen darf und diese ihm widerlegt werden müssen. Es ist daher auch gleich bei Feststellung einer strafbaren Handlung auf die vom Thäter etwa vorgebrachten Entschuldigungen einzugehen, und es ist die nöthige Sorgfalt anzuwenden, damit nicht nur der polizeiwidrige Zustand absolut zuverlässig festgestellt, sondern möglichst auch das Fehlen oder Vorhandensein solcher Thatumstände berücksichtigt wird, welche zur Strafthat entschuldigend mitwirken konnten. Freisprechungen vor Gericht sind oft darauf zurückzuführen, daß scharf gehaltene Anzeigen ohne erschöpfende Feststellung erstattet und nachher nicht vertreten werden, indem die Polizei-Beamten als Zeugen versagen. Arbeit und Kosten sind dann unnütz vergeudet, die Polizei hat sogar durch den Mißerfolg moralischen Nachtheil.

Andrerseits ist davor zu warnen, Umstände, die dem Zeugen nicht mehr genau in Erinnerung sind, in Vertretung der Anzeige mit voller Bestimmtheit zu behaupten und auf sie sich zu versteifen. Als Thatsache ist nur vorzutragen, wessen man sich genau entsinnt, sonst sagt man: „Wenn ich mich recht entsinne“, oder „Ich glaube behaupten zu können,“ oder man antwortet, daß man etwas nicht mehr weiß. Hat sich der als Zeuge geladene Polizei-Beamte vorher den Fall wieder in das Gedächtniß zurückgerufen und sich nach Möglichkeit informirt, so ist er auch gegen unvermuthete Fragen des Beschuldigten oder des Vertheidigers gewappnet, welche gern bezüglich eines Nebenumstandes verwirrende Zwischenfragen stellen, Unsicherheit hervorrufen und die Zuverlässigkeit eines Zeugnisses erschüttern.

Ueber das Formelle der Zeugnißablegung vor Gericht siehe Seite 29.

Zehnter Abschnitt.

Falsche Anschuldigung.

§. 164. Wer bei einer Behörde eine Anzeige macht, durch welche er Jemand wider besseres Wissen der Begehung einer strafbaren Handlung oder der Verletzung einer Amtspflicht beschuldigt, wird mit Gefängniß nicht unter Einem Monat bestraft; auch kann gegen denselben auf Verlust der bürgerlichen Ehrenrechte erkannt werden.

So lange ein in Folge der gemachten Anzeige eingeleitetes Verfahren anhängig ist, soll mit dem Verfahren und mit der Entscheidung über die falsche Anschuldigung inne gehalten werden.

Die Anzeige muß bei einer Behörde erstattet sein, der einzelne Polizei-Exekutiv-Beamte ist aber keine Behörde, wissentlich falsche Anzeige bei ihm ist daher erst strafbar, sobald sie der Beamte an seine vorgesetzte Behörde weiter erstattet hat, und wenn der Anzeigende dies bezweckte. Im öffentlichen Leben werden dem Beamten viele Dinge zugetragen, ohne daß der Erzähler die Absicht hat, sie auf diese Weise zur Kenntniß der Behörde zu bringen. Handelt es sich nicht um ein Verbrechen oder ein Vergehen, so wird der Beamte oft richtig handeln, wenn er darauf aufmerksam macht, daß er nach § 346 Str.G.B. jede strafbare Handlung, die zu seiner Kenntniß kommt, verfolgen und anzeigen müsse, und wird dadurch meistens vor leichtfertiger Verbreitung und eventuell vor Bestrafung bewahren. Als falsche Anschuldigung gilt auch, wenn Jemand eine entsprechende Anzeige nicht selbst, sondern durch einen Dritten an den Beamten oder die Behörde gelangen läßt. Eine falsche Anzeige liegt nicht vor, wenn der Beschuldigte bei seiner Vernehmung fälschlich einen Anderen bezichtet, um sich zu entlasten, wohl aber, wenn er ohne diese Veranlassung Zeugen wissentlich fälschlich anderer Strafthaten beschuldigt, um ihre Glaubwürdigkeit zu erschüttern. Färbung und Uebertreibung einer Strafthat ohne rechtliche Entstellung ist keine falsche Anschuldigung. Verletzung einer Amtspflicht wird nach dem Disziplinargesetz für nichtrichterliche Beamte vom 21. Juli 1852 auch durch unwürdiges Verhalten eines Beamten außer Dienst begangen, eine bezügliche Denunciation gegen einen Beamten bei seiner Behörde fällt also unter § 164. Die falsche Anschuldigung ist nur strafbar, wenn sie wider besseres Wissen erfolgte, das muß nachgewiesen werden, und daran scheitert oft die Bestrafung, wenn nur die Möglichkeit vorlag, daß der Betreffende an die Richtigkeit seiner falschen Anschuldigung glaubte. Eine wissentlich falsche Anzeige ist nicht strafbar, wenn die behauptete strafbare Handlung nicht strafbar ist.

§. 165. Wird wegen falscher Anschuldigung auf Strafe erkannt, so ist zugleich dem Verletzten die Befugniß zuzusprechen, die Verurtheilung auf Kosten des Schuldigen öffentlich bekannt zu machen. Die Art der Bekanntmachung, sowie die Frist zu derselben, ist in dem Urtheile zu bestimmen.

Dem Verletzten ist auf Kosten des Schuldigen eine Ausfertigung des Urtheils zu ertheilen.

Elfter Abschnitt.

Vergehen, welche sich auf die Religion beziehen.

§. 166. Wer dadurch, daß er öffentlich in beschimpfenden Aeußerungen Gott lästert, ein Aergerniß giebt; oder wer öffentlich eine der christlichen Kirchen oder eine andere mit Korporationsrechten innerhalb des Bundesgebietes bestehende Religionsgesellschaft oder ihre Einrichtungen oder Gebräuche beschimpft, ingleichen wer in einer Kirche oder in einem anderen zu religiösen Versammlungen bestimmten Orte beschimpfenden Unfug verübt, wird mit Gefängniß bis zu drei Jahren bestraft.

Die Gotteslästerung muß öffentlich, d. h. von unbestimmt welchen und wievielen Personen wahrnehmbar erfolgt sein, daher nicht z. B. in Schullokalen, Gefängnißhöfen, wohl aber in Restaurationen, Straßenbahnwagen, Eisenbahncoupés, öffentlichen Versammlungen. Es müssen Personen vorhanden sein und namhaft gemacht werden, welche, weil öffentlich, wahrgenommen und Aergerniß genommen haben. Eine Beschimpfung liegt vor, wenn die Mißachtung in besonders roher und verletzender Form ausgedrückt wird.

Einrichtungen und Gebräuche sind äußerlich wahrnehmbar, kirchliche Lehren fallen nicht hierunter, jedoch kann Beschimpfung kirchlicher Lehren strafbar sein als Beschimpfung einer Religionsgesellschaft. Beschimpfung der Bibel gilt als Beschimpfung der christlichen Kirche.

Beschimpfender Unfug, in einer Kirche verübt, fällt unter § 166, außerhalb derselben, jedoch innen wahrnehmbar verübt, unter § 167. Ein Kirchhof ist ein zu religiösen Versammlungen benutzer Ort.

§. 167. Wer durch eine Thätlichkeit oder Drohung Jemand hindert, den Gottesdienst einer im Staate bestehenden Religionsgesellschaft auszuüben, ingleichen wer in einer Kirche oder in einem anderen zu religiösen Versammlungen bestimmten Orte durch Erregung von Lärm oder Unordnung den Gottesdienst oder einzelne gottesdienstliche Verrichtungen einer im Staate bestehenden Religionsgesellschaft vorsätzlich verhindert oder stört, wird mit Gefängniß bis zu drei Jahren bestraft.

Zur Strafbarkeit wegen Hinderung des Gottesdienstes ist bei Beamten nach § 339 Absatz 3 Thätlichkeit oder Drohung nicht erforderlich, es genügt Mißbrauch der Amtsgewalt oder Androhung eines bestimmten Mißbrauchs derselben.

Der Störer des Gottesdienstes braucht nicht in der Kirche oder unmittelbar bei der gottesdienstlichen Verrichtung anwesend zu sein, doch muß der Lärm ꝛc. dort auf die Andacht Einzelner störend einwirken.

§. 168. Wer unbefugt eine Leiche aus dem Gewahrsam der dazu berechtigten Person wegnimmt, ingleichen wer unbefugt ein Grab zerstört oder beschädigt, oder wer an einem Grabe beschimpfenden Unfug verübt, wird mit Gefängniß bis zu zwei Jahren bestraft; auch kann auf Verlust der bürgerlichen Ehrenrechte erkannt werden.

Unbefugtes Fortschaffen gefundener Leichen, Wegnehmen von Leichentheilen fällt unter § 367[1]. Beschädigung von Gräbern und Wegnehmen von Pflanzen aus Haß ist beschimpfender Unfug nach § 168, aus Eigennutz ist Diebstahl. Beschädigung von Grabmälern wird nach § 304 bestraft.

Zwölfter Abschnitt.

Verbrechen und Vergehen in Beziehung auf den Personenstand.

§. 169. Wer ein Kind unterschiebt oder vorsätzlich verwechselt, oder wer auf andere Weise den Personenstand eines Anderen vorsätzlich verändert oder unterdrückt, wird mit Gefängniß bis zu drei Jahren und, wenn die Handlung in gewinnsüchtiger Absicht begangen wurde, mit Zuchthaus bis zu zehn Jahren bestraft.

Der Versuch ist strafbar.

Veränderung des eigenen Personenstandes wird ev. nach § 360[8] bestraft, wenn Titel, Würden, Adelsprädikate angenommen, fasche Namen angegeben werden. Hier kommt es auf den Personenstand eines Andern an. Unter Personenstand ist hier das familienrechtliche Verhältniß einer Person zu einer anderen zu verstehen, wie solches in erster Linie durch die Abstammung von den Eltern begründet wird.

Grundlage des Personenstandes ist die Eintragung in die Standesamtsregister. Das Gesetz über die Beurkundung des Personenstandes und die Eheschliessung in der vom 1. Januar 1900 an geltenden Fassung sagt im § 1: Die Beurkundung der Geburten, Heirathen und Sterbefälle erfolgt ausschließlich durch die vom Staate bestellten Standesbeamten mittels Eintragung in die dazu bestimmten Register.

Es werden also durch § 169 getroffen zunächst alle wissentlich falschen Angaben vor dem Standesamte, weil dadurch familienrechtliche Verhältnisse verändert werden, z. B. Ausgeben unehelich gezeugter Kinder als eheliche, fälschliche Anerkennung der Vaterschaft solcher Kinder, falsche Namensangabe der Mutter. Die Veränderung erfolgt durch falsche standesamtliche Eintragung, die Unterdrückung durch Bestehenlassen derselben.

§. 170. Wer bei Eingehung einer Ehe dem anderen Theile ein gesetzliches Ehehinderniß arglistig verschweigt, oder wer den anderen Theil zur Eheschließung arglistig mittels einer solchen Täuschung verleitet, welche den Getäuschten berechtigt, die Gültigkeit der Ehe anzufechten, wird, wenn aus einem dieser Gründe die Ehe aufgelöst worden ist, mit Gefängniß nicht unter drei Monaten bestraft.

Die Verfolgung tritt nur auf Antrag des getäuschten Theils ein.

Dreizehnter Abschnitt.

Verbrechen und Vergehen wider die Sittlichkeit.

Bigamie, Doppelehe.

§. 171. Ein Ehegatte, welcher eine neue Ehe eingeht, bevor seine Ehe aufgelöst oder für nichtig erklärt worden ist, ingleichen eine unverheirathete Person, welche mit einem Ehegatten, wissend, daß er verheirathet ist, eine Ehe eingeht, wird mit Zuchthaus bis zu fünf Jahren bestraft.

Sind mildernde Umstände vorhanden, so tritt Gefängnißstrafe nicht unter sechs Monaten ein.

Die Verjährung der Strafverfolgung beginnt mit dem Tage, an welchem eine der beiden Ehen aufgelöst oder für nichtig erklärt worden ist.

§. 172. Der Ehebruch wird, wenn wegen desselben die Ehe geschieden ist, an dem schuldigen Ehegatten, sowie dessen Mitschuldigen mit Gefängniß bis zu sechs Monaten bestraft.

Die Verfolgung tritt nur auf Antrag ein.

Landläufig ist die falsche Ansicht, daß der Ehebruch an und für sich strafbar sei. Er ist es erst auf Antrag, und der Strafantrag kann erst nach erfolgter Ehescheidung und nur gegen diejenigen Personen gestellt werden, rücksichtlich deren in den Ehescheidungsgründen Ehebruch als erwiesen angenommen war.

Blutschande.

§. 173. Der Beischlaf zwischen Verwandten auf- und absteigender Linie wird an den ersteren mit Zuchthaus bis zu fünf Jahren, an den letzteren mit Gefängniß bis zu zwei Jahren bestraft.

Der Beischlaf zwischen Verschwägerten auf- und absteigender Linie, sowie zwischen Geschwistern wird mit Gefängniß bis zu zwei Jahren bestraft.

Neben der Gefängnißstrafe kann auf Verlust der bürgerlichen Ehrenrechte erkannt werden.

Verwandte und Verschwägerte absteigender Linie bleiben straflos, wenn sie das achtzehnte Lebensjahr nicht vollendet haben.

Nur der vollendete oder unvollendete Beischlaf, d. h. die Vereinigung der Geschlechtstheile von Personen verschiedenen Geschlechts ist nach § 173 strafbar, die Vornahme sonstiger unzüchtiger Handlungen wird nach §§ 174, 176, 183 bestraft. Das hier in Betracht kommende Verwandtschafts- und Schwägerschaftsverhältniß ist nicht das landläufige, sondern erheblich enger. Verwandtschaft wird nur begründet durch direkte Zeugungs-, d. h. Blutsgemeinschaft, daher auch durch uneheliche Zeugung. Verwandte aufsteigender Linie sind die Eltern, Großeltern 2c. einer Person, absteigender Linie ihre Kinder, Enkelkinder 2c. Verschwägerte sind nur Schwiegereltern und Schwiegerkinder, Stiefeltern und Stiefkinder, auch nach Auflösung oder Erlöschen der betreffenden Ehe. Sodann wird solche Schwägerschaft auch durch außereheliche Geburt begründet.

§. 174. Mit Zuchthaus bis zu fünf Jahren werden bestraft:

1. Vormünder, welche mit ihren Pflegebefohlenen, Adoptiv- und Pflegeeltern, welche mit ihren Kindern, Geistliche, Lehrer und Erzieher, welche mit ihren minderjährigen Schülern oder Zöglingen unzüchtige Handlungen vornehmen;
2. Beamte, die mit Personen, gegen welche sie eine Untersuchung zu führen haben oder welche ihrer Obhut anvertraut sind, unzüchtige Handlungen vornehmen;
3. Beamte, Aerzte oder andere Medizinalpersonen, welche in Gefängnissen oder in öffentlichen, zur Pflege von Kranken, Armen oder anderen Hülflosen bestimmten Anstalten beschäftigt oder angestellt sind, wenn sie mit den in das Gefängniß oder in die Anstalt aufgenommenen Personen unzüchtige Handlungen vornehmen.

Sind mildernde Umstände vorhanden, so tritt Gefängnißstrafe nicht unter sechs Monaten ein.

§ 174 geht weiter als § 173, er bestraft nicht nur den

vollendeten oder unvollendeten Beischlaf, sondern schon unzüchtige Handlungen, wenn der Thäter zu seinen Opfern in einem Autoritätsverhältniß stand. Unzüchtige Handlungen sind solche, die das allgemeine Scham- und Sittlichkeitsgefühl in geschlechtlicher Beziehung verletzen, aus sinnlicher Lust entsprungen und auf Befriedigung oder Erregung eigener oder fremder Geschlechtslust gerichtet sind.

Mit den genannten Personen, d. h. an ihrem Körper oder durch eine körperliche Einwirkung seitens des Thäters. Unzüchtige Handlungen, Aeußerungen oder Aufforderungen, welche solchen Personen durch Sehen oder Hören zur Kenntniß gebracht werden, genügen nicht, sie fallen ev unter § 183.

§. 175. **Die widernatürliche Unzucht, welche zwischen Personen männlichen Geschlechts oder von Menschen mit Thieren begangen wird, ist mit Gefängniß zu bestrafen; auch kann auf Verlust der bürgerlichen Ehrenrechte erkannt werden.**

Unter widernatürlicher Unzucht (Päderastie, Sodomie, Bestialität) ist die zur Herbeiführung des Geschlechtsgenusses erfolgende beischlafsähnliche Berührung des betreffenden männlichen oder thierischen Körpers mit dem Geschlechtstheil des Thäters zu verstehen.

Widernatürliche Unzucht zwischen Mann und Weib, ferner zwischen Personen weiblichen Geschlechts kann nicht nach § 175 bestraft werden.

§. 176. **Mit Zuchthaus bis zu zehn Jahren wird bestraft, wer**

1. **mit Gewalt unzüchtige Handlungen an einer Frauensperson vornimmt oder dieselbe durch Drohung mit gegenwärtiger Gefahr für Leib oder Leben zur Duldung unzüchtiger Handlungen nöthigt,**
2. **eine in einem willenlosen oder bewußtlosen Zustande befindliche oder eine geisteskranke Frauens-**

person zum außerehelichen Beischlafe mißbraucht, oder

3. mit Personen unter vierzehn Jahren unzüchtige Handlungen vornimmt oder dieselben zur Verübung oder Duldung unzüchtiger Handlungen verleitet.

Sind mildernde Umstände vorhanden, so tritt Gefängnißstrafe nicht unter sechs Monaten ein.

Gewalt, Drohung oder Nöthigung muß von dem Thäter ausgehen. Nur der Beischlaf an willenlosen ꝛc. Frauenspersonen wird nach § 176 bestraft, sonstige unzüchtige Handlungen an ihnen sind ev. nur als Beleidigung bezw. Körperverletzung strafbar. Mit Personen unter 14 Jahren, d. h. an ihrem Körper, auch seitens Frauenspersonen mit Knaben unter 14 Jahren oder seitens Kinder unter 14 Jahren unter einander. Das Motiv der Geilheit für den Thäter ist erforderlich. Die Strafbarkeit wird schon durch das Bewußtsein von dem wahrscheinlichen Alter unter 14 Jahren begründet, dagegen ausgeschlossen durch Unkenntniß dieses Alters, d. h. wenn der Thäter bestimmt annehmen durfte, daß die betreffende Person über 14 Jahre alt sei.

Nothzucht.

§. 177. Mit Zuchthaus wird bestraft, wer durch Gewalt oder durch Drohung mit gegenwärtiger Gefahr für Leib oder Leben eine Frauensperson zur Duldung des außerehelichen Beischlafs nöthigt, oder wer eine Frauensperson zum außerehelichen Beischlafe mißbraucht, nachdem er sie zu diesem Zwecke in einen willenlosen oder bewußtlosen Zustand versetzt hat.

Sind mildernde Umstände vorhanden, so tritt Gefängnißstrafe nicht unter Einem Jahre ein.

Nöthigung zu anderen unzüchtigen Handlungen ist nach § 176[1] strafbar, sonstige Nöthigung nach § 240 oder als Beleidigung oder als Körperverletzung.

§. 178. Ist durch eine der in den §§. 176 und 177

bezeichneten Handlungen der Tod der verletzten Person verursacht worden, so tritt Zuchthausstrafe nicht unter zehn Jahren oder lebenslängliche Zuchthausstrafe ein.

§. 179. Wer eine Frauensperson zur Gestattung des Beischlafs dadurch verleitet, daß er eine Trauung vorspiegelt, oder einen anderen Irrthum in ihr erregt oder benutzt, in welchem sie den Beischlaf für einen ehelichen hielt, wird mit Zuchthaus bis zu fünf Jahren bestraft.

Sind mildernde Umstände vorhanden, so tritt Gefängnißstrafe nicht unter sechs Monaten ein.

Die Verfolgung tritt nur auf Antrag ein.

§. 180. Wer gewohnheitsmäßig oder aus Eigennutz durch seine Vermittelung oder durch Gewährung oder Verschaffung von Gelegenheit der Unzucht Vorschub leistet, wird wegen Kuppelei mit Gefängniß nicht unter Einem Monate bestraft; auch kann zugleich auf Geldstrafe von einhundertfünfzig bis zu sechstausend Mark, auf Verlust der bürgerlichen Ehrenrechte sowie auf Zulässigkeit von Polizei-Aufsicht erkannt werden. Sind mildernde Umstände vorhanden, so kann die Gefängnißstrafe bis auf einen Tag ermäßigt werden.

Bei der Häufigkeit dieser Vergehen macht § 180 der Polizei viel Arbeit. Es kommt an auf die Thatsache der Unzucht, Nachweis des Wissens und des Vortheils.

Unzucht umfaßt nicht nur Beischlaf, sondern auch sonstige unzüchtige Handlungen wie im § 174, die auf Befriedigung oder Erregung der Geschlechtslust gerichtet sind.

Gewohnheitsmäßig, d. h. wiederholt handelnd, wenn der Thäter eine allgemeine Geneigtheit zu kupplerischem Treiben erkennen läßt.

Eigennutz braucht nicht nur auf direkte Vermögensvortheile, kann auch auf andere Vortheile gerichtet sein, z. B. Befriedigung der Genußsucht. Der Vermögensvortheil braucht nicht nothwendig ungewöhnlich hoch zu sein, er kann auch in dem gewöhnlichen Vortheil des Umsatzes bestehen, z. B. bei Restaurateuren durch den Umsatz von Getränken, bei Geschäftsleuten durch den Gewinn an den entnommenen Waaren, bei Zimmervermiethern durch den Vortheil des Abvermiethens, wenn die Duldung dieses Vortheils wegen erfolgte. Immerhin ist der Nachweis außergewöhnlichen Vortheils zur Sicherung des Erfolges wesentlich und erstrebenswerth.

Vorschubleisten heißt die persönliche Annäherung solcher Personen thatsächlich fördern durch Ermöglichung oder Erleichterung. Die Vorschubleistung kann erfolgen durch eigenes Handeln, z. B. durch Anwerben von Freudenmädchen für ein Bordell, Zuführen von Männern an Prostituirte, oder durch vorsätzliches und bewußtes Unterlassen pflichtmäßigen Handelns, z. B. Restaurateure und Gastwirthe durch Ueberlassung von Räumen, Vermiether durch Fortsetzung des Miethsvertrages nach erlangter Kenntniß von dem Treiben, Eltern durch Nichtverhindern des geschlechtlichen Verkehrs ihrer Kinder.

Gegen die Zuhälter bringt § 181a besondere Bestimmungen. Ihnen ist nachzuweisen, daß sie Kenntniß von der Prostitution hatten und

> durch dieselbe ganz oder theilweise ihren Lebensunterhalt bezogen, oder dieselbe gewohnheitsmäßig oder aus Eigennutz thätig durch Gewähren von Schutz begünstigten oder auf sonstige Weise förderten, z. B. Auffordern, Begleiten, Warnen, Bezeichnen und Zuführen von Männern, Verlassen der Wohnung.

Strafverschärfung gegen Ehemänner, die ihren Frauen Zuhälterdienste leisten; gewohnheitsmäßig oder aus Eigennutz der Unzucht ihrer Frauen durch Vermittelung oder Verschaffung von Gelegenheit Vorschub leisten; sowie gegen Zuhälter, die durch Gewalt oder Drohungen zur Ausübung der Prostitution anhalten.

Nicht jede Unzucht, die selbst wiederholt in einer Wohnung getrieben wird, begründet Kuppelei, es kommt auch auf die Umstände des einzelnen Falles an. Namentlich muß Zimmervermiethern auch bei Kenntniß des unzüchtigen Treibens nachgewiesen werden der Eigennutz oder die Gewohnheitsmäßigkeit, die bloße Thatsache genügt nicht.

Schwere Kuppelei.

§. 181. Die Kuppelei ist, selbst wenn sie weder gewohnheitsmäßig noch aus Eigennutz betrieben wird, mit Zuchthaus bis zu fünf Jahren zu bestrafen, wenn

1. um der Unzucht Vorschub zu leisten, hinterlistige Kunstgriffe angewendet werden, oder
2. der Schuldige zu der verkuppelten Person in dem Verhältnisse des Ehemanns zur Ehefrau, von Eltern zu Kindern, von Vormündern zu Pflegebefohlenen, von Geistlichen, Lehrern oder Erziehern zu den von ihnen zu unterrichtenden oder zu erziehenden Personen steht.

Neben der Zuchthausstrafe ist der Verlust der bürgerlichen Ehrenrechte auszusprechen; auch kann zugleich auf Geldstrafe von einhundertfünfzig bis zu sechstausend Mark sowie auf Zulässigkeit von Polizei-Aufsicht erkannt werden.

Sind im Falle des Abs. 1 Nr. 2 mildernde Umstände vorhanden, so tritt Gefängnißstrafe ein, neben welcher auf Geldstrafe bis zu dreitausend Mark erkannt werden kann.

§. 181a. Eine männliche Person, welche von einer Frauensperson, die gewerbsmäßig Unzucht treibt, unter Ausbeutung ihres unsittlichen Erwerbes ganz oder theilweise den Lebensunterhalt bezieht, oder welche einer solchen Frauensperson gewohnheitsmäßig oder aus Eigennutz in Bezug auf die Ausübung des unzüchtigen Gewerbes

Schutz gewährt oder sonst förderlich ist (Zuhälter), wird mit Gefängniß nicht unter Einem Monate bestraft.

Ist der Zuhälter der Ehemann der Frauensperson, oder hat der Zuhälter die Frauensperson unter Anwendung von Gewalt oder Drohungen zur Ausübung des unzüchtigen Gewerbes angehalten, so tritt Gefängnißstrafe nicht unter Einem Jahre ein.

Neben der Gefängnißstrafe kann auf Verlust der bürgerlichen Ehrenrechte, auf Zulässigkeit von Polizei-Aufsicht sowie auf Ueberweisung an die Landespolizeibehörde mit den im §. 362 Abs. 3 und 4 vorgesehenen Folgen erkannt werden.

§. **182.** Wer ein unbescholtenes Mädchen, welches das sechszehnte Lebensjahr nicht vollendet hat, zum Beischlafe verführt, wird mit Gefängniß bis zu Einem Jahre bestraft.

Die Verfolgung tritt nur auf Antrag der Eltern oder des Vormundes der Verführten ein.

Unbescholten, es kommt auf den Ruf in geschlechtlicher Beziehung an. Ein Mädchen kann unbescholten sein, auch wenn es nicht mehr Jungfrau ist. Die Eltern brauchen nicht zusammen Strafantrag zu stellen, Vater oder Mutter können es auch allein.

§. **183.** Wer durch eine unzüchtige Handlung öffentlich ein Aergerniß giebt, wird mit Gefängniß bis zu zwei Jahren oder mit Geldstrafe bis zu fünfhundert Mark bestraft.

Neben der Gefängnißstrafe kann auf Verlust der bürgerlichen Ehrenrechte erkannt werden.

Unzüchtige Handlungen sind hier solche, die das allgemeine Scham- und Sittlichkeitsgefühl in geschlechtlicher Beziehung thatsächlich gröblich verletzen, sie brauchen hier nicht wie im § 174 aus sinnlicher Lust entsprungen und auf Befriedigung derselben gerichtet zu sein. Es gehören daher hierher auch unzüchtige Ausdrücke, Lieder, Vorträge. Es muß aber mindestens eine Person namhaft gemacht werden, die Aergerniß genommen hat, wobei der anzeigende Polizei-Beamte nicht mitzählt.

Oeffentlich, hier nicht = an öffentlichen Orten verübt, sondern Jedermann oder einer nicht bestimmten Personenmehrheit bemerkbar, daher auch nach § 183 Beischlaf zwischen Ehegatten in einer Wohnung strafbar ist, wenn er von der Straße aus durch das Fenster von jedem Dritten wahrgenommen werden konnte. Auch unzüchtige mündliche Aeußerungen fallen unter § 183.

Das Entblößen des Geschlechtstheils beim Uriniren begründet nur Schamverletzung, wenn es absichtlich in Beziehung auf den Geschlechtstrieb erfolgte und Andere wahrgenommen und Aergerniß genommen haben.

§. 184. Mit Gefängniß bis zu Einem Jahre und mit Geldstrafe bis zu eintausend Mark oder mit einer dieser Strafen wird bestraft, wer

1. unzüchtige Schriften, Abbildungen oder Darstellungen feilhält, verkauft, vertheilt, an Orten, welche dem Publikum zugänglich sind, ausstellt oder anschlägt oder sonst verbreitet, sie zum Zwecke der Verbreitung herstellt oder zu demselben Zwecke vorräthig hält, ankündigt oder anpreist;
2. unzüchtige Schriften, Abbildungen oder Darstellungen einer Person unter sechzehn Jahren gegen Entgelt überläßt oder anbietet;
3. Gegenstände, die zu unzüchtigem Gebrauche bestimmt sind, an Orten, welche dem Publikum zugänglich sind, ausstellt oder solche Gegenstände dem Publikum ankündigt oder anpreist;

4. öffentliche Ankündigungen erläßt, welche dazu bestimmt sind, unzüchtigen Verkehr herbeizuführen.

Neben der Gefängnißstrafe kann auf Verlust der bürgerlichen Ehrenrechte sowie auf Zulässigkeit von Polizei-Aufsicht erkannt werden.

Bezüglich des Verbreitens unzüchtiger Schriften 2c. besteht die Verschärfung gegen früher darin, daß

nach § 184 [1] schon strafbar ist das Feilhalten, Herstellen zum Zwecke der Verbreitung, Vorräthighalten, Ankündigen, Anpreisen.

Völlig neu sind die Bestimmungen unter § 184 [2 3 4] und § 184a.

Unzüchtig wie im § 183. Wenn auch nicht der Gesammtcharakter geeignet ist, das Scham- und Sittlichkeitsgefühl in geschlechtlicher Beziehung gröblich zu verletzen, so kann die Unzüchtigkeit doch durch Hinweis auf besondere Stellen bestimmt sein. Z. B. sind Reklameplakate oft sehr frei, ohne unzüchtig zu sein, da sie nicht das Geschlechtliche berühren; sie sind es aber, wenn die weiblichen Personen auf gewisse Körpertheile besonders aufmerksam machen. An Orten, welche dem Publikum zugänglich sind, d. h. harmlosen Straßenpassanten zugänglich sind, nicht in geschlossenen Räumen, wie in Kunstausstellungen. Hierher gehört auch das Zeichnen oder Malen unzüchtiger Abbildungen in Bedürfnißanstalten 2c. Für die Praxis ist es empfehlenswerth, wenn irgend möglich, den betreffenden Gegenstand als Beweisstück der Anzeige beizufügen, da die thatsächliche Unzüchtigkeit der betreffenden Gegenstände gerichtlich festgestellt werden muß.

§. 184 a. Wer Schriften, Abbildungen oder Darstellungen, welche, ohne unzüchtig zu sein, das Schamgefühl gröblich verletzen, einer Person unter sechzehn Jahren gegen Entgelt überläßt oder anbietet, wird mit Gefängniß bis zu sechs Monaten oder mit Geldstrafe bis zu sechshundert Mark bestraft.

§. 184 b. Mit Geldstrafe bis zu dreihundert Mark oder mit Gefängniß bis zu sechs Monaten wird bestraft, wer aus Gerichtsverhandlungen, für welche wegen Gefährdung der Sittlichkeit die Oeffentlichkeit ausgeschlossen war, oder aus den diesen Verhandlungen zu Grunde liegenden amtlichen Schriftstücken öffentlich Mittheilungen macht, welche geeignet sind, Aergerniß zu erregen.

Vierzehnter Abschnitt.

Beleidigung.

Die landläufigen Beleidigungen werden sämmtlich nur auf Antrag des Verletzten verfolgt. Die Verfolgung kann im Wege der Privatklage oder der öffentlichen Klage durch die Staatsanwaltschaft geschehen. Letztere giebt einem bezüglichen Antrage nur Folge, wenn sie ein öffentliches Interesse verletzt sieht, verweist den Antragsteller sonst auf den Weg der Privatklage. Bei Anbringung der Privatklage ist nothwendig die Beibringung des Nachweises, daß der Sühneversuch vor dem Schiedsmann erfolglos war. § 420 der Str.P.O. lautet:

> „Wegen Beleidigungen ist, insofern nicht einer der im §. 196 des Strafgesetzbuchs (Strafantrag durch Behörde) bezeichneten Fälle vorliegt, die Erhebung der (Privat-)Klage erst zulässig, nachdem von einer durch die Landesjustizverwaltung zu bezeichnenden Vergleichsbehörde die Sühne erfolglos versucht worden ist. Der Kläger hat die Bescheinigung hierüber mit der Klage einzureichen.
>
> Diese Bestimmung findet keine Anwendung, wenn die Parteien nicht in demselben Gemeindebezirke wohnen."

Als solche Vergleichsbehörde ist durch die Preußische Schiedsmannsordnung vom 29. März 1879 der Schiedsmann bestellt, siehe Seite 16 § 33.

Polizei-Beamte haben Strafantrag wegen im Dienst zugefügter Beleidigung aus §§ 185, 186 oder 187 zu stellen, nicht aus § 196. Dieser Paragraph ist nur für die Behörde.

Einfache und thätliche Beleidigung.

§. 185. Die Beleidigung wird mit Geldstrafe bis zu sechshundert Mark oder mit Haft oder mit Gefängniß bis zu Einem Jahre und, wenn die Beleidigung mittels einer Thätlichkeit begangen wird, mit Geldstrafe bis zu eintausendfünfhundert Mark oder mit Gefängniß bis zu zwei Jahren bestraft.

Beleidigung ist die rechtswidrige und die Ehre einer Person verletzende Kundgebung der Mißachtung, sei es durch Worte, Gebärden, Thätlichkeiten oder sonstige Handlungen, sie muß im Bewußtsein des ehrverletzenden Charakters erfolgt sein, die Absicht der Beleidigung ist jedoch zum Beweise nicht erforderlich. Zur Beurtheilung, ob Beleidigung vorliegt oder nicht, ist der besondere Fall zu berücksichtigen und die Bestimmung des nächsten § 186 gut zu verwenden, ob der Beleidigte verächtlich gemacht oder in der öffentlichen Meinung herabgewürdigt werden könnte. Diese Erwägung ist auch Polizei-Exekutiv-Beamten zu empfehlen bei Schimpfäußerungen seitens der unteren Klassen, welchen derartige Aeußerungen nur lose auf der Zunge sitzen, und die daher ein Bewußtsein des beleidigenden Charakters nicht haben, auch nicht im Stande sind, einen Beamten in der öffentlichen Meinung herabzusetzen. Thätliche Beleidigung erfolgt durch eine körperliche Einwirkung auf den Verletzten. Richtet sich die Beleidigung gegen mehrere Personen, so ist jede der betroffenen Personen zum Strafantrag berechtigt.

Beleidigung durch Behauptung unwahrer Thatsachen.

§. 186. Wer in Beziehung auf einen Anderen eine Thatsache behauptet oder verbreitet, welche denselben verächtlich zu machen oder in der öffentlichen Meinung herabzuwürdigen geeignet ist, wird, wenn nicht diese Thatsache erweislich wahr ist, wegen Beleidigung mit Geldstrafe bis zu sechshundert Mark oder mit Haft oder mit Gefängniß bis zu Einem Jahre und, wenn die Beleidigung öffentlich oder durch Verbreitung von Schriften, Abbildungen oder Darstellungen begangen ist, mit Geldstrafe bis zu eintausendfünfhundert Mark oder mit Gefängniß bis zu zwei Jahren bestraft.

§ 185 setzt Beleidigung von Person zu Person voraus, § 186 die Beleidigung durch Mittelspersonen oder die erfolgte Mitkenntniß Dritter. Die Verbreitung ehrenrühriger Gerüchte fällt hierher.

Verleumderische Beleidigung.

§. 187. Wer wider besseres Wissen in Beziehung auf einen Anderen eine unwahre Thatsache behauptet oder verbreitet, welche denselben verächtlich zu machen oder in der öffentlichen Meinung herabzuwürdigen oder dessen Kredit zu gefährden geeignet ist, wird wegen verleumderischer Beleidigung mit Gefängniß bis zu zwei Jahren und, wenn die Verleumdung öffentlich oder durch Verbreitung von Schriften, Abbildungen oder Darstellungen begangen ist, mit Gefängniß nicht unter Einem Monat bestraft.

Sind mildernde Umstände vorhanden, so kann die Strafe bis auf Einen Tag Gefängniß ermäßigt, oder auf Geldstrafe bis zu neunhundert Mark erkannt werden.

§. 188. In den Fällen der §§. 186 und 187 kann auf Verlangen des Beleidigten, wenn die Beleidigung nachtheilige Folgen für die Vermögensverhältnisse, den Erwerb oder das Fortkommen des Beleidigten mit sich bringt, neben der Strafe auf eine an den Beleidigten zu erlegende Buße bis zum Betrage von sechstausend Mark erkannt werden.

Eine erkannte Buße schließt die Geltendmachung eines weiteren Entschädigungsanspruches aus.

§. 189. Wer das Andenken eines Verstorbenen dadurch beschimpft, daß er wider besseres Wissen eine unwahre Thatsache behauptet oder verbreitet, welche denselben bei seinen Lebzeiten verächtlich zu machen oder in der öffentlichen Meinung herabzuwürdigen geeignet gewesen wäre, wird mit Gefängniß bis zu sechs Monaten bestraft.

Sind mildernde Umstände vorhanden, so kann auf Geldstrafe bis zu neunhundert Mark erkannt werden.

Die Verfolgung tritt nur auf Antrag der Eltern, der Kinder oder des Ehegatten des Verstorbenen ein.

§. 190. Ist die behauptete oder verbreitete Thatsache eine strafbare Handlung, so ist der Beweis der Wahrheit als erbracht anzusehen, wenn der Beleidigte wegen dieser Handlung rechtskräftig verurtheilt worden ist. Der Beweis der Wahrheit ist dagegen ausgeschlossen, wenn der Beleidigte wegen dieser Handlung vor der Behauptung oder Verbreitung rechtskräftig freigesprochen worden ist.

§. 191. Ist wegen der strafbaren Handlung zum Zwecke der Herbeiführung eines Strafverfahrens bei der Behörde Anzeige gemacht, so ist bis zu dem Beschlusse, daß die Eröffnung der Untersuchung nicht stattfinde, oder bis zur Beendigung der eingeleiteten Untersuchung mit dem Verfahren und der Entscheidung über die Beleidigung inne zu halten.

§. 192. Der Beweis der Wahrheit der behaupteten oder verbreiteten Thatsache schließt die Bestrafung nach Vorschrift des §. 185 nicht aus, wenn das Vorhandensein einer Beleidigung aus der Form der Behauptung oder Verbreitung oder aus den Umständen, unter welchen sie geschah, hervorgeht.

Hierher gehört auch Vorwurf oder Nachrede einer wenn auch thatsächlich erfolgten Bestrafung. Die strafbare Handlung ist mit der Strafverbüßung gesühnt.

§ 192 ist für Polizei-Exekutiv-Beamte beachtenswerth beim Vorhalt strafbarer Handlungen, daß nicht dritte Personen, wie Geschäftsfreunde, Kunden mit oder ohne Wollen des Beamten die Vorhaltung hören können.

Strafausschließungsgründe.

§. 193. Tadelnde Urtheile über wissenschaftliche, künstlerische oder gewerbliche Leistungen, ingleichen Aeußerungen, welche zur Ausführung oder Vertheidigung von Rechten oder zur Wahrnehmung berechtigter Interessen gemacht werden, sowie Vorhaltungen und Rügen der Vorgesetzten gegen ihre Untergebenen, dienstliche Anzeigen oder Urtheile von Seiten eines Beamten und ähnliche Fälle sind nur insofern strafbar, als das Vorhandensein einer Beleidigung aus der Form der Aeußerung oder aus den Umständen, unter welchen sie geschah, hervorgeht.

Wahrnehmung berechtigter Interessen liegt vor, wenn der Thäter seine eigenen Interessen vertrat oder sich zur Vertretung fremder Interessen mit Recht für berufen halten konnte. Ein solches berechtigtes Interesse besteht z. B. bei öffentlichen Angelegenheiten, und wer bei einer Behörde Umstände, die er für richtig hält, anzeigt oder zum Gegenstand einer Anfrage macht, ist dieserhalb nicht strafbar. Die Presse hat wohl das Recht, die öffentlichen Interessen wahrzunehmen, darf aber nicht die Ehre Anderer durch Behauptung nicht erweislich wahrer Thatsachen angreifen. Aeußerungen des Beschuldigten vor Gericht in Bezug auf einen Zeugen, z. B. „Das ist nicht wahr" und dergl. sind im Allgemeinen als im berechtigten Interesse bzw. in Vertheidigung von Rechten gethan anzusehen.

§. 194. Die Verfolgung einer Beleidigung tritt nur auf Antrag ein. Die Zurücknahme des Antrages (§§. 185 bis 193) ist zulässig.

Antragsberechtigt ist der Beleidigte, wenn er über 18 Jahre alt ist, der Ehemann einer beleidigten Frau, der gesetzliche

Vertreter einer noch nicht 21 Jahre alten Person, der Vormund einer Person, die vorgesetzte Behörde eines Beamten. Zurücknahme des Strafantrags ist zulässig bis zur Verkündung des Urtheils bei öffentlicher Klage — Seite 188 — 1. Instanz, bei Privatklage 2. Instanz. Auch der von Behörden gestellte Strafantrag kann zurückgenommen werden. Ein zurückgenommener Strafantrag kann nicht wieder erneuert werden.

Hat nicht die vorgesetzte Behörde, sondern der Polizei-Exekutiv-Beamte den Strafantrag gestellt, und nimmt er denselben zurück, so haftet er im Falle der Zahlungsunfähigkeit des Beschuldigten als Zweitschuldner der Gerichtskasse wegen der Kosten gemäß § 502 Str.P.O.

„Erfolgt eine Einstellung des Verfahrens wegen Zurücknahme desjenigen Antrags, durch welchen dasselbe bedingt war, so hat der Antragsteller die Kosten zu tragen."

§. 195. Ist eine Ehefrau beleidigt worden, so hat sowohl sie als ihr Ehemann das Recht, auf Bestrafung anzutragen.

§. 196. Wenn die Beleidigung gegen eine Behörde einen Beamten, einen Religionsdiener oder ein Mitglied der bewaffneten Macht, während sie in der Ausübung ihres Berufes begriffen sind, oder in Beziehung auf ihren Beruf begangen ist, so haben außer den unmittelbar Betheiligten auch deren amtliche Vorgesetzte das Recht, den Strafantrag zu stellen.

§. 197. Eines Antrages bedarf es nicht, wenn die Beleidigung gegen eine gesetzgebende Versammlung des Reichs oder eines Bundesstaats, oder gegen eine andere politische Körperschaft begangen worden ist. Dieselbe darf jedoch nur mit Ermächtigung der beleidigten Körperschaft verfolgt werden.

§. 198. Ist bei wechselseitigen Beleidigungen von

einem Theile auf Bestrafung angetragen worden, so ist der andere Theil bei Verlust seines Rechts verpflichtet, den Antrag auf Bestrafung spätestens vor Schluß der Verhandlung in erster Instanz zu stellen, hierzu aber auch dann berechtigt, wenn zu jenem Zeitpunkte die dreimonatliche Frist bereits abgelaufen ist.

§. 199. Wenn eine Beleidigung auf der Stelle erwidert wird, so kann der Richter beide Beleidiger oder einen derselben für straffrei erklären.

§. 200. Wird wegen einer öffentlich oder durch Verbreitung von Schriften, Darstellungen oder Abbildungen begangenen Beleidigung auf Strafe erkannt, so ist zugleich dem Beleidigten die Befugniß zuzusprechen, die Verurtheilung auf Kosten des Schuldigen öffentlich bekannt zu machen. Die Art der Bekanntmachung, sowie die Frist zu derselben ist in dem Urtheile zu bestimmen.

Erfolgte die Beleidigung in einer Zeitung oder Zeitschrift, so ist der verfügende Theil des Urtheils auf Antrag des Beleidigten durch die öffentlichen Blätter bekannt zu machen, und zwar wenn möglich durch dieselbe Zeitung oder Zeitschrift und in demselben Theile und mit derselben Schrift, wie der Abdruck der Beleidigung geschehen.

Dem Beleidigten ist auf Kosten des Schuldigen eine Ausfertigung des Urtheils zu ertheilen.

Funfzehnter Abschnitt.

Zweikampf

Strafbar die Herausforderung zum Zweikampf, Annahme

derselben, Kartelltragen, der Zweikampf selbst. — Strafe: Festungshaft.

§. 201. Die Herausforderung zum Zweikampf mit tödtlichen Waffen, sowie die Annahme einer solchen Herausforderung wird mit Festungshaft bis zu sechs Monaten bestraft.

§. 202. Festungshaft von zwei Monaten bis zu zwei Jahren tritt ein, wenn bei der Herausforderung die Absicht, daß einer von beiden Theilen das Leben verlieren soll, entweder ausgesprochen ist oder aus der gewählten Art des Zweikampfs erhellt.

§. 203. Diejenigen, welche den Auftrag zu einer Herausforderung übernehmen und ausrichten (Kartellträger), werden mit Festungshaft bis zu sechs Monaten bestraft.

§. 204. Die Strafe der Herausforderung und der Annahme derselben, sowie die Strafe der Kartellträger fällt weg, wenn die Parteien den Zweikampf vor dessen Beginn freiwillig aufgegeben haben.

§. 205. Der Zweikampf wird mit Festungshaft von drei Monaten bis zu fünf Jahren bestraft.

§. 206. Wer seinen Gegner im Zweikampf tödtet, wird mit Festungshaft nicht unter zwei Jahren, und wenn der Zweikampf ein solcher war, welcher den Tod des einen von Beiden herbeiführen sollte, mit Festungshaft nicht unter drei Jahren bestraft.

§. 207. Ist eine Tödtung oder Körperverletzung mittels vorsätzlicher Uebertretung der vereinbarten oder hergebrachten Regeln des Zweikampfs bewirkt worden, so ist der Uebertreter, sofern nicht nach den vorhergehenden

Bestimmungen eine härtere Strafe verwirkt ist, nach den allgemeinen Vorschriften über das Verbrechen der Tödtung oder der Körperverletzung zu bestrafen.

§. 208. Hat der Zweikampf ohne Sekundanten stattgefunden, so kann die verwirkte Strafe bis um die Hälfte, jedoch nicht über funfzehn Jahre erhöht werden.

§. 209. Kartellträger, welche ernstlich bemüht gewesen sind, den Zweikampf zu verhindern, Sekundanten, sowie zum Zweikampf zugezogene Zeugen, Aerzte und Wundärzte sind straflos.

§. 210. Wer einen Anderen zum Zweikampf mit einem Dritten absichtlich, insonderheit durch Bezeigung oder Androhung von Verachtung anreizt, wird, falls der Zweikampf stattgefunden hat, mit Gefängniß nicht unter drei Monaten bestraft.

Sechszehnter Abschnitt.

Verbrechen und Vergehen wider das Leben.

Das Gesetz führt auf Mord (vorsätzlich und mit Ueberlegung), Todtschlag (vorsätzlich, aber ohne Ueberlegung), Kindesmord, Abtreibung, Aussetzung, fahrlässige Tödtung. Selbstmordversuch ist also nicht strafbar.

§. 211. Wer *vorsätzlich* einen Menschen tödtet, wird, wenn er die Tödtung mit *Ueberlegung* ausgeführt hat, wegen *Mordes* mit dem Tode bestraft.

§. 212. Wer *vorsätzlich* einen Menschen tödtet, wird, wenn er die Tödtung *nicht mit Ueberlegung* ausgeführt hat, wegen *Todtschlages* mit Zuchthaus nicht unter fünf Jahren bestraft.

§. 213. War der Todtschläger ohne eigene Schuld

durch eine ihm oder einem Angehörigen zugefügte Mißhandlung oder schwere Beleidigung von dem Getödteten zum Zorne gereizt und hierdurch auf der Stelle zur That hingerissen worden, oder sind andere mildernde Umstände vorhanden, so tritt Gefängnißstrafe nicht unter sechs Monaten ein.

§. 214. Wer bei Unternehmung einer strafbaren Handlung, um ein der Ausführung derselben entgegentretendes Hinderniß zu beseitigen oder um sich der Ergreifung auf frischer That zu entziehen, vorsätzlich einen Menschen tödtet, wird mit Zuchthaus nicht unter zehn Jahren oder mit lebenslänglichem Zuchthaus bestraft.

§. 215. Der Todtschlag an einem Verwandten aufsteigender Linie wird mit Zuchthaus nicht unter zehn Jahren oder mit lebenslänglichem Zuchthaus bestraft.

§. 216. Ist Jemand durch das ausdrückliche und ernstliche Verlangen des Getödteten zur Tödtung bestimmt worden, so ist auf Gefängniß nicht unter drei Jahren zu erkennen.

Versuchte Tödtung ist eventuell als Körperverletzung strafbar.

Kindesmord.

§. 217. Eine Mutter, welche ihr uneheliches Kind in oder gleich nach der Geburt vorsätzlich tödtet, wird mit Zuchthaus nicht unter drei Jahren bestraft.

Sind mildernde Umstände vorhanden, so tritt Gefängnißstrafe nicht unter zwei Jahren ein.

Strafermäßigung für unverheirathete Frauenspersonen. Fahrlässige Tödtung bei der Geburt wird ev. nach § 222 bestraft.

Abtreibung.

§. 218. Eine Schwangere, welche ihre Frucht vorsätzlich abtreibt oder im Mutterleibe tödtet, wird mit Zuchthaus bis zu fünf Jahren bestraft.

Sind mildernde Umstände vorhanden, so tritt Gefängnißstrafe nicht unter sechs Monaten ein.

Dieselben Strafvorschriften finden auf denjenigen Anwendung, welcher mit Einwilligung der Schwangeren die Mittel zu der Abtreibung oder Tödtung bei ihr angewendet oder ihr beigebracht hat.

Abtreibung ist der durch Handeln, Dulden oder Unterlassen bethätigte Vorsatz, eine Frucht durch vorzeitigen Abgang oder im Mutterleibe zu tödten. Die Schwangere, wenn sie Wissen hatte, wird nach Absatz 1 bestraft, mag der Erfolg eingetreten oder es beim bloßen Versuch geblieben sein, ebenso (wegen Theilnahme) derjenige, welcher die Schwangere angestiftet oder ohne Entgelt ihr das Abtreibungsmittel verschafft hat. Zum Verschaffen gehört auch das Bereiten eines Abtreibungsmittels und die Aufforderung zum Trinken 2c. desselben.

Bei vollendeter Abtreibung werden die Helfershelfer nach § 218 Absatz 3 bestraft, wenn die Verschaffung 2c. ohne Entgelt, und nach § 219, wenn sie gegen Entgelt erfolgte.

§. 219. Mit Zuchthaus bis zu zehn Jahren wird bestraft, wer einer Schwangeren, welche ihre Frucht abgetrieben oder getödtet hat, gegen Entgelt die Mittel hierzu verschafft, bei ihr angewendet oder ihr beigebracht hat.

§. 220. Wer die Leibesfrucht einer Schwangeren ohne deren Wissen oder Willen vorsätzlich abtreibt oder tödtet, wird mit Zuchthaus nicht unter zwei Jahren bestraft.

Ist durch die Handlung der Tod der Schwangeren verursacht worden, so tritt Zuchthausstrafe nicht unter zehn Jahren oder lebenslängliche Zuchthausstrafe ein.

Aussetzung.

§. 221. Wer eine wegen jugendlichen Alters, Gebrechlichkeit oder Krankheit hülflose Person **aussetzt**, oder wer eine solche Person, wenn dieselbe unter seiner Obhut steht oder wenn er für die Unterbringung, Fortschaffung oder Aufnahme derselben zu sorgen hat, in hülfloser Lage **vorsätzlich verläßt**, wird mit Gefängniß nicht unter drei Monaten bestraft.

Wird die Handlung von leiblichen Eltern gegen ihr Kind begangen, so tritt Gefängnißstrafe nicht unter sechs Monaten ein.

Ist durch die Handlung eine schwere Körperverletzung der ausgesetzten oder verlassenen Person verursacht worden, so tritt Zuchthausstrafe bis zu zehn Jahren und, wenn durch die Handlung der Tod verursacht worden ist, Zuchthausstrafe nicht unter drei Jahren ein.

Aussetzung 2c. liegt nicht vor, wenn der Thäter in der Nähe blieb, um das Schicksal des Ausgesetzten zu verfolgen, und sich erst entfernte, als er fremde Hülfe eingetreten sah. Hülflos wegen Krankheit können auch schwer Trunkene sein. Es ist nicht erforderlich, daß der Thäter eine rechtliche Verpflichtung zur Fürsorge für die von ihm in hülflosen Zustand gebrachte Person hatte.

Fahrlässige Tödtung.

§. 222. Wer durch **Fahrlässigkeit** den **Tod** eines Menschen verursacht, wird mit Gefängniß bis zu drei Jahren bestraft.

Wenn der Thäter zu der Aufmerksamkeit, welche er aus den Augen setzte, vermöge seines Amtes, Berufes oder Gewerbes besonders verpflichtet war, so kann die Strafe bis auf fünf Jahre Gefängniß erhöht werden.

Fahrlässigkeit — Außerachtlassen pflichtmäßiger Aufmerksamkeit und Vorsicht. Amt, Beruf oder Gewerbe betont wie bei fahrlässiger Körperverletzung (§ 230) durch die Häufung verschiedener Lebensthätigkeiten die Strafverschärfung für solche Personen, welche in Folge ständiger Beschäftigung auf diesem Hauptgebiete ihrer Lebensthätigkeit eine größere Kenntniß bestehender Gefahren und daher die Verpflichtung zu größerer Sorgfalt hatten, als sie unter gleichen Verhältnissen von Anderen erwartet werden kann, wenn sie auch dieselbe Thätigkeit wiederholt ausübten. Z. B. ist ein Kutscher von Beruf härter strafbar wegen Unglücks, welches durch das von ihm geleitete Fuhrwerk angerichtet ist, als eine andere Person, die ausnahmsweise ein Fuhrwerk lenkte.

Bestrafung wegen fahrlässiger Tödtung wird noch nicht durch den Nachweis fahrlässigen Handelns, namentlich nicht durch den Nachweis der Uebertretung einer polizeilichen Vorschrift bedingt, sondern es muß festgestellt werden, daß Thäter den Tod eines Menschen als Folge seines fahrlässigen Handelns hätte voraussehen können und müssen. Ist dieses festgestellt, so kommt es aber auch nicht darauf an, ob der Tod unmittelbar durch die Verletzung oder durch sich anschließende weitere Umstände herbeigeführt ist, und ob der Getödtete oder mitbetheiligte Personen bei dem betreffenden Vorgang gleichfalls fahrlässig handelten. Z. B. ist die Ausübung der Heilkunde nach § 29 G.O. Jedermann, also auch Nichtärzten gestattet. Der Kurpfuscher kann aber wegen fahrlässiger Tödtung bestraft werden, wenn er lebensgefährliche Mittel anwandte oder die Behandlung einer tödtlichen Krankheit übernahm, gleichgültig, ob er selbst durch falsche Behandlung, oder der Patient durch sonstige Maßnahmen den Tod beschleunigte.

Der Betriebsunternehmer haftet zunächst für seine Untergebenen, die Anlagen und die dort befindlichen Gegenstände, er ist nur entlastet, wenn er nachweisen kann, daß er seine Verantwortlichkeit an den Getödteten oder andere Personen weiter gegeben hat, die im Stande und bereit waren, dieselbe zu übernehmen.

Siebenzehnter Abschnitt.

Körperverletzung.

Das Gesetz unterscheidet vorsätzliche und fahrlässige Körperverletzung, sowie die Beibringung von Gift; unter den vorsätzlichen leichte, gefährliche oder qualifizirte und schwere Körperverletzung.

Körperverletzung seitens Beamter wird nach § 340 bestraft.

Strafantrag ist erforderlich bei den leichten vorsätzlichen und bei allen fahrlässigen Körperverletzungen, sofern beide nicht unter Verletzung einer Amts- oder Berufspflicht begangen wurden. Antragsberechtigt ist der Verletzte, wenn er über 18 Jahre alt ist, der Ehemann einer verletzten Frau, der gesetzliche Vertreter einer noch nicht 21 Jahre alten Person, der Vormund einer Person, die vorgesetzte Behörde eines Beamten. Ein wegen Körperverletzung gestellter Strafantrag kann nur dann zurückgenommen werden, wenn das Vergehen gegen einen Angehörigen gerichtet war, und alsdann hat bei mehreren Thätern nach § 64 Absatz 2 die rechtzeitige Zurücknahme des Antrages gegen einen solchen Angehörigen die Einstellung des Verfahrens auch gegen die übrigen Thäter zur Folge. Angehörige sind nach § 52 Verwandte und Verschwägerte (siehe Seite 131) auf- und absteigender Linie, Adoptiv- und Pflege-Eltern und -Kinder, Ehegatten, Geschwister und deren Ehegatten, und Verlobte.

Die Bestrafung kann wie bei Beleidigungen im Wege der Privatklage oder der öffentlichen Klage durch die Staatsanwaltschaft herbeigeführt werden. Letztere giebt nach § 416 Str.P.O. einem bezüglichen Antrage nur Folge, wenn ein öffentliches Interesse vorliegt, verweist den Antragsteller sonst auf den Weg der Privatklage.

Die Privatklage wegen Körperverletzung kann beim Schiedsmann und beim Gericht angebracht werden, jedoch ist zur Anbringung der gerichtlichen Privatklage nicht wie bei Beleidigungen der Nachweis erfolgten Sühneversuchs vor dem Schiedsmann erforderlich.

Neben der Bestrafung kann bei öffentlicher und bei Privatklage gerichtlich auf eine an den Verletzten zu zahlende Geldbuße bis zu 6000 Mk. erkannt werden, der Verletzte muß die Rechtskraft des Urtheils erleben.

Wichtig für die polizeiliche Praxis ist die sofortige Sicherstellung etwa benutzter Werkzeuge als Beweisstücke und die alsbaldige ärztliche oder sonstige Feststellung der Verletzungen, da beides hinterher meist nicht mehr erfolgen kann, für das Gericht aber von bestimmendem Werthe ist.

Leichte Körperverletzung.

§. 223. Wer vorsätzlich einen Anderen körperlich mißhandelt oder an der Gesundheit beschädigt, wird wegen Körperverletzung mit Gefängniß bis zu drei Jahren oder mit Geldstrafe bis zu eintausend Mark bestraft.

Ist die Handlung gegen Verwandte aufsteigender Linie begangen, so ist auf Gefängniß nicht unter Einem Monat zu erkennen.

Unter Körperverletzung ist nicht nur Gesundheitsbeschädigung zu verstehen, sondern auch jede Einwirkung auf den Körper eines Menschen, durch welche eine nicht unerhebliche Störung des körperlichen Wohlbefindens, Schmerz oder auch nur Unbehagen verursacht wird. Die Körperverletzung muß vorsätzlich und widerrechtlich erfolgt sein, um strafbar zu sein. Widerrechtlichkeit der Körperverletzung ist ausgeschlossen durch ein nicht überschrittenes Züchtigungsrecht z. B. der Eltern, Lehrer, Lehrherrn, ferner bei gelinden Thätlichkeiten unter Ehegatten. Das Züchtigungsrecht des Lehrmeisters gegen den Lehrling kann auf einen Gesellen übergehen. Ueberschreitung des Züchtigungsrechts ist als vorsätzliche oder fahrlässige Körperverletzung strafbar.

Gefährliche Körperverletzung.

§. 223a. Ist die Körperverletzung mittels einer Waffe, insbesondere eines Messers oder eines anderen gefährlichen Werkzeuges, oder mittels eines hinterlistigen Ueberfalls, oder von Mehreren gemeinschaftlich, oder mittels einer das Leben gefährdenden Behandlung begangen, so tritt Gefängnißstrafe nicht unter zwei Monaten ein.

Voraussetzung des § 223a ist, daß eine Körperverletzung verübt ist. Wer sich bei einer Schlägerei rc. einer Waffe bedient, ohne daß es zu einer Körperverletzung kam, wird aus § 367[10] bestraft.

Gefährliches Werkzeug kann jeder Gegenstand sein, der

geeignet ist, erhebliche Verletzungen herbeizuführen, auf seine gewöhnliche Bestimmung kommt es nicht an. Hinterlistiger Ueberfall liegt vor, wenn aufgelauert wurde, und der Angriff so plötzlich erfolgte, daß der Angegriffene sich nicht vertheidigen konnte. Von Mehreren gemeinschaftlich: Die Mitthäter sind strafbar, auch wenn sie an der Mißhandlung selbst nicht Theil genommen haben. Das Leben gefährdende Behandlung, gut verwendbar zum Schutze unmündiger Kinder gegen systematische Vernachlässigung, wenn sie geeignet war, eine Lebensgefahr herbeizuführen.

Schwere Körperverletzung.

§. 224. Hat die Körperverletzung zur Folge, daß der Verletzte ein wichtiges Glied des Körpers, das Sehvermögen auf einem oder beiden Augen, das Gehör, die Sprache oder die Zeugungsfähigkeit verliert, oder in erheblicher Weise dauernd entstellt wird, oder in Siechthum, Lähmung oder Geisteskrankheit verfällt, so ist auf Zuchthaus bis zu fünf Jahren oder Gefängniß nicht unter Einem Jahre zu erkennen.

Strafverschärfung und Strafmilderung.

§. 225. War eine der vorbezeichneten Folgen beabsichtigt und eingetreten, so ist auf Zuchthaus von zwei bis zu zehn Jahren zu erkennen.

§. 226. Ist durch die Körperverletzung der Tod des Verletzten verursacht worden, so ist auf Zuchthaus nicht unter drei Jahren oder Gefängniß nicht unter drei Jahren zu erkennen.

§. 227. Ist durch eine Schlägerei oder durch einen von Mehreren gemachten Angriff der Tod eines Menschen oder eine schwere Körperverletzung (§. 224) verursacht worden, so ist Jeder, welcher sich an der Schlägerei oder dem Angriffe betheiligt hat, schon wegen dieser Betheiligung mit Gefängniß bis zu drei Jahren zu bestrafen, falls er nicht ohne sein Verschulden hineingezogen worden ist.

Ist eine der vorbezeichneten Folgen mehreren Verletzungen zuzuschreiben, welche dieselbe nicht einzeln, sondern nur durch ihr Zusammentreffen verursacht haben, so ist Jeder, welchem eine dieser Verletzungen zur Last fällt, mit Zuchthaus bis zu fünf Jahren zu bestrafen.

Betheiligt ist wie bei der Theilnahme an Aufruhr und Landfriedensbruch (§§ 115 und 125) Jeder, der zielbewußt anwesend war und sich nicht rechtzeitig vor Ausbruch der Schlägerei entfernte, also nicht ohne sein Verschulden in die Schlägerei verwickelt wurde. Der Angriff mit einem Messer ꝛc., ohne daß eine Verletzung erfolgt ist, wird aus § 367 [10] bestraft.

§. 228. Sind mildernde Umstände vorhanden, so ist in den Fällen des §. 223 Abs. 2 und des §. 223a auf Gefängniß bis zu drei Jahren oder Geldstrafe bis zu eintausend Mark, in den Fällen der §§. 224 und 227 Absatz 2 auf Gefängniß nicht unter Einem Monat, und im Falle des §. 226 auf Gefängniß nicht unter drei Monaten zu erkennen.

Beibringung von Gift.

§. 229. Wer vorsätzlich einem Anderen, um dessen Gesundheit zu beschädigen, Gift oder andere Stoffe beibringt, welche die Gesundheit zu zerstören geeignet sind, wird mit Zuchthaus bis zu zehn Jahren bestraft.

Ist durch die Handlung eine schwere Körperverletzung verursacht worden, so ist auf Zuchthaus nicht unter fünf Jahren und, wenn durch die Handlung der Tod verursacht worden, auf Zuchthaus nicht unter zehn Jahren oder auf lebenslängliches Zuchthaus zu erkennen.

Fahrlässige Körperverletzung.

§. 230. Wer durch Fahrlässigkeit die Körperverletzung eines Anderen verursacht, wird mit Geldstrafe bis zu neunhundert Mark oder mit Gefängniß bis zu zwei Jahren bestraft.

War der Thäter zu der Aufmerksamkeit, welche er aus den Augen setzte, vermöge seines Amtes, Berufes oder Gewerbes besonders verpflichtet, so kann die Strafe auf drei Jahre Gefängniß erhöht werden.

Nichtbeleuchtung von Flur, Treppen rc. eines Hauses, so lange der regelmäßige Verkehr stattfindet, Leitung eines Fuhrwerks durch einen des Fahrens Unkundigen, Nichtbeseitigen der Glätte auf den Bürgersteigen können für den Verpflichteten Fahrlässigkeit bedingen, weil die Verursachung eines Unfalls bei pflichtgemäßer Erwägung vorhergesehen werden konnte.

Amt, Beruf, Gewerbe siehe Anmerkung zu § 222 — Seite 151 —, jedoch ist hier die Haftbarkeit des Verpflichteten noch eine weiter gehende.

§. 231. In allen Fällen der Körperverletzung kann auf Verlangen des Verletzten neben der Strafe auf eine an denselben zu erlegende Buße bis zum Betrage von sechstausend Mark erkannt werden.

Eine erkannte Buße schließt die Geltendmachung eines weiteren Entschädigungsanspruches aus.

Für diese Buße haften die zu derselben Verurtheilten als Gesammtschuldner.

In allen Fällen, also auch bei den seitens Beamter zugefügten Körperverletzungen nach § 340. Eine thatsächlich geleistete Abfindung an den Verletzten schließt die gerichtliche Zuerkennung einer Buße nicht aus, wird nur angerechnet. Neben einer gesetzlich auf Grund des Unfallversicherungsgesetzes vom 6. Juli 1884 zuerkannten Unfallrente kann jedoch gegen den fahrlässigen Betriebsunternehmer eine Geldbuße nicht geltend gemacht werden.

Das Verfahren regelt sich nach den §§ 443—446 der Str.P.O.:

§. 443. Die Befugniß, sich einer öffentlichen Klage

nach den Bestimmungen der §§. 435—442 als Nebenkläger anzuschließen, steht auch demjenigen zu, welcher berechtigt ist, die Zuerkennung einer Buße zu verlangen.

Wer die Zuerkennung einer Buße in einem auf erhobene öffentliche Klage anhängigen Verfahren beantragen will, muß sich zu diesem Zwecke der Klage als Nebenkläger anschließen.

§. 444. Der Antrag auf Zuerkennung einer Buße kann bis zur Verkündung des Urtheils erster Instanz gestellt werden.

Der Antrag kann bis zur Verkündung des Urtheils zurückgenommen, ein zurückgenommener Antrag nicht erneuert werden.

Wird der Angeklagte freigesprochen oder das Verfahren eingestellt, oder die Sache ohne Urtheil erledigt, so gilt auch der Antrag ohne weitere Entscheidung für erledigt.

Der Anspruch auf Buße kann von den Erben des Verletzten nicht erhoben oder fortgesetzt werden.

§. 445. Der Nebenkläger hat den Betrag, welchen er als Buße verlangt, anzugeben.

Auf einen höheren Betrag der Buße als den beantragten darf nicht erkannt werden.

§. 446. Die Bestimmungen der §§ 444, 445 finden auf den Fall entsprechende Anwendung, daß von dem die Buße Beanspruchenden die Privatklage erhoben wird.

Die Anschlußerklärung als Nebenkläger ist erst nach dem Antrage der Staatsanwaltschaft auf Eröffnung des Vor- bezw. Hauptverfahrens zulässig und ist bei dem Gericht schriftlich einzureichen. Kosten entstehen dem Nebenkläger nicht.

Strafantrag.

§. 232. Die Verfolgung leichter vorsätzlicher, sowie aller durch Fahrlässigkeit verursachter Körperverletzungen (§§. 223, 230) tritt nur auf Antrag ein, insofern nicht die Körperverletzung mit Uebertretung einer Amts-, Berufs- oder Gewerbspflicht begangen worden ist.

Ist das Vergehen gegen einen Angehörigen verübt, so ist die Zurücknahme des Antrages zulässig.

Die in den §§. 195, 196 und 198 enthaltenen Vorschriften finden auch hier Anwendung.

§. 233. Wenn leichte Körperverletzungen mit solchen, Beleidigungen mit leichten Körperverletzungen oder letztere mit ersteren auf der Stelle erwidert werden, so kann der Richter für beide Angeschuldigte, oder für einen derselben eine der Art oder dem Maße nach mildere oder überhaupt keine Strafe eintreten lassen.

Bei leichten Körperverletzungen, die ein Beamter in Erwiderung zufügt, oder die einem Beamten zugefügt werden, nachdem er ohne Ueberschreitung seiner Amtsbefugnisse thätlich wurde, findet eine Aufrechnung nicht statt.

Achtzehnter Abschnitt.

Verbrechen und Vergehen wider die persönliche Freiheit.

§. 234. Wer sich eines Menschen durch List, Drohung oder Gewalt bemächtigt, um ihn in hülfloser Lage auszusetzen oder in Sklaverei, Leibeigenschaft oder in auswärtige Kriegs- oder Schiffsdienste zu bringen, wird wegen Menschenraubes mit Zuchthaus bestraft.

Kindesraub.

§. 235. Wer eine minderjährige Person durch List, Drohung oder Gewalt ihren Eltern, ihrem Vormunde oder ihrem Pfleger entzieht, wird mit Gefängniß und, wenn die Handlung in der Absicht geschieht, die Person zum Betteln oder zu gewinnsüchtigen oder unsittlichen Zwecken oder Beschäftigungen zu gebrauchen, mit Zuchthaus bis zu zehn Jahren bestraft.

Es soll das Erziehungs- und Beaufsichtigungsrecht der Eltern ꝛc. geschützt werden, dasselbe kann auch dadurch verletzt werden, daß Kinder, die dem einen Ehegatten gerichtlich zugesprochen sind, dem anderen Ehegatten entzogen werden, indem ihre Ueberantwortung auf irgend eine Weise hintertrieben wird, z. B. durch Entführung, Versteckthalten.

Auf die Einwilligung der minderjährigen Person kommt es nicht an.

§. 236. Wer eine Frauensperson wider ihren Willen durch List, Drohung oder Gewalt entführt, um sie zur Unzucht zu bringen, wird mit Zuchthaus bis zu zehn Jahren und, wenn die Entführung begangen wurde, um die Entführte zur Ehe zu bringen, mit Gefängniß bestraft.

Die Verfolgung tritt nur auf Antrag ein.

Antragsberechtigt ist die Entführte und ihr gesetzlicher Vertreter.

§. 237. Wer eine minderjährige, unverehelichte Frauensperson mit ihrem Willen, jedoch ohne Einwilligung ihrer Eltern, ihres Vormundes oder ihres Pflegers, entführt, um sie zur Unzucht oder zur Ehe zu bringen, wird mit Gefängniß bestraft.

Die Verfolgung tritt nur auf Antrag ein.

Antragsberechtigt ist der gesetzliche Vertreter. Die Entführung verheiratheter Frauen mit ihrem Einverständniß ist als solche nicht strafbar.

§. 238. Hat der Entführer die Entführte geheirathet, so findet die Verfolgung nur statt, nachdem die Ehe für nichtig erklärt worden ist.

§. 239. Wer vorsätzlich und widerrechtlich einen Menschen einsperrt oder auf andere Weise des Gebrauches der persönlichen Freiheit beraubt, wird mit Gefängniß bestraft.

Wenn die Freiheitsentziehung über eine Woche gedauert hat, oder wenn eine schwere Körperverletzung des der Freiheit Beraubten durch die Freiheitsentziehung oder die ihm während derselben widerfahrene Behandlung verursacht worden ist, so ist auf Zuchthaus bis zu zehn Jahren zu erkennen. Sind mildernde Umstände vorhanden, so tritt Gefängnißstrafe nicht unter Einem Monat ein.

Ist der Tod des der Freiheit Beraubten durch die Freiheitsentziehung oder die ihm während derselben widerfahrene Behandlung verursacht worden, so ist auf Zuchthaus nicht unter drei Jahren zu erkennen. Sind mildernde Umstände vorhanden, so tritt Gefängnißstrafe nicht unter drei Monaten ein.

Strafverschärfung, wenn Freiheitsentziehung über eine Woche dauerte, schwere Körperverletzung oder der Tod verursacht wurde.

Einsperren ist wörtlich zu verstehen = Verschließen oder Verrammeln der gewöhnlichen Ausgangsöffnungen oder Entfernen der Ausgangsmittel, z. B. der Thürklinke hinter einem Menschen. Die Unmöglichkeit der Entfernung des Eingesperrten braucht keine absolute zu sein, es genügt, wenn die Entfernung nur unter besonderen Schwierigkeiten oder Gefahren erfolgen konnte.

Freiheitsberaubung = völlige Aufhebung der Freiheit persönlicher Selbstbestimmung, sei es durch eine zwingende Thätigkeit, sei es durch Unterlassen einer Rechtspflicht zur Befreiung. Die Einsperrung einer Person, welche sich fremde Vermögensstücke widerrechtlich angeeignet oder andere widerrechtliche Handlungen begangen hat, seitens des Geschädigten behufs Beseitigung der begangenen Widerrechtlichkeit bis zur Ankunft eines Beamten, der dem Geschädigten Hülfe leistet, ist ein erlaubtes Mittel der Selbsthilfe und nicht als Freiheitsberaubung zu bestrafen.

Der Polizei-Exekutiv-Beamte, der Jemand sistirt, vorläufig festnimmt, verhaftet, handelt stets vorsätzlich und ist strafbar, wenn er es mit dem Bewußtsein der Ungesetzlichkeit thut oder die ihn nicht berechtigenden gesetzlichen rc. Bestimmungen kennen mußte. Straffrei ist er nur, wenn er sich in entschuldbarem Irrthum befand. Es kommen folgende Fälle der Freiheitsentziehung vor:

Verhaftung erfolgt auf Grund eines vorliegenden schriftlichen Haftbefehls des Richters oder Staatsanwalts. Verhaftete Personen sind thunlichst sofort in das Gerichtsgefängniß einzuliefern.

Vorläufige Festnahme erfolgt bei Vergehen und Verbrechen, wenn der Beschuldigte hinreichend verdächtig befunden wird, und entweder Gefahr der Verdunkelung des Thatbestandes oder Fluchtverdacht vorliegt.

Verdunkelungsgefahr liegt vor, wenn zu befürchten ist, daß der Beschuldigte

1. Spuren der That (Beweisstücke) vernichten,
2. andere Personen behufs falscher Aussage beeinflussen,
3. Zeugen dazu verleiten werde, sich der Zeugnißpflicht zu entziehen.

Fluchtverdacht liegt vor, wenn

1. ein Verbrechen verübt ist,
2. der Beschuldigte ein Heimathloser oder Landstreicher oder nicht im Stande ist, sich über seine Person auszuweisen,
3. der Beschuldigte ein Ausländer ist, und gegründeter Zweifel besteht, daß er sich auf Ladung vor Gericht stellen und dem Urtheile Folge leisten werde.

Bei Uebertretungen erfolgt die vorläufige Festnahme nur dann, wenn der hinreichend verdächtige Beschuldigte fluchtverdächtig ist, d. h. hier

1. ein Heimathloser oder Landstreicher oder nicht im Stande ist, sich über seine Person auszuweisen,
2. ein Ausländer ist, und gegründeter Zweifel besteht, daß er sich auf Ladung vor Gericht stellen und dem Urtheile Folge leisten werde,
3. unter Polizei-Aufsicht steht,
4. unter Umständen wegen der vorliegenden Uebertretung mit Ueberweisung an die Landespolizeibehörde bestraft werden kann (Bettler, Landstreicher, Prostituirte, Nichtbeschaffen eines Unterkommens),

5. (z. B. Betrunkene, Ruhestörer) der Aufforderung, sich ruhig zu verhalten, nicht nachkommt, und zu befürchten ist, daß er nach seiner Entlassung die öffentliche Ruhe, Sicherheit und Ordnung weiter stören wird.

Vorführung erfolgt auf Requisition des Gerichts nöthigenfalls bei Zeugen, Beschuldigten oder Angeklagten. Von den Polizeibehörden werden vorläufig festgenommene Personen, die nicht wieder entlassen wurden, dem Amtsgerichte unter Beifügung der Akten vorgeführt. Die Polizeibehörde — nicht der einzelne Polizei-Exekutiv-Beamte — ist auch befugt, die Vorführung von Personen anzuordnen, deren Vernehmung gemäß Requisition des Gerichts nothwendig ist, wenn sie auf die erste Ladung nicht erschienen waren. Vorführung erfolgt vor eine Behörde; sonst heißt es Zuführung, z. B. von Schul- und entlaufenen Kindern, Dienstboten, Lehrlingen.

Sistirung, d. h. Zwangsgestellung auf ein polizeiliches Büreau, erfolgt zufolge eigener Machtbefugniß des Exekutiv-Beamten, z. B. behufs Feststellung der Personalien von Beschuldigten, wenn dieses auf der Straße nicht zu erreichen oder nicht angezeigt war, oder Zweifel besteht, daß die angegebenen Personalien zutreffen; behufs Vorführung vor einen Vorgesetzten, um eine Entscheidung treffen zu lassen; Zeugen einer Strafthat können sistirt werden, die sich der Zeugnißpflicht durch Verweigerung der Personalien entziehen wollen; auch ist die Sistirung von Personen gerechtfertigt, wenn eine Störung der öffentlichen Ruhe, Sicherheit und Ordnung nicht anders beseitigt werden kann als durch Entfernung der Veranlassung. Jedenfalls ist aber die Sistirung nur auf vorübergehende Freiheitsentziehung gerichtet und sie endet, sobald der Zweck erreicht war. Unstatthaft ist nach R.G.E. v. 11. 7. 99 die Sistirung einer bekannten Person behufs Vornahme näherer Untersuchung eines angeblich auf der Straße begangenen Vergehens.

Polizeiliche Verwahrung oder Schutzhaft erfolgt, wenn diese Maßregel erforderlich ist

1. zur eigenen Sicherheit von Personen,
2. zur Aufrechterhaltung der öffentlichen Sittlichkeit, Ruhe, Sicherheit und Ordnung.

Bei kranken Personen, die in Schutzhaft genommen werden,

ist jedoch zu erwägen, ob nicht Ueberführung in ein Krankenhaus angezeigt ist. Ev. ist ein Arzt zu befragen.

Nöthigung.

§. 240. Wer einen Anderen widerrechtlich durch Gewalt oder durch Bedrohung mit einem Verbrechen oder Vergehen zu einer Handlung, Duldung oder Unterlassung nöthigt, wird mit Gefängniß bis zu Einem Jahre oder mit Geldstrafe bis zu sechshundert Mark bestraft.

Der Versuch ist strafbar.

Nöthigung seitens Beamter wird nach § 339 härter bestraft, ebenso die Nöthigung gegen Beamte nach § 114. Zur Strafbarkeit aus § 240 ist der Nachweis erforderlich, daß die betreffende Gewaltmaßregel oder die Drohung mit einer solchen gegen eine Person gerichtet ist. Als Nöthigung ist nicht strafbar, wenn sie durch Wegnahme eines einem Anderen gehörigen Gegenstandes erfolgt, ohne daß gegen die Person des Eigenthümers Gewalt oder Drohung angewendet wurde.

Widerrechtlich. Es kommt nicht darauf an, ob die zu erzwingende Handlung, Duldung oder Unterlassung widerrechtlich ist, sondern das angewandte Zwangsmittel muß widerrechtlich sein, z. B. Selbstbefriedigung eines Gläubigers. Widerrechtlichkeit liegt nicht vor bei Nothwehr, welche die gestatteten Grenzen nicht übersteigt.

§. 241. Wer einen Anderen mit der Begehung eines Verbrechens bedroht, wird mit Gefängniß bis zu sechs Monaten oder mit Geldstrafe bis zu dreihundert Mark bestraft.

Die Bedrohung muß mit dem Willen des Thäters zur Kenntniß des Bedrohten gekommen und mit der Absicht erfolgt sein, bei diesem Furcht zu erregen.

Neunzehnter Abschnitt.

Diebstahl und Unterschlagung.

Der Unterschied zwischen Diebstahl und Unterschlagung besteht darin, daß der rechtswidrig zugeeignete Gegenstand sich bei Diebstahl in Verwahrung des Bestohlenen, bei Unterschlagung in Verwahrung des Thäters befand. Bei Diebstahl ist die Mindeststrafe Gefängniß, bei Unterschlagung ist Geldstrafe möglich.

Das Gesetz unterscheidet einfachen oder leichten, schweren und Rückfallsdiebstahl. Nicht als Vergehen, sondern als Uebertretung wird behandelt das Wegnehmen von Erde, Steinen, Rasen, Lehm, Sand rc. (§ 370²), Entwendung von Nahrungs- und Genußmitteln (§ 370⁵) und Futterdiebstahl (§ 370⁶). Für Jagddiebstähle gelten die §§ 292—295 und 368¹⁰ ¹¹, für Fischereidiebstähle die §§ 296, 296a und 370⁴; Feld-, Forst- und Holzdiebstähle werden nach dem Gesetz betr. den Forstdiebstahl v. 15. April 1878 bezw. dem Feld- und Forstpolizeigesetz v. 1. April 1880 bestraft, soweit der betreffende Gegenstand unter diese Gesetze fällt, sonst als Diebstahl aus §§ 242 ff.

Einfacher Diebstahl.

§. 242. Wer eine fremde bewegliche Sache einem Anderen in der Absicht wegnimmt, dieselbe sich rechtswidrig zuzueignen, wird wegen Diebstahls mit Gefängniß bestraft.

Der Versuch ist strafbar.

Fremde Sache = solche, welche einem Anderen allein oder mit gehört, also nicht herrenlose Sachen oder als werthlos in Stich gelassene oder fortgeworfene Sachen, bezüglich deren sich der Besitzer des Eigenthumsrechtes begeben hatte.

Bewegliche Sache wörtlich zu verstehen = die von einer Stelle zur anderen transportirt werden kann, daher auch Wasser und Gas, das aus Anlagen heimlich abgeleitet wird. Das Gesetz vom 9. April 1900 bestraft auch die Entziehung elektrischer Kraft.

Wegnehmen = aus dem Gewahrsam Jemandes ohne seine Zustimmung fortnehmen, es braucht nicht aus dem Gewahrsam des Eigenthümers zu sein. Verlorene Sachen sind nicht mehr im Gewahrsam Jemandes, ihre Aneignung ist daher nur als Fundunterschlagung strafbar. Vom Besitzer an Orten, wohin er zurückkehren konnte, vergessene, verlegte, versteckte Sachen können sich aber noch in seinem Gewahrsam befinden. Der Diebstahl ist vollendet, wenn die Sache thatsächlich in die

Verfügungsgewalt des Diebes übergegangen ist, sie braucht noch nicht z. B. aus dem Hause entfernt zu sein.

Zueignen, die Absicht ist erforderlich, die Sache dem bisherigen Eigenthümer dauernd zu entziehen, um über sie wie über eine im eigenen Eigenthum stehende zu verfügen. Diese Absicht liegt nicht vor, wenn die Sache nur entliehen und zeitweise gebraucht werden soll, z. B. Dienstmädchen bezüglich Wäsche und Garderobe ihrer Herrin. Kein Diebstahl ist es, wenn die Sache weggenommen wird, um sie zu vernichten, um sie vorläufig bis zur Befriedigung wegen einer anderen Forderung als Pfand zurückzubehalten, oder wenn der Thäter sich für berechtigt halten durfte, eine Sache ohne Wissen des Besitzers zu entleihen und zu gebrauchen oder zu verpfänden, sobald im letztern Falle nur der Wille und die Möglichkeit vorhanden war, sie jederzeit wieder einlösen zu können.

Schwerer Diebstahl.

§. 243. Auf Zuchthaus bis zu zehn Jahren ist zu erkennen, wenn

Kirchendiebstahl.

1. aus einem zum Gottesdienste bestimmten Gebäude Gegenstände gestohlen werden, welche dem Gottesdienste gewidmet sind;

Einbruchsdiebstahl.

2. aus einem Gebäude oder umschlossenen Raume mittels Einbruchs, Einsteigens oder Erbrechens von Behältnissen gestohlen wird;

Aus einem Gebäude 2c. ist grundlegend zum Verständniß. Der Thäter muß von außen in das Gebäude 2c. gelangt sein oder, wenn er schon das Innere nicht betreten hat, von außen hineingelangt haben. Daher kein schwerer Diebstahl, wenn ein Hausdieb in abgeschlossene Räume im Innern seines Hauses eindringt, z. B. in Bodenverschläge, Kellerabtheile übersteigt. Schwerer Diebstahl kann hier nur in Frage kommen, wenn Behältnisse erbrochen sind.

Gebäude = ein mit dem Grund und Boden in fester Verbindung stehendes Bauwerk, dazu bestimmt und geeignet,

Menschen, Thieren oder Sachen Schutz gegen äußere Einflüsse zu gewähren. Umschlossener Raum = umgrenzt, wenn auch unverschlossen, dazu bestimmt und geeignet, das unbefugte Eindringen von Menschen zu verhindern. Schiffe, die Wagen herumziehender Personen, Taubenschläge, Kaninchenställe, Hundehütten, Backöfen werden weder als Gebäude noch als abgeschlossene Räume angesehen, wohl aber Marktbuden, Trinkhallen.

Einbrechen, Erbrechen = gewaltsames Bewirken einer Oeffnung, durch welche der Dieb mit seinem ganzen Körper, einem Körpertheil oder Werkzeug hineingelangt. Das zu überwindende Hinderniß oder der Verschluß braucht nicht beschädigt zu werden; Sachbeschädigung kommt neben schwerem Diebstahl nicht in Betracht, wird jedoch als solche bestraft, wenn nur Sachbeschädigung übrig bleibt. Der Einbruch bezw. das Einsteigen muß in der Absicht des Diebstahls erfolgt sein, zu anderem Zwecke, z. B. Nächtigen, erfolgtes Eindringen mit nachher gefaßtem Entschluß oder benutzter Gelegenheit zum Stehlen ist nur einfacher Diebstahl. Schwerer Diebstahl durch Erbrechen liegt nur vor, wenn das Erbrechen in dem Hause oder abgeschlossenen Raume erfolgte. Ist das ganze Behältniß mitgenommen und außerhalb erbrochen, so nur einfacher Diebstahl. Einsteigen = in das Innere von außen eindringen über Einfriedigungen oder durch nicht dazu bestimmte Oeffnungen, gleichgiltig ob durch Steigen, Springen, Sichherablassen oder Hindurchkriechen. Der zu bestrafende Dieb muß persönlich das Innere betreten haben; Emporsteigen ist noch kein Einsteigen.

Falsche Schlüssel, Dietriche.

3. **der Diebstahl dadurch bewirkt wird, daß zur Eröffnung eines Gebäudes oder der Zugänge eines umschlossenen Raumes, oder zur Eröffnung der im Innern befindlichen Thüren oder Behältnisse falsche Schlüssel oder andere zur ordnungsmäßigen Eröffnung nicht bestimmte Werkzeuge angewendet werden;**

Falsche Schlüssel sind alle, welche vom Berechtigten nicht zur Oeffnung des betreffenden Schlosses gewollt waren, daher auch richtige Schlüssel, die verloren und von Jemand gefunden wurden, ferner vom Miether beim Abzug nicht abgegebene Schlüssel, im Besitz des Vermiethers befindliche Schlüssel zu den vermietheten Räumen während der Dauer des Miethsverhältnisses. Nachschlüssel sind an Stelle echter nachgemachte Schlüssel, Dietriche sind Handwerkszeug.

Reisegepäck, Beförderungsgut.

4. auf einem öffentlichen Wege, einer Straße, einem öffentlichen Platze, einer Wasserstraße oder einer Eisenbahn, oder in einem Postgebäude oder dem dazu gehörigen Hofraume, oder auf einem Eisenbahnhofe eine zum Reisegepäck oder zu anderen Gegenständen der Beförderung gehörende Sache mittels Abschneidens oder Ablösens der Befestigungs- oder Verwahrungsmittel, oder durch Anwendung falscher Schlüssel oder anderer zur ordnungsmäßigen Eröffnung nicht bestimmter Werkzeuge gestohlen wird;

Mit Waffen.

5. der Dieb oder einer der Theilnehmer am Diebstahle bei Begehung der That Waffen bei sich führt;

Bandendiebstahl.

6. zu dem Diebstahle Mehrere mitwirken, welche sich zur fortgesetzten Begehung von Raub oder Diebstahl verbunden haben, oder

Einschleichen bei Nacht.

7. der Diebstahl zur Nachtzeit in einem bewohnten Gebäude, in welches sich der Thäter in diebischer Absicht eingeschlichen, oder in welchem er sich in gleicher Absicht verborgen hatte, begangen wird, auch wenn zur Zeit des Diebstahls Bewohner in dem Gebäude nicht anwesend sind. Einem be-

wohnten Gebäude werden der zu einem bewohnten Gebäude gehörige umschlossene Raum und die in einem solchen befindlichen Gebäude jeder Art, sowie Schiffe, welche bewohnt werden, gleich geachtet.

Sind mildernde Umstände vorhanden, so tritt Gefängnißstrafe nicht unter drei Monaten ein.

§§ 244, 245 Rückfallsdiebstahl, liegt nach zweimaliger Bestrafung bei der dritten Strafthat vor, sobald seit Verbüßung der letzten Strafe noch nicht 10 Jahre verflossen sind.

§. 244. Wer im Inlande als Dieb, Räuber oder gleich einem Räuber oder als Hehler bestraft worden ist, darauf abermals eine dieser Handlungen begangen hat, und wegen derselben bestraft worden ist, wird, wenn er einen einfachen Diebstahl (§. 242) begeht, mit Zuchthaus bis zu zehn Jahren, wenn er einen schweren Diebstahl (§. 243) begeht, mit Zuchthaus nicht unter zwei Jahren bestraft.

Sind mildernde Umstände vorhanden, so tritt beim einfachen Diebstahl Gefängnißstrafe nicht unter drei Monaten, beim schweren Diebstahl Gefängnißstrafe nicht unter Einem Jahre ein.

§. 245. Die Bestimmungen des §. 244 finden Anwendung, auch wenn die früheren Strafen nur theilweise verbüßt oder ganz oder theilweise erlassen sind, bleiben jedoch ausgeschlossen, wenn seit der Verbüßung oder dem Erlasse der letzten Strafe bis zur Begehung des neuen Diebstahls zehn Jahre verflossen sind.

Unterschlagung.

§. 246. Wer eine fremde bewegliche Sache, die er in Besitz oder Gewahrsam hat, sich rechtswidrig zueignet, wird wegen Unterschlagung mit Gefängniß bis zu drei Jahren und, wenn die Sache ihm anvertraut ist, mit Gefängniß bis zu fünf Jahren bestraft.

Sind mildernde Umstände vorhanden, so kann auf Geldstrafe bis zu neunhundert Mark erkannt werden.

Der Versuch ist strafbar.

Von Beamten begangene Unterschlagungen werden nach §§ 350, 351 bestraft.

Zur Strafbarkeit wegen Unterschlagung ist erforderlich, daß der Thäter die Absicht der Zueignung hatte mit dem Bewußtsein, daß die in seinem Besitz oder Gewahrsam befindliche Sache eine fremde und die Zueignung eine rechtswidrige sei. Die Zueignung muß äußerlich erkennbar (Verbrauch, Verkauf, Ableugnen) dadurch hervorgetreten sein, daß der Thäter über die fremde Sache verfügte, als sei er der berechtigte Eigenthümer. Unterschlagung liegt nicht vor, wenn der Thäter zum Ersatz bereit und jederzeit in der Lage war, er auch annehmen durfte, der Eigenthümer werde einverstanden sein. Ebenso ist das Verpfänden fremder gemietheter Sachen (Leihkontrakt) unter Umständen keine Unterschlagung, wenn der Thäter zur Einlösung gewillt und zweifellos jederzeit in der Lage war.

Strafantrag.

§. 247. Wer einen Diebstahl oder eine Unterschlagung gegen Angehörige, Vormünder oder Erzieher begeht, oder wer einer Person, zu der er im Lehrlingsverhältnisse steht, oder in deren häuslicher Gemeinschaft er als Gesinde sich befindet, Sachen von unbedeutendem Werthe stiehlt oder unterschlägt, ist nur auf Antrag zu verfolgen. Die Zurücknahme des Antrages ist zulässig.

Ein Diebstahl oder eine Unterschlagung, welche von Verwandten aufsteigender Linie gegen Verwandte absteigender Linie oder von einem Ehegatten gegen den anderen begangen worden ist, bleibt straflos.

Diese Bestimmungen finden auf Theilnehmer oder

Begünstiger, welche nicht in einem der vorbezeichneten persönlichen Verhältnisse stehen, keine Anwendung.

Angehörige sind nach § 52 Verwandte und Verschwägerte (siehe Seite 131) auf- und absteigender Linie, Adoptiv- und Pflege-Eltern und -Kinder, Ehegatten, Geschwister und deren Ehegatten, und Verlobte. Zu den Lehrlingen zählen auch Handlungslehrlinge. Zum Gesinde zählen nur Dienstboten, nicht Gewerbegehülfen und Gesellen. Selbst schwerer Diebstahl des Gesindes gegen die Herrschaft selbst wird lediglich auf Antrag verfolgt, wenn der Werth unbedeutend ist, Diebstahl gegen Angehörige oder Hausgenossen des Dienstherrn wird auf jeden Fall auch ohne Antrag bestraft.

Diebstahl von Eltern gegen Kinder ist straflos, dagegen kann von Eltern wegen Diebstahls gegen ihre Kinder Strafantrag gestellt werden.

Nichtstellen oder Zurücknehmen des Strafantrages gegen die in einem persönlichen Verhältniß stehenden Thäter macht sonstige Theilnehmer nicht straffrei.

§. 248. Neben der wegen Diebstahls oder Unterschlagung erkannten Gefängnißstrafe kann auf Verlust der bürgerlichen Ehrenrechte, und neben der wegen Diebstahls erkannten Zuchthausstrafe auf Zulässigkeit von Polizei-Aufsicht erkannt werden.

Zwanzigster Abschnitt.

Raub und Erpressung.

Raub ist gewaltsame Wegnahme seitens des Thäters, Erpressung ist Zwang zur Hingabe einer Sache an den Thäter.

Raub.

§. 249. Wer mit Gewalt gegen eine Person oder unter Anwendung von Drohungen mit gegenwärtiger Gefahr für Leib oder Leben eine fremde bewegliche Sache einem Anderen in der Absicht wegnimmt, sich dieselbe

rechtswidrig zuzueignen, wird wegen Raubes mit Zuchthaus bestraft.

Sind mildernde Umstände vorhanden, so tritt Gefängnißstrafe nicht unter sechs Monaten ein.

Schwerer Raub.

§. 250. Auf Zuchthaus nicht unter fünf Jahren ist zu erkennen, wenn

Mit Waffen.

1. der Räuber oder einer der Theilnehmer am Raube bei Begehung der That Waffen bei sich führt;

Bandenraub.

2. zu dem Raube Mehrere mitwirken, welche sich zur fortgesetzten Begehung von Raub oder Diebstahl verbunden haben;

Wegelagerei.

3. der Raub auf einem öffentlichen Wege, einer Straße, einer Eisenbahn, einem öffentlichen Platze, auf offener See oder einer Wasserstraße begangen wird;

Einschleichen bei Nacht.

4. der Raub zur Nachtzeit in einem bewohnten Gebäude (§. 243 Nr. 7) begangen wird, in welches sich der Thäter zur Begehung eines Raubes oder Diebstahls eingeschlichen oder sich gewaltsam Eingang verschafft oder in welchem er sich in gleicher Absicht verborgen hatte, oder

Rückfall.

5. der Räuber bereits einmal als Räuber oder gleich einem Räuber im Inlande bestraft worden ist. Die im §. 245 enthaltenen Vorschriften finden auch hier Anwendung.

Sind mildernde Umstände vorhanden, so tritt Gefängnißstrafe nicht unter Einem Jahre ein.

§. 251. Mit Zuchthaus nicht unter zehn Jahren oder mit lebenslänglichem Zuchthaus wird der Räuber bestraft, wenn bei dem Raube ein Mensch gemartert oder durch die gegen ihn verübte Gewalt eine schwere Körperverletzung oder der Tod desselben verursacht worden ist.

§. 252. Wer, bei einem Diebstahle auf frischer That betroffen, gegen eine Person Gewalt verübt oder Drohungen mit gegenwärtiger Gefahr für Leib oder Leben anwendet, um sich im Besitze des gestohlenen Gutes zu erhalten, ist gleich einem Räuber zu bestrafen.

Erpressung.

§. 253. Wer, um sich oder einem Dritten einen rechtswidrigen Vermögensvortheil zu verschaffen, einen Anderen durch Gewalt oder Drohung zu einer Handlung, Duldung oder Unterlassung nöthigt, ist wegen Erpressung mit Gefängniß nicht unter Einem Monat zu bestrafen.

Der Versuch ist strafbar.

Beamte werden nach § 339 Absatz 3 bereits wegen Erpressung bestraft, wenn sie auch ohne Gewalt oder Drohung, nur durch Mißbrauch ihrer Amtsgewalt oder Androhung einer bestimmten Amtsgewalt sich einen rechtswidrigen Vermögensvortheil verschaffen oder zu verschaffen versuchen.

Voraussetzung des § 253 ist ein rechtswidriger Vermögensvortheil. Wenn der Thäter auf den erstrebten Vermögensvortheil ein Recht hat oder zu haben glaubt, so liegt nicht Erpressung, sondern ev. Nöthigung im Sinne des § 240 vor. Die angedrohte Handlung braucht nicht unberechtigt oder strafbar zu sein, es genügt die Drohung mit irgend einem Nachtheil, wenn dadurch ein widerrechtlicher Vermögensvortheil erreicht werden soll.

§. 254. Wird die Erpressung durch Bedrohung mit Mord, mit Brandstiftung oder mit Verursachung einer Ueberschwemmung begangen, so ist auf Zuchthaus bis zu fünf Jahren zu erkennen.

§. 255. Wird die Erpressung durch Gewalt gegen eine Person oder unter Anwendung von Drohungen mit gegenwärtiger Gefahr für Leib oder Leben begangen, so ist der Thäter gleich einem Räuber zu bestrafen.

§. 256. Neben der wegen Erpressung erkannten Gefängnißstrafe kann auf Verlust der bürgerlichen Ehrenrechte und neben der wegen Raubes oder Erpressung erkannten Zuchthausstrafe auf Zulässigkeit von Polizei-Aufsicht erkannt werden.

Einundzwanzigster Abschnitt.

Begünstigung und Hehlerei.

Beamte, welche die Absicht, Jemand der gesetzlichen Strafe zu entziehen, bethätigen, werden nach § 346 mit Zuchthaus oder Gefängniß bestraft.

Liegt nur eine Uebertretung vor, so ist die Begünstigung nicht strafbar. Die übrigen Spielarten der Theilnahme an Strafthaten: Mitthäterschaft, Anstiftung, Beihülfe, Aufforderung und Erbieten, sind in den §§ 47—50 — Seite 63 — behandelt. Angehörige siehe bei § 52 und Seite 131. Begünstigung ist strafbar, auch wenn der Thäter oder Theilnehmer wegen mangelnden Strafantrags straffrei ausgeht.

Zur Begünstigung ist ein Handeln erforderlich. Verweigerung der Auskunft über eine Strafthat ist daher keine Begünstigung, wohl aber unwahre Aussage vor Polizei oder Gericht, um den Thäter der Bestrafung zu entziehen; Einwirkung auf einen zur Anzeige der Strafthat verpflichteten (§ 346) Beamten, um ihn zur Unterlassung der Anzeige zu bestimmen; Beistandleistung zur Flucht eines Verurtheilten, da zur Bestrafung sowohl die Verurtheilung wie die Strafvollstreckung gehört.

Für die Begünstigung, Beihülfe und Hehlerei bei Feld-, Forst- und Holzdiebstählen bestehen in den §§ 4 und 5 des Forstdiebstahlsgesetzes vom 15. April 1878 und den §§ 6—8 des Feld- und Forstpolizeigesetzes vom 1. April 1880 besondere Bestimmungen, sie werden meist mit der vollen Strafe der Zuwiderhandlung bestraft. Absatz 2 und 3 des § 257 finden aber auch hier Anwendung.

§. 257. Wer nach Begehung eines Verbrechens oder Vergehens dem Thäter oder Theilnehmer wissentlich Beistand leistet, um denselben der Bestrafung zu entziehen oder um ihm die Vortheile des Verbrechens oder Vergehens zu sichern, ist wegen Begünstigung mit Geldstrafe bis zu sechshundert Mark oder mit Gefängniß bis zu Einem Jahre und, wenn er diesen Beistand seines Vortheils wegen leistet, mit Gefängniß zu bestrafen. Die Strafe darf jedoch, der Art oder dem Maße nach, keine schwerere sein, als die auf die Handlung selbst angedrohte.

Die Begünstigung ist straflos, wenn dieselbe dem Thäter oder Theilnehmer von einem Angehörigen gewährt worden ist, um ihn der Bestrafung zu entziehen.

Die Begünstigung ist als Beihülfe zu bestrafen, wenn sie vor Begehung der That zugesagt worden ist. Diese Bestimmung leidet auch auf Angehörige Anwendung.

§. 258. Wer seines Vortheils wegen sich einer Begünstigung schuldig macht, wird als Hehler bestraft, wenn der Begünstigte

1. einen einfachen Diebstahl oder eine Unterschlagung begangen hat, mit Gefängniß,

2. einen schweren Diebstahl, einen Raub oder ein dem Raube gleich zu bestrafendes Verbrechen begangen hat, mit Zuchthaus bis zu fünf Jahren.

Sind mildernde Umstände vorhanden, so tritt Gefängnißstrafe nicht unter drei Monaten ein.

Diese Strafvorschriften finden auch dann Anwendung, wenn der Hehler ein Angehöriger ist.

§. 259. Wer seines Vortheils wegen Sachen, von denen er weiß oder den Umständen nach annehmen muß, daß sie mittels einer strafbaren Handlung erlangt sind, verheimlicht, ankauft, zum Pfande nimmt oder sonst an sich bringt oder zu deren Absatze bei Anderen mitwirkt, wird als Hehler mit Gefängniß bestraft.

Der Vortheil des Hehlers braucht nicht rechtswidrig oder außergewöhnlich zu sein, er kann in dem gewöhnlichen Vortheil des Geschäftsbetriebes liegen. Jedoch ist der Nachweis außergewöhnlichen Vortheils wesentlich, um die Wissentlichkeit zu erweisen, d. h. die Kenntniß oder nothwendige Vermuthung strafbarer Erwerbungsart. Die näheren Umstände der strafbaren Handlung, durch welche die Sachen erlangt sind, brauchen dem Hehler nicht bekannt zu sein, es genügt, wenn er wußte oder den Umständen nach annehmen mußte, daß die Sache durch eine strafbare Handlung erlangt sei. Hehlerei kann nur erfolgen an den durch eine strafbare Handlung erlangten Sachen selbst, nicht an anderen Gegenständen, welche an deren Stelle getreten sind, z. B. auf ein gestohlenes Sparkassenbuch abgehobenes Geld; Ankauf eines Pfandscheines über einen gestohlenen Gegenstand; für Papiergeld eingewechseltes Metallgeld. Der Mitgenuß gestohlener Sachen genügt allein noch nicht, um Hehlerei zu erweisen. Hehlerei kann auch bei Sachen vorliegen, die durch Uebertretungen erlangt sind, nicht jedoch bei erbettelten und geschmuggelten Sachen oder bei Wild, welches entgegen den jagdpolizeilichen Vorschriften erlegt ist.

§. 260. Wer die Hehlerei gewerbs- oder gewohnheitsmäßig betreibt, wird mit Zuchthaus bis zu zehn Jahren bestraft.

§ 261. Rückfallshehlerei liegt nach zweimaliger Bestrafung wegen Hehlerei bei der dritten Strafthat vor.

§. 261. Wer im Inlande wegen Hehlerei einmal und wegen darauf begangener Hehlerei zum zweiten Male bestraft worden ist, wird, wenn sich die abermals begangene Hehlerei auf einen schweren Diebstahl, einen Raub oder ein dem Raube gleich zu bestrafendes Verbrechen bezieht, mit Zuchthaus nicht unter zwei Jahren bestraft. Sind mildernde Umstände vorhanden, so tritt Gefängnißstrafe nicht unter Einem Jahre ein.

Bezieht sich die Hehlerei auf eine andere strafbare Handlung, so ist auf Zuchthaus bis zu zehn Jahren zu erkennen. Sind mildernde Umstände vorhanden, so tritt Gefängnißstrafe nicht unter drei Monaten ein.

Die in dem §. 245 enthaltenen Vorschriften finden auch hier Anwendung.

§. 262. Neben der wegen Hehlerei erkannten Gefängnißstrafe kann auf Verlust der bürgerlichen Ehrenrechte und neben jeder Verurtheilung wegen Hehlerei auf Zulässigkeit von Polizei-Aufsicht erkannt werden.

Zweiundzwanzigster Abschnitt.

Betrug und Untreue.

§. 263. Wer in der Absicht, sich oder einem Dritten einen rechtswidrigen Vermögensvortheil zu verschaffen, das Vermögen eines Anderen dadurch beschädigt, daß er durch Vorspiegelung falscher oder durch Entstellung oder Unterdrückung wahrer Thatsachen einen Irrthum erregt oder unterhält, wird wegen Betruges mit Gefängniß bestraft, neben welchem auf Geldstrafe bis zu dreitausend Mark, sowie auf Verlust der bürgerlichen Ehrenrechte erkannt werden kann.

Sind mildernde Umstände vorhanden, so kann ausschließlich auf die Geldstrafe erkannt werden.

Der Versuch ist strafbar.

Wer einen Betrug gegen Angehörige, Vormünder oder Erzieher begeht, ist nur auf Antrag zu verfolgen. Die Zurücknahme des Antrages ist zulässig.

Zur Vollendung des Betruges müssen 3 Momente als Zweck, Mittel und Wirkung zusammen treffen: Absicht rechtswidrigen Vermögensvortheils beim Einen, Irrthumserregung und in Folge davon Vermögensschädigung beim Anderen. Fehlt eins dieser Momente, oder ist die Vermögensschädigung nicht die Folge einer Irrthumserregung, so kommt Betrug nicht in Frage. Das Publikum ist geneigt, jede Uebervortheilung oder Vermögensschädigung Betrug zu nennen, der Polizei-Exekutiv-Beamte muß sich an den strafrechtlichen Begriff des Betruges halten. Nothwendig muß ferner eine bestimmte Person vorhanden sein, die am Vermögen geschädigt ist oder geschädigt werden sollte, der allgemeine Begriff Publikum genügt noch nicht. Schwindelhafte Preisauszeichnungen von Waaren in Schaufenstern stellen daher einen Betrug oder versuchten Betrug nicht dar, diese Manöver fallen vielmehr unter das Gesetz zum Schutze gegen unlauteren Wettbewerb vom 27. Mai 1896. Die Initiative steht aber nicht der Polizei, sondern den betroffenen Geschäftsleuten zu, welche ihre Anzeige bei der Staatsanwaltschaft zu erstatten haben. Der Polizei-Exekutiv-Beamte hat bezüglichen Requisitionen nicht Folge zu leisten und auch nicht zu Gunsten eines bestimmten Käufers zur Verfechtung von dessen Ansprüchen seine amtliche Autorität einzusetzen.

Die Irrthumserregung kann außer durch Vorspiegelung falscher Thatsachen auch durch Entstellung oder Unterdrückung wahrer Thatsachen erfolgen. Letztere liegt vor bei vorhandener

Rechtspflicht zur Mittheilung, z. B. bei Schwamm in einem zu verkaufenden Hause; oder wenn mit dem Verschweigen ein auf Täuschung angelegtes aktives Verhalten in Verbindung tritt, z. B. Verschweigung verborgener Fehler beim Verkauf von Vieh, wenn dieselben bekannt und absichtlich verdeckt oder auf Befragen nicht angegeben waren.

Betrug ist z. B. Borgen mit dem Bewußtsein, die übernommene Verpflichtung nicht erfüllen zu können, und unter Verschweigen der mißlichen Vermögensverhältnisse; Logisschwindel; Benutzung der Eisenbahn ohne giltige Fahrkarte; Benutzung einer als unübertragbar bezeichneten Eisenbahnfahrkarte (Rückfahrkarte) oder einer Abonnementskarte durch eine andere Person, als für welche sie gelöst wurde; lügenhaftes Betteln; Verkauf von Bier unter falscher Bezeichnung; Einkassirung abgetretener Forderungen durch den Cedenten; Erhebung verpfändeter Pensionsbezüge auf Grund einer neuen Pensionsquittung; Grundstückstausch oder -verkauf unter falscher Angabe über Hypotheken oder Miethen; Inverkehrbringen von Wechseln, die von völlig vermögenslosen Personen ausgestellt sind; falsches Spiel. Bei Zechprellerei ist es wesentlich, inwiefern der Thäter durch ein thatsächliches Handeln oder Verhalten die irrthümliche Meinung erregt hat, daß er zahlungsfähig sei.

Betrug liegt nicht vor bei Ansprüchen aus unsittlichen, unerlaubten oder strafbaren Verträgen und Handlungen, z. B. Beischlafsgestattung, weil diese nicht rechtlich geschützt sind.

Beim Betrug gegen Lehr- und Dienstherren ist nicht wie bei geringfügigem Diebstahl (§ 247) Strafantrag erforderlich.

Theilnehmer und Begünstiger eines wegen mangelnden Strafantrags gegen den Thäter nicht zu verfolgenden Betrugs sind strafbar.

§. 264. Rückfallsbetrug liegt nach zweimaliger Bestrafung wegen Betruges bei der dritten Strafthat vor.

§. 264. Wer im Inlande wegen Betruges einmal und wegen darauf begangenen Betruges zum zweiten Male bestraft worden ist, wird wegen abermals begangenen Betruges mit Zuchthaus bis zu zehn Jahren und zugleich mit Geldstrafe von einhundertfunfzig bis zu sechstausend Mark bestraft.

Sind mildernde Umstände vorhanden, so tritt Gefängnißstrafe nicht unter drei Monaten ein, neben welcher zugleich auf Geldstrafe bis zu dreitausend Mark erkannt werden kann.

Die im §. 245 enthaltenen Vorschriften finden auch hier Anwendung.

Versicherungsbetrug.

§. 265. Wer in betrügerischer Absicht eine gegen Feuersgefahr versicherte Sache in Brand setzt, oder ein Schiff, welches als solches oder in seiner Ladung oder in seinem Frachtlohn versichert ist, sinken oder stranden macht, wird mit Zuchthaus bis zu zehn Jahren und zugleich mit Geldstrafe von einhundertfunfzig bis zu sechstausend Mark bestraft.

Sind mildernde Umstände vorhanden, so tritt Gefängnißstrafe nicht unter sechs Monaten ein, neben welcher auf Geldstrafe bis zu dreitausend Mark erkannt werden kann.

Auch die Aufstellung einer zu hohen Brandschadensforderung ist vollendeter oder versuchter Betrug, wenn sie nicht vom Agenten, sondern vom Versicherten bewirkt wurde.

§. 266. Wegen Untreue werden bestraft Vormünder, Massenverwalter, Testamentsvollstrecker, Bevollmächtigte, Feldmesser, Versteigerer und andere zur Betreibung ihres Gewerbes von der Obrigkeit verpflichtete (§ 36 G.O.) Personen, wenn sie bei den ihnen übertragenen Geschäften absichtlich diejenigen benachtheiligen, deren Geschäfte sie besorgen.

§. 266. Wegen Untreue werden mit Gefängniß, neben welchem auf Verlust der bürgerlichen Ehrenrechte erkannt werden kann, bestraft:

1. Vormünder, Kuratoren, Güterpfleger, Sequester, Massenverwalter, Vollstrecker letztwilliger Verfügungen und Verwalter von Stiftungen, wenn sie absichtlich zum Nachtheile der ihrer Aufsicht anvertrauten Personen oder Sachen handeln;
2. Bevollmächtigte, welche über Forderungen oder andere Vermögensstücke des Auftraggebers absichtlich zum Nachtheile desselben verfügen;
3. Feldmesser, Versteigerer, Mäkler, Güterbestätiger, Schaffner, Wäger, Messer, Bracker, Schauer, Stauer und andere zur Betreibung ihres Gewerbes von der Obrigkeit verpflichtete Personen, wenn sie bei den ihnen übertragenen Geschäften absichtlich diejenigen benachtheiligen, deren Geschäfte sie besorgen.

Wird die Untreue begangen, um sich oder einem Anderen einen Vermögensvortheil zu verschaffen, so kann neben der Gefängnißstrafe auf Geldstrafe bis zu dreitausend Mark erkannt werden.

Dreiundzwanzigster Abschnitt.

Urkundenfälschung.

Urkundenfälschung.

§. 267. Wer in rechtswidriger Absicht eine inländische oder ausländische öffentliche Urkunde oder eine solche Privaturkunde, welche zum Beweise von Rechten oder Rechtsverhältnissen von Erheblichkeit ist, verfälscht oder fälschlich anfertigt und von derselben zum Zwecke einer Täuschung Gebrauch macht, wird wegen Urkundenfälschung mit Gefängniß bestraft.

Beamte, welche in ihrer amtlichen Thätigkeit Urkundenfälschung begehen, werden nach §§ 348 und 349 härter bestraft.

§ 267 soll die im Rechtsverkehr geltende Form der Beurkundung von Rechten und Rechtsverhältnissen schützen.

Rechtswidrige Absicht liegt vor, wenn die Fälschung einer Urkunde und der Gebrauch derselben, als sei es eine echte, vorsätzlich geschieht, um ein falsches rechtserhebliches Beweismittel zu schaffen

Urkunden sind nicht nur Schriftstücke, sondern auch andere Gegenstände, welche geeignet und bestimmt sind, eine Thatsache zu erweisen. Schriftliche Urkunden werden entweder vollständig geschrieben oder durch Ausfüllen eines durch Druck oder sonst vervielfältigten Formulars hergestellt. Handschriftliche Namensunterschrift ist nicht stets erforderlich, es kann als Unterschrift auch der Stempel einer Behörde, einer Firma aufgedrückt oder eine Namensunterschrift im Wege des Druckes oder sonstiger Vervielfältigung oder durch Stempel geleistet sein.

Oeffentliche Urkunden sind solche Urkunden, welche von einer öffentlichen Behörde innerhalb der Grenzen ihrer Amtsbefugnisse oder von einer mit öffentlichem Glauben versehenen Person innerhalb des ihr zugewiesenen Geschäftskreises in der vorgeschriebenen Form aufgenommen oder ausgestellt sind. Fälschung einer öffentlichen Urkunde ist auf jeden Fall strafbar, Fälschung einer

Privaturkunde

nur dann, wenn sie zum Beweise von Rechten oder Rechtsverhältnissen von Erheblichkeit ist. Ob eine Privaturkunde hiernach als beweiserheblich anzusehen ist, unterliegt der gerichtlichen Feststellung. Im Allgemeinen gilt sie schon als beweiserheblich, sobald sie im Falle der Echtheit geeignet wäre, über Entstehen, Bestehen oder Erlöschen von Rechtsverhältnissen ein Beweismittel zu liefern. Daß sie dazu bestimmt war, ist nicht erforderlich.

Oeffentliche Urkunden sind z. B. auch Zustellungsurkunden, standesamtliche Urkunden, pfarramtliche Taufscheine, Quittungskarten der Invaliditäts-Versicherung, amtliche Plombenverschlüsse, amtliche Siegel, Aichstempel, Fahrscheine und Fahrkarten der Staatseisenbahnen, Viehursprungs-Atteste, Trichinenatteste der öffentlichen Fleischbeschauer.

Beweiserhebliche Privaturkunden sind z. B. Frachtbriefe, Rechnungen, Quittungen, Wechsel, Schuldscheine, Waarenbestellzettel, Biermarken, Fahrmarken, Lohnmarken, Wochenzettel über geleistete Arbeit, Strafanzeigen, Klageschriftstücke, Stimmzettel.

Nichtbeglaubigte Abschriften werden nicht als Urkunden angesehen.

Eine Urkunde ist verfälscht, wenn sie theilweise, und zwar in dem beweiserheblichen Theile ihres Inhalts geändert ist, sie ist fälschlich angefertigt, wenn sie in ihrem ganzen Theil oder in ihrer Unterschrift oder Beglaubigungsform nicht von dem herrührt, der der Aussteller zu sein scheint.

Fälschung von Legitimationspapieren, Dienst- und Arbeitsbüchern, sowie von Privatzeugnissen und sonstigen Ausweisen über die persönlichen Verhältnisse zum Zwecke des besseren Fortkommens wird nur als Uebertretung aus § 363 bestraft. Der Nachweis ist jedoch erforderlich, daß von diesen Legitimationspapieren bereits Gebrauch gemacht worden ist. Ev. liegt Betrug vor, wenn ein Dritter am Vermögen geschädigt wurde. Urkundenfälschung, um Almosen zu erlangen, ist nur aus § 363 strafbar.

§. 268. Eine **Urkundenfälschung**, welche in der Absicht begangen wird, sich oder einem Anderen einen **Vermögensvortheil** zu verschaffen oder einem Anderen **Schaden** zuzufügen, wird bestraft, wenn

1. die Urkunde eine Privaturkunde ist, mit Zuchthaus bis zu fünf Jahren, neben welchem auf Geldstrafe bis zu dreitausend Mark erkannt werden kann;
2. die Urkunde eine öffentliche ist, mit Zuchthaus bis zu zehn Jahren, neben welchem auf Geldstrafe von einhundertfunfzig bis zu sechstausend Mark erkannt werden kann.

Sind mildernde Umstände vorhanden, so tritt Gefängnißstrafe ein, welche bei der Fälschung einer Privaturkunde nicht unter Einer Woche, bei der Fälschung einer öffentlichen Urkunde nicht unter drei Monaten betragen soll. Neben der Gefängnißstrafe kann zugleich auf Geldstrafe bis zu dreitausend Mark erkannt werden.

§. 269. Der fälschlichen Anfertigung einer Urkunde wird es gleich geachtet, wenn Jemand einem mit der Unterschrift eines Anderen versehenen Papiere ohne dessen Willen oder dessen Anordnungen zuwider durch Ausfüllung einen urkundlichen Inhalt giebt.

§. 270. Der Urkundenfälschung wird es gleich geachtet, wenn Jemand von einer falschen oder verfälschten Urkunde, wissend, daß sie falsch oder verfälscht ist, zum Zwecke einer Täuschung Gebrauch macht.

Das Gebrauchmachen muß in rechtswidriger Absicht geschehen sein.

Der wissentliche Gebrauch einer von einem Beamten aufgenommenen und etwas thatsächlich Falsches enthaltenden Urkunde fällt unter § 273, weil nicht die Urkunde selbst falsch oder verfälscht ist.

Intellectuelle Urkundenfälschung.

§. 271. Wer vorsätzlich bewirkt, daß Erklärungen, Verhandlungen oder Thatsachen, welche für Rechte oder Rechtsverhältnisse von Erheblichkeit sind, in öffentlichen Urkunden, Büchern oder Registern als abgegeben oder geschehen beurkundet werden, während sie überhaupt nicht oder in anderer Weise oder von einer Person in einer ihr nicht zustehenden Eigenschaft oder von einer anderen Person abgegeben oder geschehen sind, wird mit Gefängniß bis zu sechs Monaten oder mit Geldstrafe bis zu dreihundert Mark bestraft.

Beamte werden nach §§ 348 und 349 bestraft. Die §§ 271 ff. richten sich gegen das Publikum, welches vorsätzlich eine unwahre amtliche Beurkundung verursacht über Thatsachen, zu deren beweiskräftiger Beurkundung die öffentliche Urkunde, das Buch oder das Register bestimmt ist. Oeffentliche Register sind vornehmlich solche, die gesetzlich vorgeschrieben sind, z. B. die standesamtlichen Register. Die von den Behörden im innern Dienst geführten Listen und Register, z. B. die Melderegister, zählen nicht zu den öffentlichen.

Nicht unter § 271 fällt es, wenn Jemand durch lügenhafte Angaben eine falsche schriftliche Anzeige eines Polizeibeamten herbeiführt, oder zu Protokoll einer Behörde eine Anzeige unter falschem Namen erstattet, oder sich von der Polizeibehörde ein Abzugsattest oder Gesinde-Dienstbuch unter falschem Namen ausstellen läßt.

§. 272. Wer die vorbezeichnete Handlung in der Absicht begeht, sich oder einem Anderen einen Vermögensvortheil zu verschaffen oder einem Anderen Schaden zuzufügen, wird mit Zuchthaus bis zu zehn Jahren bestraft, neben welchem auf Geldstrafe von einhundertfünfzig bis zu sechstausend Mark erkannt werden kann.

Sind mildernde Umstände vorhanden, so tritt Gefängnißstrafe ein, neben welcher auf Geldstrafe bis zu dreitausend Mark erkannt werden kann.

§. 273. Wer wissentlich von einer falschen Beurkundung der im §. 271 bezeichneten Art zum Zwecke einer Täuschung Gebrauch macht, wird nach Vorschrift jenes Paragraphen und, wenn die Absicht dahin gerichtet war, sich oder einem Anderen einen Vermögensvortheil zu verschaffen oder einem Anderen Schaden zuzufügen, nach Vorschrift des §. 272 bestraft.

Vernichtung von Urkunden.

§. 274. Mit Gefängniß, neben welchem auf Geldstrafe bis zu dreitausend Mark erkannt werden kann, wird bestraft, wer

1. eine Urkunde, welche ihm entweder überhaupt nicht oder nicht ausschließlich gehört, in der Absicht, einem Anderen Nachtheile zuzufügen, vernichtet, beschädigt oder unterdrückt, oder
2. einen Grenzstein oder ein anderes zur Bezeichnung einer Grenze oder eines Wasserstandes bestimmtes Merkmal in der Absicht, einem Anderen Nachtheil zuzufügen, wegnimmt, vernichtet, unkenntlich macht, verrückt oder fälschlich setzt.

§ 274 ist das Gegenstück zu § 133, welcher das Beiseiteschaffen amtlicher Urkunden und Schriftstücke bestraft. Hier werden Privaturkunden geschützt, und zwar alle solche, welche zur Erweisung von Thatsachen bestimmt und geeignet sind. Auf die Beweiserheblichkeit für Rechte und Rechtsverhältnisse kommt es nicht an.

Unterdrücken = dem Berechtigten entziehen und vorenthalten, z. B. Behalten eines irrthümlich erhaltenen Briefes, der für den Konkurrenten einen geschäftlichen Auftrag enthält.

Vernichtung von Arbeitsbüchern wird nach § 150³ G.O. als Uebertretung bestraft

„wer vorsätzlich ein auf seinen Namen ausgestelltes Arbeitsbuch unbrauchbar macht oder vernichtet".

§. 275. Gebrauch von falschem oder gefälschtem Stempelpapier, derartigen Stempelmarken 2c., Postfreimarken 2c., Anfertigung unechter und Fälschung echter der genannten Werthzeichen.

§. 275. Mit Gefängniß nicht unter drei Monaten wird bestraft, wer

1. wissentlich von falschem oder gefälschtem Stempelpapier, von falschen oder gefälschten Stempelmarken, Stempelblanketten, Stempelabdrücken, Post- oder Telegraphen-Freimarken oder gestempelten Briefkouverts Gebrauch macht,

2. unechtes Stempelpapier, unechte Stempelmarken, Stempelblankette oder Stempelabdrücke für Spielkarten, Pässe oder sonstige Drucksachen oder Schriftstücke, ingleichen wer unechte Post- oder Telegraphen-Freimarken oder gestempelte Briefkouverts in der Absicht anfertigt, sie als echt zu verwenden, oder
3. echtes Stempelpapier, echte Stempelmarken, Stempelblankette, Stempelabdrücke, Post- oder Telegraphen-Freimarken oder gestempelte Briefkouverts in der Absicht verfälscht, sie zu einem höheren Werthe zu verwenden.

§. 276. Wissentliche Wiederverwendung von bereits stempelpflichtig verwendetem Stempelpapier, Stempelmarken ꝛc., sowie von Postfreimarken ꝛc. nach Entfernung des Entwerthungszeichens.

§. 276. Wer wissentlich schon einmal zu stempelpflichtigen Urkunden, Schriftstücken oder Formularen verwendetes Stempelpapier oder schon einmal verwendete Stempelmarken oder Stempelblankette, ingleichen Stempelabdrücke, welche zum Zeichen stattgehabter Versteuerung gedient haben, zu stempelpflichtigen Schriftstücken verwendet, wird, außer der Strafe, welche durch die Entziehung der Stempelsteuer begründet ist, mit Geldstrafe bis zu sechshundert Mark bestraft.

Gleiche Strafe trifft denjenigen, welcher wissentlich schon einmal verwendete Post- oder Telegraphenwerthzeichen nach gänzlicher oder theilweiser Entfernung des Entwerthungszeichens zur Frankirung benutzt. Neben dieser Strafe ist die etwa wegen Entziehung der Post- oder Telegraphengebühren begründete Strafe verwirkt.

Verkauf oder Feilhalten solcher Werthzeichen nach Entfernung des Entwerthungszeichens wird nach § 364 bestraft.

§§ 277—279. Unberechtigte Ausstellung von ärztlichen Gesundheitsattesten; Ausstellung, Verfälschung und Gebrauch unrichtiger Gesundheitsatteste zur Täuschung von Behörden und Versicherungsgesellschaften.

§. 277. Wer unter der ihm nicht zustehenden Bezeichnung als Arzt oder als eine andere approbirte Medizinalperson oder unberechtigt unter dem Namen solcher Personen ein Zeugniß über seinen oder eines Anderen Gesundheitszustand ausstellt oder ein derartiges echtes Zeugniß verfälscht, und davon zur Täuschung von Behörden oder Versicherungsgesellschaften Gebrauch macht, wird mit Gefängniß bis zu Einem Jahre bestraft.

Berechtigt sind die approbirten Aerzte. Approbirt, d. h. vom Staat auf Grund einer Prüfung für ihren Beruf tauglich erklärt, müssen nach § 29 G.O. sein diejenigen Personen, welche sich als Aerzte (Wundärzte, Augenärzte, Geburtshelfer, Zahnärzte und Thierärzte) oder mit gleichbedeutenden Titeln bezeichnen. Hebammen sind keine Medizinalpersonen.

§. 278. Aerzte und andere approbirte Medizinalpersonen, welche ein unrichtiges Zeugniß über den Gesundheitszustand eines Menschen zum Gebrauche bei einer Behörde oder Versicherungsgesellschaft wider besseres Wissen ausstellen, werden mit Gefängniß von Einem Monat bis zu zwei Jahren bestraft.

§. 279. Wer, um eine Behörde oder eine Versicherungsgesellschaft über seinen oder eines Anderen Gesundheitszustand zu täuschen, von einem Zeugnisse der in den §§. 277 und 278 bezeichneten Art Gebrauch macht, wird mit Gefängniß bis zu Einem Jahre bestraft.

§. 280. Neben einer nach Vorschrift der §§. 267, 274, 275, 277 bis 279 erkannten Gefängnißstrafe kann auf Verlust der bürgerlichen Ehrenrechte erkannt werden.

Vierundzwanzigster Abschnitt.

Bankerutt.

Die §§ 281—283 sind aufgehoben und ersetzt durch die §§ 239—244 der Konkursordnung.

§ 239. Betrüglicher Bankerutt — Verheimlichen und Beiseiteschaffen von Vermögensstücken, Angabe erdichteter Schulden, Nichtführung oder Vernichtung von Handelsbüchern.

Zur Führung von Handelsbüchern sind alle Kaufleute verpflichtet.

§ 240. Einfacher Bankerutt — übermäßiger Aufwand, Nichtführung oder Vernichtung von Handelsbüchern, Nichtziehen der vorgeschriebenen Bilanz.

Kaufleute müssen Bilanz ziehen bei Beginn des Geschäfts, sodann alljährlich.

§ 241. Bevorzugung einzelner Gläubiger.

§ 242. Verheimlichung und Beiseiteschaffen von Vermögensstücken des im Konkurse befindlichen Schuldners, Anmeldung erdichteter Forderungen.

§ 243. Stimmkauf für die Gläubiger=Versammlung.

§ 244. Straffällige Personen bei Aktiengesellschaften 2c.

(Drittes Buch. Strafbestimmungen.)

§. 239. Schuldner, welche ihre Zahlungen eingestellt haben, oder über deren Vermögen das Konkursverfahren eröffnet worden ist, werden wegen betrüglichen Bankerutts mit Zuchthaus bestraft, wenn sie in der Absicht, ihre Gläubiger zu benachtheiligen,

1. Vermögensstücke verheimlicht oder bei Seite geschafft haben,
2. Schulden oder Rechtsgeschäfte anerkannt oder auf=

gestellt haben, welche ganz oder theilweise erdichtet sind,

3. Handelsbücher zu führen unterlassen haben, deren Führung ihnen gesetzlich oblag, oder
4. ihre Handelsbücher vernichtet oder verheimlicht oder so geführt oder verändert haben, daß dieselben keine Uebersicht des Vermögenszustandes gewähren.

Sind mildernde Umstände vorhanden, so tritt Gefängnißstrafe nicht unter drei Monaten ein.

§. 240. Schuldner, welche ihre Zahlungen eingestellt haben, oder über deren Vermögen das Konkursverfahren eröffnet worden ist, werden wegen einfachen Bankerutts mit Gefängniß bestraft, wenn sie

1. durch Aufwand, Spiel oder Wette oder durch Differenzhandel mit Waaren oder Börsenpapieren übermäßige Summen verbraucht haben oder schuldig geworden sind;
2. in der Absicht, die Eröffnung des Konkursverfahrens hinauszuschieben, Waaren oder Werthpapiere auf Kredit entnommen und diese Gegenstände erheblich unter dem Werthe in einer den Anforderungen einer ordnungsmäßigen Wirthschaft widersprechenden Weise veräußert oder sonst weggegeben haben;
3. Handelsbücher zu führen unterlassen haben, deren Führung ihnen gesetzlich oblag, oder dieselben verheimlicht, vernichtet oder so unordentlich geführt haben, daß sie keine Uebersicht ihres Vermögenszustandes gewähren, oder
4. es gegen die Bestimmung des Handelsgesetzbuchs

unterlassen haben, die Bilanz ihres Vermögens in der vorgeschriebenen Zeit zu ziehen.

Neben der Gefängnißstrafe kann in den Fällen der Nr. 1, 2 auf Verlust der bürgerlichen Ehrenrechte erkannt werden.

Sind mildernde Umstände vorhanden, so kann auf Geldstrafe bis zu sechstausend Mark erkannt werden.

§. 241. Schuldner, welche ihre Zahlungen eingestellt haben, oder über deren Vermögen das Konkursverfahren eröffnet worden ist, werden mit Gefängniß bis zu zwei Jahren bestraft, wenn sie, obwohl sie ihre Zahlungsunfähigkeit kannten, einem Gläubiger in der Absicht, ihn vor den übrigen Gläubigern zu begünstigen, eine Sicherung oder Befriedigung gewährt haben, welche derselbe nicht oder nicht in der Art oder nicht zu der Zeit zu beanspruchen hatte.

Sind mildernde Umstände vorhanden, so kann auf Geldstrafe bis zu sechstausend Mark erkannt werden.

§. 242. Mit Zuchthaus bis zu zehn Jahren wird bestraft, wer

1. im Interesse eines Schuldners, welcher seine Zahlungen eingestellt hat, oder über dessen Vermögen das Konkursverfahren eröffnet worden ist, Vermögensstücke desselben verheimlicht oder bei Seite geschafft hat, oder
2. im Interesse eines solchen Schuldners, oder, um sich oder einem Anderen Vermögensvortheil zu verschaffen, in dem Verfahren erdichtete Forderungen im eigenen Namen oder durch vorgeschobene Personen geltend gemacht hat.

Sind mildernde Umstände vorhanden, so tritt Gefängnißstrafe oder Geldstrafe bis zu sechstausend Mark ein.

§. 243. Ein Gläubiger, welcher sich von dem Gemeinschuldner oder anderen Personen besondere Vortheile dafür hat gewähren oder versprechen lassen, daß er bei den Abstimmungen der Konkursgläubiger in einem gewissen Sinne stimme, wird mit Geldstrafe bis zu dreitausend Mark oder mit Gefängniß bis zu einem Jahre bestraft.

§. 244. Die Strafvorschriften der §§. 239–241 finden gegen die Mitglieder des Vorstandes einer Aktiengesellschaft oder eingetragenen Genossenschaft und gegen die Liquidatoren einer Handelsgesellschaft oder eingetragenen Genossenschaft, welche ihre Zahlungen eingestellt hat, oder über deren Vermögen das Konkursverfahren eröffnet worden ist, Anwendung, wenn sie in dieser Eigenschaft die mit Strafe bedrohten Handlungen begangen haben.

Fünfundzwanzigster Abschnitt.

Strafbarer Eigennutz und Verletzung fremder Geheimnisse.

§. 284. Wer aus dem Glücksspiele ein Gewerbe macht, wird mit Gefängniß bis zu zwei Jahren bestraft, neben welchem auf Geldstrafe von dreihundert bis zu sechstausend Mark, sowie auf Verlust der bürgerlichen Ehrenrechte erkannt werden kann.

Ist der Verurtheilte ein Ausländer, so ist die Landespolizeibehörde befugt, denselben aus dem Bundesgebiete zu verweisen.

Gewerbsmäßiges Glücksspiel = fortgesetzte absichtlich auf

Erwerb aus dem Spiel gerichtete Thätigkeit, um einen wesentlichen Theil des Einkommens zu gewinnen.

§. 285. **Der Inhaber eines öffentlichen Versammlungsorts, welcher Glücksspiele daselbst gestattet oder zur Verheimlichung solcher Spiele mitwirkt, wird mit Geldstrafe bis zu eintausendfünfhundert Mark bestraft.**

Glücksspiel oder Hazard liegt vor, wenn es sich um einen Vermögenswerth handelt und die Entscheidung über Gewinn oder Verlust allein oder hauptsächlich vom Zufall (Würfeln, Roulette, Karten-Lotterie, Meine Tante deine Tante, Wetten bei Pferderennen), wenig oder garnicht von der Geschicklichkeit und Ueberlegung des Spielers abhängt (Kümmelblättchen, Dreiblatt, Vierblatt, Mauscheln). Auch auf besondere scharfe Bedingungen (Weitergeben, Zwang zum Mitgehen, Verdoppelung des Einsatzes), den Wechsel in der Person des Bankhalters, Höhe des Einsatzes, regelrechte Spielweise und besondere Abmachungen kommt es an. Strafbar sind nicht ohne weiteres alle Theilnehmer an einem verbotenen Glücksspiel, sondern nur die gewerbsmäßigen Spieler und der duldende Wirth. Dem gewerbsmäßigen Spieler muß nachgewiesen werden, daß er den fortgesetzten Betrieb des Glücksspiels zur Erwerbsquelle zu machen versucht. Wesentlich ist, ob er anderen Erwerb hat, der ihm das Spiel als Liebhaberei gestattet. Der Wirth oder sein Vertreter ist strafbar, wenn er Glücksspiele in seinen öffentlichen Lokalitäten oder in sonstigen Geschäfts- oder Privaträumen duldet, die er wissentlich zur Verheimlichung von Glücksspielen hergiebt. Ihm muß nachgewiesen werden, daß er seine Einwilligung gab, indem er mitspielte, sah oder sehen mußte, und daß er bewußterweise nichts zur Verhinderung that, sowie daß ein Glücksspiel um Geldeinsätze vorlag. Glücksspiele auch um Kleinigkeiten zur Unterhaltung sind in öffentlichen Lokalen nicht statthaft, sobald Einsätze gemacht werden. Geld, Karten ꝛc. sind bei Ueberraschung auf frischer That nach § 40 in Verwahrung zu nehmen bezw. zu beschlagnahmen. Straflos ist das Ausspielen von Getränken zum sofortigen Genuß. Das Halten von Glücksspielen ohne Erlaubniß auf öffentlichen Wegen, Straßen, Plätzen oder in öffentlichen Versammlungsorten (Würfelbuden, ambulante Verkäufer, die würfeln lassen) ist nach § 360 [14] als Uebertretung strafbar.

§. 286. Wer ohne obrigkeitliche Erlaubniß öffentliche Lotterien veranstaltet, wird mit Gefängniß bis zu zwei Jahren oder mit Geldstrafe bis zu dreitausend Mark bestraft.

Den Lotterien sind öffentlich veranstaltete Ausspielungen beweglicher oder unbeweglicher Sachen gleich zu achten.

Derartige Veranstaltungen, bei denen der Zufall entscheidet, heißen gesetzlich Lotterie, wenn Geldgewinne ausgesetzt sind, Ausspielung, wenn die Gewinne aus Werthgegenständen bestehen. Im öffentlichen Leben werden jedoch derartige Ausspielungen auch als Lotterie bezeichnet, wenn sie größeren Umfang haben. Ausspielungen werden vielfach auch Verloosungen genannt.

Verboten ist nach dem Gesetz vom 29. 7. 85 auch das Spielen in außerpreußischen Lotterien und Ausspielungen, der Verkauf und die Besorgung von Loosen zu ihnen und die Veröffentlichung der Gewinnlisten in den Zeitungen. Loose zu außerpreußischen Lotterien, die vielfach unaufgefordert zugesandt werden, werden am besten bei der Polizei abgegeben.

Zum Vertriebe der Loose zur preußischen Staatslotterie sind vom Staate Lotterie-Kollekteure bestellt. Durch Gesetz vom 18. 8. 91 ist verboten der gewerbsmäßige Privathandel mit Staatslotterieloosen, Loosabschnitten oder Antheilscheinen (wo also ein Ausweis gegeben wird), ebenso durch Gesetz vom 19. 4. 94 der gewerbsmäßige Privathandel mit geringeren Loosabschnitten oder Antheilscheinen zu Privat-Lotterien und Ausspielungen, als genehmigt sind.

Ausspielungen. Nach der A. K. O. vom 20. 8. 27, welche gesetzliche Kraft hat, sind als erlaubte Privat-Ausspielungen im Gegensatz zu den verbotenen öffentlichen nur solche zu betrachten, welche in Privatzirkeln zum Zwecke eines geselligen Vergnügens oder der Mildthätigkeit veranstaltet werden. Hiergegen wird namentlich verstoßen von Vereinen bei ihren nicht mehr geschlossenen Vergnügungen, indem sie auch an Nichtmitglieder Loose verkaufen, ferner bei den von Wirthen in ihren Lokalen veranstalteten Ausspielungen. Wesentlich zur Feststellung der Strafbarkeit ist, ob Spielausweise (Loose oder Karten mit oder ohne Nummern) ausgegeben wurden, ob die Betheiligung nur innerhalb einer geschlossenen Gesellschaft erfolgte oder darüber hinausging, und daß bei der Ausspielung der Zufall entschied. Die Genehmigung zu solchen öffentlichen Ausspielungen kann nach dem Allerhöchsten Erlaß vom 2. 11. 68 ertheilt werden vom Minister des Innern für den Umfang der Monarchie, vom Oberpräsidenten innerhalb der Provinz, von der Ortspolizeibehörde nur bei Volksbelustigungen zur Ausspielung geringfügiger Gegenstände. Das Spielen um Geld und das Auszahlen gewonnener Gegenstände in Geld ist Hazard und auch bei Volksbelustigungen 2c. nicht statthaft. Die Erlaubniß bei Volksbelustigungen ist, da eine Lustbarkeit im Sinne des Ministerial-Erlasses vom 15. 11. 96 vorliegt, auf Stempelbogen zu ertheilen, und zwar jedenfalls auf einem solchen für 1,50 Mk., wenn die Lustbarkeit länger als einen Tag währt.

§. 287. Aufgehoben und ersetzt durch die §§ 14 16, 10 und 24 des Ges. z. Schutze der Waarenbezeichnung v. 12. 5. 94.

§. 288. Wer bei einer ihm drohenden Zwangsvollstreckung in der Absicht, die Befriedigung des Gläubigers zu vereiteln, Bestandtheile seines Vermögens veräußert oder bei Seite schafft, wird mit Gefängniß bis zu zwei Jahren bestraft.

Die Verfolgung tritt nur auf Antrag des Gläubigers ein.

Nur das Veräußern 2c. solcher Vermögensstücke ist strafbar, in welche rechtlich eine Zwangsvollstreckung erfolgen kann, die also pfändbar sind. Benennung der unpfändbaren Vermögensstücke siehe Seite 198/99.

§. 289. Wer seine eigene bewegliche Sache, oder eine fremde bewegliche Sache zu Gunsten des Eigenthümers derselben, dem Nutznießer, Pfandgläubiger oder demjenigen, welchem an der Sache ein Gebrauchs- oder Zurückbehaltungsrecht zusteht, in rechtswidriger Absicht wegnimmt, wird mit Gefängniß bis zu drei Jahren oder mit Geldstrafe bis zu neunhundert Mark bestraft.

Neben der Gefängnißstrafe kann auf Verlust der bürgerlichen Ehrenrechte erkannt werden.

Der Versuch ist strafbar.

Die Verfolgung tritt nur auf Antrag ein.

Die Bestimmungen des §. 247 Absatz 2 und 3 finden auch hier Anwendung.

Nach § 247 Absatz 2 und 3 ist die Wegnahme unter Eheleuten und von Eltern rc. gegen Kinder straflos, dagegen können Theilnehmer und Begünstiger bestraft werden.

Die Thätigkeit der Polizei bei Miethsstreitigkeiten.

Das Verhältniß zwischen Miether und Vermiether ist ein privatrechtliches, und es besteht kein Gesetz, welches der Polizei eine Mitwirkung bei der Regelung von Miethsstreitigkeiten zuwiese, wie es bei Gesindestreitigkeiten geschehen ist, wo die Polizei in gewissen Fällen das Recht hat, vorläufige oder definitive Bestimmungen zu treffen und sie zu exekutiren. Vielmehr besteht eine Entscheidung des Oberverwaltungsgerichts vom 18. 9. 78, welche die Berechtigung und Verpflichtung der Polizei zum Einschreiten bei Miethsstreitigkeiten nur aus der allgemeinen Aufgabe der Polizei herleitet. Gefahr sei allerdings auch eine dem Vermögen des Einzelnen drohende Gefahr.

„Indeß ist auf der anderen Seite „Gefahr" nicht gleichbedeutend mit „Nachtheil", und insbesondere kann, wenn der Nachtheil von den freiwilligen Handlungen Dritter zu besorgen ist, derselbe — abgesehen von Fällen, wo die öffentliche Ruhe, Sicherheit oder Ordnung gefährdet ist — der Polizei nur dann Grund zum Einschreiten geben, wenn die in Frage stehenden Handlungen strafbar sind. Wo dies nicht der Fall ist, liegt ein lediglich privatrechtliches Verhältniß vor, dessen — auch nur vorläufige — Regelung Sache des Richters ist."

Hiernach ist die Polizei zum Einschreiten bei Miethsstreitigkeiten nur dann berechtigt und verpflichtet, wenn

1. die öffentliche Ruhe, Sicherheit und Ordnung gefährdet ist, z. B. bei Auflauf, Ruhestörung, sonstigem groben Unfug — Beseitigung durch Entfernung der Ursache, ev. Sistirung oder Festnahme der Thäter;

2. eine strafbare Handlung vorliegt, z. B. Beleidigung, Hausfriedensbruch, Sachbeschädigung (Antragsvergehen), Drohung, Nöthigung, Entfernen der dem Zurückbehaltungsrecht unterliegenden Sachen (§ 289).

Namentlich hat die Polizei den Hausbesitzer bzw. dessen Stellvertreter gegen jegliche gewaltsame Beeinträchtigung seines Zurückbehaltungsrechtes von Seiten des abziehenden Miethers oder seiner Helfershelfer zu schützen, ohne die Rechtmäßigkeit seiner Ansprüche zu prüfen. Diese Schutzverpflichtung besteht jedoch nur bei der Entfernung solcher Sachen, welche dem Zurückbehaltungsrechte des Vermiethers unterliegen, da nur die Wegnahme dieser Sachen nach § 289 strafbar ist. Der Miether ist befugt, unter Mitnahme der dem Zurückbehaltungsrecht nicht unterliegenden Sachen die Wohnung zu verlassen, auch wenn er noch Miethsverbindlichkeiten zurückläßt.

Darüber hinaus hat die Polizei keine Befugniß, aus eigener Machtvollkommenheit oder auf Ansuchen einzuschreiten, selbst die so oft angerufene Vermittelung der Polizei darf im Interesse der Vorbeuge und Verhütung strafbarer Handlungen nur darin bestehen, daß auf die gesetzlichen Bestimmungen aufmerksam gemacht wird. Namentlich hat die Polizei nicht das Recht, über die Berechtigung der Ansprüche des Miethers oder Vermiethers zu entscheiden und diese Entscheidung gegen den Willen des Betroffenen durchzuführen. Der einzelne Polizei-Exekutiv-Beamte ist zu dieser Entscheidung oft verwickelter Rechtsverhältnisse nicht berufen und auch nicht im Stande.

Das neue Bürgerliche Gesetzbuch (B.G.B.) schafft wesentliche Veränderungen auf dem Gebiete des Miethsrechts und führt gegen das sogenannte „Rücken" schärfere Bestimmungen ein. Wenn daher auch die Grundsätze der Polizei dieselben bleiben, so wird nach dem Inkrafttreten des B.G.B doch ihr thatsächliches Einschreiten öfter als bisher erfolgen müssen. Nach dem bisherigen Recht erlosch das Pfandrecht des Vermiethers auf jeden Fall, wenn die Sachen des Miethers aus dem Grundstück entfernt und auf die Straße gesetzt waren. Nach dem B.G.B. erlischt dieses Pfandrecht mit der Entfernung aus dem Grundstück nur dann, wenn die Sachen mit Wissen und ohne Widerspruch des Vermiethers entfernt wurden. Der Vermiether darf sogar die Herausgabe der ohne sein Wissen oder unter seinem Widerspruch entfernten Sachen und ihre Zurückschaffung verlangen.

Dem Polizei-Exekutiv-Beamten ist es zu seiner eigenen Entscheidung, ob ein Zurückbehaltungsrecht des Vermiethers und damit eine Verpflichtung zu polizeilichem Schutze vorliegt, und zur Rechtsbelehrung der Parteien, um Strafthaten vorzubeugen, unerläßlich zu wissen, welche Sachen des Miethers dem Zurückbehaltungsrechte des Vermiethers nicht unterliegen. Allgemein nicht pfändbar sind nach §§ 811 und 812 der Civilprozeßordnung in der Fassung von 1898 und dürfen daher auch vom Vermiether nicht zurückbehalten werden:

„1. die Kleidungsstücke, die Betten, die Wäsche, das Haus- und Küchengeräth, insbesondere die Heiz- und Kochöfen, soweit diese Gegenstände für den Bedarf des Schuldners oder zur Erhaltung eines angemessenen Hausstandes unentbehrlich sind;

2. die für den Schuldner, seine Familie und sein Gesinde auf 4 Wochen erforderlichen Nahrungs-, Feuerungs- und Beleuchtungsmittel oder, soweit solche Vorräthe auf 2 Wochen nicht vorhanden und ihre Beschaffung für diesen Zeitraum auf anderem Wege nicht gesichert ist, der zur Beschaffung erforderliche Geldbetrag;

3. eine Milchkuh oder nach der Wahl des Schuldners statt einer solchen 2 Ziegen oder 2 Schafe nebst den zum Unterhalt und zur Streu für dieselben auf 4 Wochen erforderlichen Futter- und Streuvorräthen oder, soweit solche Vorräthe auf 2 Wochen nicht vorhanden, dem zur Beschaffung erforderlichen Geldbetrage, wenn die bezeichneten Thiere für die Ernährung des Schuldners, seiner Familie und seines Gesindes unentbehrlich sind;

4. bei Personen, welche Landwirthschaft betreiben, das zum Wirthschaftsbetrieb erforderliche Geräth und Vieh nebst dem nöthigen Dünger, sowie die landwirthschaftlichen Erzeugnisse, soweit sie zur Fortführung der Wirthschaft bis zu der Zeit erforderlich sind, zu welcher gleiche oder ähnliche Erzeugnisse voraussichtlich gewonnen werden;

5. bei Künstlern, Handwerkern, gewerblichen Arbeitern und anderen Personen, welche aus Handarbeit oder sonstigen persönlichen Leistungen ihren Erwerb ziehen, die zur persönlichen Fortsetzung der Erwerbsthätigkeit unentbehrlichen Gegenstände;

6. bei den Wittwen und den minderjährigen Erben der unter Nr. 5 bezeichneten Personen, wenn sie das Erwerbsgeschäft für ihre Rechnung durch einen Stellvertreter fortführen, die zur persönlichen Fortführung des Geschäfts durch den Stellvertreter unentbehrlichen Gegenstände;

7. bei Offizieren, Deckoffizieren, Beamten, Geistlichen, Lehrern an öffentlichen Unterrichtsanstalten, Rechtsanwälten, Notaren sowie Aerzten und Hebammen die zur Verwaltung des Dienstes oder Ausübung des Berufs erforderlichen Gegenstände, sowie anständige Kleidung;

8. bei Offizieren, Militärärzten, Deckoffizieren, Beamten, Geistlichen, bei Aerzten und Lehrern an öffentlichen Anstalten ein Geldbetrag, welcher dem der Pfändung nicht unterworfenen Theile des Diensteinkommens oder der Pension für die Zeit von der Pfändung bis zum nächsten Termine der Gehalts- oder Pensionszahlung gleichkommt;

9. die zum Betriebe einer Apotheke unentbehrlichen Geräthe, Gefäße und Waaren;

10. die Bücher, welche zum Gebrauche des Schuldners und seiner Familie in der Kirche oder Schule oder einer sonstigen Unterrichtsanstalt oder bei der häuslichen Andacht bestimmt sind;

11. die in Gebrauch genommenen Haushaltungs- und Geschäftsbücher, die Familienpapiere, sowie die Trauringe, Orden und Ehrenzeichen;

12. künstliche Gliedmaßen, Brillen und andere wegen körperlicher Gebrechen nothwendige Hülfsmittel, soweit diese Gegenstände zum Gebrauche des Schuldners und seiner Familie bestimmt sind;

13. die zur unmittelbaren Verwendung für die Bestattung bestimmten Gegenstände.

Gegenstände, welche zum gewöhnlichen Hausrathe gehören und im Haushalte des Schuldners gebraucht werden, sollen nicht gepfändet werden, wenn ohne Weiteres ersichtlich ist, daß durch deren Verwerthung nur ein Erlös erzielt werden würde, welcher zu dem Werthe außer allem Verhältnisse steht."

Nach § 559 B.G.B. hat der Vermiether für seine Forderungen aus dem Miethsverhältniß ein Pfandrecht nur an den eingebrachten Sachen des Miethers, also derjenigen Personen, welche den Miethskontrakt geschlossen bzw. unterschrieben haben. Nun können aber nach § 1410 B.G.B. die Gläubiger des Mannes nicht Befriedigung aus dem eingebrachten Gute der Ehefrau — und dazu gehört nach § 1363 auch das Vermögen, das sie während der Ehe erwirbt — verlangen. Die der Ehefrau des Miethers gehörigen Sachen unterliegen also dem Zurückbehaltungsrecht nur dann, wenn

1. zwischen den Ehegatten Gütergemeinschaft ausdrücklich festgesetzt ist;

2. die Frau sich dem Vermiether gegenüber rechtsverbindlich gemacht, namentlich einen etwaigen schriftlichen Miethsvertrag mit unterschrieben hat.

Ebensowenig wie an den unpfändbaren Sachen und für gewöhnlich an den Sachen der Ehefrau steht dem Vermiether ein Zurückbehaltungsrecht an den Sachen der Kinder, Untermiether oder anderer dritter Personen, sowie an denjenigen Sachen zu, die im regelmäßigen Betriebe des Geschäfts des Miethers oder den gewöhnlichen Lebensverhältnissen entsprechend entfernt werden, oder wenn die zurückbleibenden Sachen zur Sicherung des Vermiethers offenbar ausreichen. Ferner ist der Miether geschützt durch § 562 B.G.B.:

„Der Miether kann die Geltendmachung des Pfandrechts des Vermiethers durch Sicherheitsleistung abwenden; er kann jede einzelne Sache dadurch von dem Pfandrechte befreien, daß er in Höhe ihres Werthes Sicherheit leistet."

Im Streitfalle geht das Zurückbehaltungsrecht des Vermiethers vor, und der Miether ist auf die Privatklage vor Gericht zu verweisen. Der Polizei-Exekutiv-Beamte hat zu Gunsten des Miethers nicht einzuschreiten.

Der Vermiether ist durch folgende §§ des B.G.B. geschützt:

„§. 560. Das Pfandrecht des Vermiethers erlischt mit der Entfernung der Sachen von dem Grundstück, es sei denn, daß die Entfernung ohne Wissen oder unter Widerspruch des Vermiethers erfolgt. Der Vermiether kann der Entfernung nicht widersprechen, wenn sie im regelmäßigen Betriebe des Geschäfts des Miethers oder den gewöhnlichen Lebensverhältnissen entsprechend erfolgt, oder wenn die zurückbleibenden Sachen zur Sicherung des Vermiethers offenbar ausreichen.

§. 561. Der Vermiether darf die Entfernung der seinem Pfandrecht unterliegenden Sachen, soweit er ihr zu widersprechen berechtigt ist, auch ohne Anrufen des Gerichts verhindern und, wenn der Miether auszieht, die Sachen in seinen Besitz nehmen.

Sind die Sachen ohne Wissen oder unter Widerspruch des Vermiethers entfernt worden, so kann er die Herausgabe zum Zwecke der Zurückschaffung in das Grundstück und, wenn der Miether ausgezogen ist, die Ueberlassung des Besitzes verlangen. Das Pfandrecht erlischt mit dem Ablauf eines Monats, nachdem der Vermiether von der Entfernung der Sachen Kenntniß erlangt hat, wenn nicht der Vermiether diesen Anspruch vorher gerichtlich geltend gemacht hat."

§. 290. **Oeffentliche Pfandleiher, welche die von ihnen in Pfand genommenen Gegenstände unbefugt in Gebrauch nehmen, werden mit Gefängniß bis zu Einem Jahre, neben welchem auf Geldstrafe bis zu neunhundert Mark erkannt werden kann, bestraft.**

§. 291. **Wer die bei den Uebungen der Artillerie verschossene Munition, oder wer Bleikugeln aus den Kugelfängen der Schießstände der Truppen sich widerrechtlich zueignet, wird mit Gefängniß bis zu Einem Jahre oder mit Geldstrafe bis zu neunhundert Mark bestraft.**

§§ 292—295. Unbefugte Jagdausübung, Wildern.

§. 292. **Wer an Orten, an denen zu jagen er nicht berechtigt ist, die Jagd ausübt, wird mit Geldstrafe bis zu dreihundert Mark oder mit Gefängniß bis zu drei Monaten bestraft.**

Ist der Thäter ein Angehöriger des Jagdberechtigten, so tritt die Verfolgung nur auf Antrag ein. Die Zurücknahme des Antrages ist zulässig.

Wer zur Jagd ausgerüstet auf fremdem Jagdgebiet außerhalb der Wege betroffen wird, wird wegen Uebertretung nach § 368 10 bestraft.

§. 293. Die Strafe kann auf Geldstrafe bis zu sechshundert Mark oder auf Gefängniß bis zu sechs Monaten erhöht werden, wenn dem Wilde nicht mit Schießgewehr oder Hunden, sondern mit Schlingen, Netzen, Fallen oder anderen Vorrichtungen nachgestellt oder, wenn das Vergehen während der gesetzlichen Schonzeit, in Wäldern, zur Nachtzeit oder gemeinschaftlich von Mehreren begangen wird.

§. 294. Wer unberechtigtes Jagen gewerbsmäßig betreibt, wird mit Gefängniß nicht unter drei Monaten bestraft; auch kann auf Verlust der bürgerlichen Ehrenrechte, sowie auf Zulässigkeit von Polizei-Aufsicht erkannt werden.

§. 295. Neben der durch das Jagdvergehen verwirkten Strafe ist auf Einziehung des Gewehrs, des Jagdgeräths und der Hunde, welche der Thäter bei dem unberechtigten Jagen bei sich geführt hat, ingleichen der Schlingen, Netze, Fallen und anderen Vorrichtungen zu erkennen, ohne Unterschied, ob sie dem Verurtheilten gehören oder nicht.

§§ 296—296 a. Unbefugtes Fischen bei Nacht, Raubfischerei.

§. 296. Wer zur Nachtzeit, bei Fackellicht oder unter Anwendung schädlicher oder explodirender Stoffe unberechtigt fischt oder krebst, wird mit Geldstrafe bis zu sechshundert Mark oder mit Gefängniß bis zu sechs Monaten bestraft.

Unbefugtes Fischen und Krebsen bei Tage wird als Uebertretung nach § 370 [4], und wenn es in geschlossenen Gewässern erfolgt, als Diebstahl bestraft.

§. 296a. Ausländer, welche in Deutschen Küstengewässern unbefugt fischen, werden mit Geldstrafe bis zu sechshundert Mark oder mit Gefängniß bis zu sechs Monaten bestraft.

Neben der Geld- oder Gefängnißstrafe ist auf Einziehung der Fanggeräthe, welche der Thäter bei dem unbefugten Fischen bei sich geführt hat, ingleichen der in dem Fahrzeuge enthaltenen Fische zu erkennen, ohne Unterschied, ob die Fanggeräthe und Fische dem Verurtheilten gehören oder nicht.

§. 297. Ein Reisender oder Schiffsmann, welcher ohne Vorwissen des Schiffers, ingleichen ein Schiffer, welcher ohne Vorwissen des Rheders Gegenstände an Bord nimmt, welche das Schiff oder die Ladung gefährden, indem sie die Beschlagnahme oder Einziehung des Schiffes oder der Ladung veranlassen können, wird mit Geldstrafe bis zu eintausendfünfhundert Mark oder mit Gefängniß bis zu zwei Jahren bestraft.

§. 298. Ein Schiffsmann, welcher mit der Heuer entläuft, oder sich verborgen hält, um sich dem übernommenen Dienste zu entziehen, wird, ohne Unterschied, ob das Vergehen im Inlande oder im Auslande begangen worden ist, mit Gefängniß bis zu Einem Jahre bestraft.

Verletzung des Briefgeheimnisses.

§. 299. Wer einen verschlossenen Brief oder eine andere verschlossene Urkunde, die nicht zu seiner Kenntnißnahme bestimmt ist, vorsätzlich und unbefugter Weise eröffnet, wird mit Geldstrafe bis zu dreihundert Mark oder mit Gefängniß bis zu drei Monaten bestraft.

Die Verfolgung tritt nur auf Antrag ein.

Irrthümliches Oeffnen eines fremden Briefes ist also nicht strafbar. Post- und Telegraphenbeamte werden aus §§ 354 und 355 bestraft.

Die Eröffnung beschlagnahmter Briefe und sonstiger Postsendungen darf nur vom Richter erfolgen. Ueber die Durchsicht der Papiere bei Haussuchungen siehe Seite 38.

§. 300. Rechtsanwälte, Advokaten, Notare, Vertheidiger in Strafsachen, Aerzte, Wundärzte, Hebammen, Apotheker, sowie die Gehülfen dieser Personen werden, wenn sie unbefugt Privatgeheimnisse offenbaren, die ihnen kraft ihres Amtes, Standes oder Gewerbes anvertraut sind, mit Geldstrafe bis zu eintausendfünfhundert Mark oder mit Gefängniß bis zu drei Monaten bestraft.

Die Verfolgung tritt nur auf Antrag ein.

Das Zeugnißverweigerungsrecht von Vertheidigern, Rechtsanwälten und Aerzten siehe Seite 121.

§§ 301—302. Ausbeutung Minderjähriger durch Geldgeschäfte.

§. 301. Wer in gewinnsüchtiger Absicht und unter Benutzung des Leichtsinns oder der Unerfahrenheit eines Minderjährigen sich von demselben Schuldscheine, Wechsel, Empfangsbekenntnisse, Bürgschaftsinstrumente oder eine andere, eine Verpflichtung enthaltende Urkunde ausstellen oder auch nur mündlich ein Zahlungsversprechen ertheilen läßt, wird mit Gefängniß bis zu sechs Monaten oder mit Geldstrafe bis zu eintausendfünfhundert Mark bestraft.

Die Verfolgung tritt nur auf Antrag ein.

§. 302. Wer in gewinnsüchtiger Absicht und unter Benutzung des Leichtsinns oder der Unerfahrenheit eines Minderjährigen sich von demselben unter Verpfändung der Ehre, auf Ehrenwort, eidlich oder unter ähnlichen Versicherungen oder Betheuerungen die Zahlung einer Geldsumme oder die Erfüllung einer anderen, auf Gewährung geldwerther Sachen gerichteten Verpflichtung aus einem Rechtsgeschäfte versprechen läßt, wird mit Gefängniß bis zu Einem Jahre oder mit Geldstrafe bis zu dreitausend Mark bestraft.

Neben der Gefängnißstrafe kann auf Verlust der bürgerlichen Ehrenrechte erkannt werden.

Dieselbe Strafe trifft denjenigen, welcher sich eine Forderung, von der er weiß, daß deren Berichtigung ein Minderjähriger in der vorbezeichneten Weise versprochen hat, abtreten läßt.

Die Verfolgung tritt nur auf Antrag ein.

§§. 302a—302e Wucher.

Hauptmerkmale des Wuchers sind: Ausbeutung der Nothlage, des Leichtsinns oder der Unerfahrenheit, Ueberschreitung des üblichen Zinsfußes, auffälliges Mißverhältniß zwischen Vortheil und Leistung.

§. 302a. Wer unter Ausbeutung der Nothlage, des Leichtsinns oder der Unerfahrenheit eines Anderen mit Bezug auf ein Darlehn oder auf die Stundung einer Geldforderung oder auf ein anderes zweiseitiges Rechtsgeschäft, welches denselben wirthschaftlichen Zwecken dienen soll, sich oder einem Dritten Vermögensvortheile versprechen oder gewähren läßt, welche den üblichen

Zinsfuß dergestalt überschreiten, daß nach den Umständen des Falles die Vermögensvortheile in auffälligem Mißverhältniß zu der Leistung stehen, wird wegen Wuchers mit Gefängniß bis zu sechs Monaten und zugleich mit Geldstrafe bis zu dreitausend Mark bestraft. Auch kann auf Verlust der bürgerlichen Ehrenrechte erkannt werden.

§. 302b. Wer sich oder einem Dritten die wucherlichen Vermögensvortheile (§. 302a) verschleiert oder wechselmäßig oder unter Verpfändung der Ehre, auf Ehrenwort, eidlich oder unter ähnlichen Versicherungen oder Betheuerungen versprechen läßt, wird mit Gefängniß bis zu Einem Jahre und zugleich mit Geldstrafe bis zu sechstausend Mark bestraft. Auch kann auf Verlust der bürgerlichen Ehrenrechte erkannt werden.

§. 302c. Dieselben Strafen (§. 302a, §. 302b) treffen denjenigen, welcher mit Kenntniß des Sachverhalts eine Forderung der vorbezeichneten Art erwirbt und entweder dieselbe weiter veräußert oder die wucherlichen Vermögensvortheile geltend macht.

§. 302d. Wer den Wucher (§§. 302a bis 302c) gewerbs- oder gewohnheitsmäßig betreibt, wird mit Gefängniß nicht unter drei Monaten und zugleich mit Geldstrafe von einhundertfunfzig bis zu fünfzehntausend Mark bestraft. Auch ist auf Verlust der bürgerlichen Ehrenrechte zu erkennen.

§. 302e. Dieselbe Strafe (§. 302d) trifft denjenigen, welcher mit Bezug auf ein Rechtsgeschäft anderer als der im §. 302a bezeichneten Art gewerbs- oder gewohnheitsmäßig unter Ausbeutung der Nothlage, des Leichtsinns oder der Unerfahrenheit eines Anderen sich oder einem Dritten Vermögensvortheile versprechen oder gewähren läßt, welche den Werth der Leistung dergestalt überschreiten, daß nach den Umständen des Falles die Vermögensvortheile in auffälligem Mißverhältniß zu der Leistung stehen.

Sechsundzwanzigster Abschnitt.

Sachbeschädigung.

§. 303. Wer vorsätzlich und rechtswidrig eine fremde Sache beschädigt oder zerstört, wird mit Geldstrafe bis zu eintausend Mark oder mit Gefängniß bis zu zwei Jahren bestraft.

Der Versuch ist strafbar.

Die Verfolgung tritt nur auf Antrag ein.

Ist das Vergehen gegen einen Angehörigen verübt, so ist die Zurücknahme des Antrages zulässig.

Sachbeschädigung ist jede Einwirkung auf die Substanz einer Sache, durch welche ihre Unversehrtheit geändert wird. Nur vorsätzliche Sachbeschädigung ist strafbar, fahrlässige berechtigt zur Civilklage auf Schadenersatz. Beschädigen von Urkunden 2c. wird nach §§ 133 oder 274[1] bestraft. Vorsatz ist ausgeschlossen, wenn der Thäter in willenlosem Zustande handelt, z. B. sinnlose Trunkenheit, Hinfallen, durchgehendes Fuhrwerk. Rechtswidrig, d. h. mit dem Bewußtsein der Rechtswidrigkeit. Rechtswidrigkeit liegt nicht vor, wenn der Eigenthümer mit der Sachbeschädigung einverstanden war, oder der Thäter in Wahrnehmung seiner Interessen berechtigt war oder sich berechtigt halten durfte, z. B. Tödten Vögel fangender Katzen, wildernder Hunde. In Gütergemeinschaft lebende Ehegatten können an den Sachen des anderen Gatten strafbare Sachbeschädigung begehen, wenn die Schädigung seiner Interessen beabsichtigt war. Antragsberechtigt ist der Eigenthümer und der Nutznießer, z. B. Miether, wenn er die Pflicht der Wiederherstellung auf seine Kosten hat. Wer zu den Angehörigen zählt, siehe §. 52 und Seite 181.

Während die §§ 303 und 305 nur von der Beschädigung fremder Sachen sprechen, kann nach § 304 auch der Eigenthümer bestraft werden, welcher zum öffentlichen Nutzen dienende Gegenstände zerstört oder beschädigt, z. B. der Besitzer, welcher einen über sein Grundstück führenden öffentlichen Weg heimlich beseitigt.

§. 304. Wer vorsätzlich und rechtswidrig Gegenstände der Verehrung einer im Staate bestehenden Religionsgesellschaft, oder Sachen, die dem Gottesdienste gewidmet sind, oder Grabmäler, öffentliche Denkmäler, Gegenstände der Kunst, der Wissenschaft oder des Gewerbes, welche in öffentlichen Sammlungen aufbewahrt werden oder öffentlich aufgestellt sind, oder Gegenstände, welche zum öffentlichen Nutzen oder zur Verschönerung öffentlicher Wege, Plätze oder Anlagen dienen, beschädigt oder zerstört, wird mit Gefängniß bis zu drei Jahren oder mit Geldstrafe bis zu eintausendfünfhundert Mark bestraft.

Neben der Gefängnißstrafe kann auf Verlust der bürgerlichen Ehrenrechte erkannt werden.

Der Versuch ist strafbar.

§. 305. Wer vorsätzlich und rechtswidrig ein Gebäude, ein Schiff, eine Brücke, einen Damm, eine gebaute Straße, eine Eisenbahn oder ein anderes Bauwerk, welche fremdes Eigenthum sind, ganz oder theilweise zerstört, wird mit Gefängniß nicht unter Einem Monat bestraft.

Der Versuch ist strafbar.

Siebenundzwanzigster Abschnitt.

Gemeingefährliche Verbrechen und Vergehen.

Nach § 139 ist zur Anzeige verpflichtet, wer von dem Vorhaben eines gemeingefährlichen Verbrechens Kenntniß erhält zu einer Zeit, wo die Verhütung des Verbrechens noch möglich ist.

§§ 306—311 Brandstiftung, und zwar §§ 306—308 vorsätzliche, § 309 fahrlässige. Betrügerische Brandstiftung wird aus § 265, die Uebertretung feuerpolizeilicher Vorschriften aus § 368 4—8 bestraft.

§. 306. Wegen Brandstiftung wird mit Zuchthaus bestraft, wer vorsätzlich in Brand setzt:

1. ein zu gottesdienstlichen Versammlungen bestimmtes Gebäude,
2. ein Gebäude, ein Schiff oder eine Hütte, welche zur Wohnung von Menschen dienen, oder
3. eine Räumlichkeit, welche zeitweise zum Aufenthalt von Menschen dient, und zwar zu einer Zeit, während welcher Menschen in derselben sich aufzuhalten pflegen.

§. 307. Die Brandstiftung (§. 306) wird mit Zuchthaus nicht unter zehn Jahren oder mit lebenslänglichem Zuchthaus bestraft, wenn

1. der Brand den Tod eines Menschen dadurch verursacht hat, daß dieser zur Zeit der That in einer der in Brand gesetzten Räumlichkeiten sich befand,
2. die Brandstiftung in der Absicht begangen worden ist, um unter Begünstigung derselben Mord oder Raub zu begehen oder einen Aufruhr zu erregen, oder
3. der Brandstifter, um das Löschen des Feuers zu

verhindern oder zu erschweren, Löschgeräthschaften entfernt oder unbrauchbar gemacht hat.

§. 308. Wegen Brandstiftung wird mit Zuchthaus bis zu zehn Jahren bestraft, wer vorsätzlich Gebäude, Schiffe, Hütten, Bergwerke, Magazine, Waarenvorräthe, welche auf dazu bestimmten öffentlichen Plätzen lagern, Vorräthe von landwirthschaftlichen Erzeugnissen oder von Bau- oder Brennmaterialien, Früchte auf dem Felde, Waldungen oder Torfmoore in Brand setzt, wenn diese Gegenstände entweder fremdes Eigenthum sind, oder zwar dem Brandstifter eigenthümlich gehören, jedoch ihrer Beschaffenheit und Lage nach geeignet sind, das Feuer einer der im §. 306 Nr. 1 bis 3 bezeichneten Räumlichkeiten oder einem der vorstehend bezeichneten fremden Gegenstände mitzutheilen.

Sind mildernde Umstände vorhanden, so tritt Gefängnißstrafe nicht unter sechs Monaten ein.

Als landwirthschaftliche Erzeugnisse gelten hier nur die aus dem Grund und Boden zuwachsenden Rohprodukte; Düngerhaufen zählen nicht dazu. Zu den Waldungen gehört auch das den Erdboden bedeckende Gras und Laub.

§. 309. Wer durch Fahrlässigkeit einen Brand der in den §§. 306 und 308 bezeichneten Art herbeiführt, wird mit Gefängniß bis zu Einem Jahre oder mit Geldstrafe bis zu neunhundert Mark und, wenn durch den Brand der Tod eines Menschen verursacht worden ist, mit Gefängniß von Einem Monat bis zu drei Jahren bestraft.

§. 310. Hat der Thäter den Brand, bevor derselbe entdeckt und ein weiterer als der durch die bloße

Inbrandsetzung bewirkte Schade entstanden war, wieder gelöscht, so tritt Straflosigkeit ein.

§. 311. Die gänzliche oder theilweise Zerstörung einer Sache durch Gebrauch von Pulver oder anderen explodirenden Stoffen ist der Inbrandsetzung der Sache gleich zu achten.

Unter explodirenden Stoffen sind hier diejenigen zu verstehen, welche behufs Wirkung entzündet werden müssen, z. B. Leuchtgas, Acetylen, Benzin, namentlich die in der Sprengstoffverordnung genannten Explosivkörper. Zubereitung explodirender Stoffe ohne polizeiliche Erlaubniß und Nichtbeachtung der bezüglich ihrer Aufbewahrung oder Beförderung ergangenen Anordnungen wird als Uebertretung aus § 367 4, 5 bestraft. Wichtig ist auch die Ministerial-Polizei-Verordnung vom 19. 10. 93, betr. den Verkehr mit Sprengstoffen und das Gesetz vom 9. 6. 84, gegen den verbrecherischen und gemeingefährlichen Gebrauch von Sprengstoffen.

Die Thätigkeit der Polizei bei Bränden.

Der Ortspolizeibehörde liegt ob die Fürsorge für Vorhandensein und Alarmbereitschaft ausreichender Feuerlöscheinrichtungen. Für den Polizei-Exekutiv-Beamten ist es wichtig, daß er diese Einrichtungen genau kennt und ihre Anwendung beachtet, ob nichts vergessen ist. Die spezielle Aufgabe der Exekutiv-Polizei an der Brandstelle ist neben Aufrechterhaltung von Ruhe und Ordnung die Sicherung von Menschenleben, Feuerlöscheinrichtungen und Eigenthum, ferner die Ermittelung der Brandursache. Die feuertechnische Bekämpfung des Feuers ist, wo eine Berufs- oder freiwillige Feuerwehr zur Stelle ist, dieser zu überlassen. Die Oberaufsicht an der Brandstelle hat die Polizei, gutes Einvernehmen mit der Feuerwehr liegt im Interesse des beiderseitigen Dienstes.

Die Frage, ob etwa Menschenleben gefährdet sind, ist die erste an der Brandstelle. Die Gefährdung entsteht nicht nur durch offene Flammen, vornehmlich auch durch Rauch, und nicht allein in dem brennenden Objekte, auch in der Nachbarschaft. Ev. sind die einzelnen Räume abzusuchen, ob nicht menschliche

Wesen hülflos zurückgelassen sind. An Stellen, wo durch Einsturz, Herabfallen u. s. w. Gefahr droht, ist die Passage abzusperren, zur Verhütung von Explosionen ist an Abstellen des Gases, Ablassen des Wassers aus Dampfkesseln u. s. w. zu denken. Zum Schutz der Feuerlöscheinrichtungen wird die Brandstelle abgesperrt, damit die Feuerwehr ungehindert arbeiten kann und ihre Geräthe nicht beschädigt werden. Die Absperrungslinie ist auch im Interesse der allgemeinen Ordnung nicht zu eng zu fassen; soweit die Schlauchleitungen liegen, ist jedenfalls das Publikum nicht zuzulassen. Zur Verhinderung von Diebstählen und Beschädigungen ist sowohl das durch Ausräumen auf die Straße 2c. geschaffte als auch das im brennenden Gebäude oder in der Nachbarschaft (Zertreten von Gärten, Feldern) befindliche Eigenthum zu bewachen. Gegenüber kopflosem Ausräumen ist zur Besonnenheit zu mahnen, da es unnöthigen Schaden zu verursachen pflegt; ob Ausräumen angezeigt ist, ist die Feuerwehr zu befragen. Die Ermittelung der Brandursache und des Brandschadens ist eine wesentliche Aufgabe der Polizei, zunächst im Interesse der Staatsanwaltschaft, sodann, weil sich die Polizeibehörde vor Auszahlung der Brandentschädigung zu äußern hat. Brandstiftung ist eine der schwierigsten Ermittelungen, in dieselben muß sofort eingetreten werden, und nicht nur durch Vernehmungen, sondern besonders durch Feststellungen an Ort und Stelle.

Ueber jeden zur Kenntniß der Polizei gelangenden Brand ist Anzeige und nach dem vorgeschriebenen Schema Brandzählkarte vorzulegen. Die Brandzählkarte wird für statistische Zwecke gebraucht, an die Staatsanwaltschaft geht nur die Anzeige mit den eventuellen Feststellungen. Wesentlich für die Staatsanwaltschaft ist, wie der Brand entstanden ist, und ob vorsätzlich, fahrlässig oder durch unglücklichen Zufall, ob der Fall des § 265 vorliegt, daß eine gegen Feuersgefahr versicherte Sache in betrügerischer Absicht in Brand gesetzt ist, und ob einer der in den §§ 306 und 308 bezeichneten Gegenstände gebrannt hat. Namentlich bei Bränden in Gebäuden ist es für die Staatsanwaltschaft unerläßlich, zu wissen, ob das Gebäude selbst gebrannt hat, und es ist daher nicht nur in der Brandzählkarte, sondern besonders in der Anzeige außer dem Mobiliarschaden auch der entstandene Immobiliarschaden anzugeben, da die Staatsanwaltschaft nur auf Grund der letzteren Angabe oft prüfen kann, ob für sie Veranlassung zum Einschreiten vorliegt. Es kommt darauf an, ob die Substanz des Hauses vom Feuer derartig ergriffen war, daß das Feuer sich selbstständig weiter verbreiten konnte. Dazu gehören nicht Tapeten, zersprungene Fensterscheiben, geschwärzte Decken, angekohlte Fensterkreuze, Dielen und Thüren, wohl aber gehören dazu angebrannte Balken und Treppen, kurz alles, was bei der Rohbauabnahme eines Gebäudes vorhanden sein muß. Es empfiehlt sich daher, den entstandenen Immobiliarschaden einzeln zu benennen. Auch ist die Feststellung wichtig, ob das Feuer nur glimmte und glühte, oder schon mit heller Flamme gebrannt hat. Die Entscheidung, ob eine im Sinne des Strafgesetzbuchs strafbare Brandstiftung vorliegt, steht der Staatsanwaltschaft zu, die Polizei hat aber das zur Beurtheilung nothwendige Material zu beschaffen. Da nun bei den vielen kleinen Bränden der Thatbestand bald verändert wird und durch spätere Rückfragen nicht immer sicher festgestellt werden kann, muß es Grundsatz eines jeden Polizei-Exekutiv-Beamten sein, sobald er an eine Brandstelle in einem Gebäude kommt, festzustellen, ob und welche und wieweit Gebäudetheile vom Feuer ergriffen waren. Dadurch wird viel Zeit und unnöthige Schreiberei gespart.

§§ 312—314. Vorsätzliches und fahrlässiges Herbeiführen von Ueberschwemmungen.

§. 312. **Wer mit gemeiner Gefahr für Menschenleben vorsätzlich eine Ueberschwemmung herbeiführt, wird mit Zuchthaus nicht unter drei Jahren und, wenn durch die Ueberschwemmung der Tod eines Menschen verursacht worden ist, mit Zuchthaus nicht unter zehn Jahren oder mit lebenslänglichem Zuchthaus bestraft.**

§. 313. **Wer mit gemeiner Gefahr für das Eigenthum vorsätzlich eine Ueberschwemmung herbeiführt, wird mit Zuchthaus bestraft.**

Ist jedoch die Absicht des Thäters nur auf Schutz

seines Eigenthums gerichtet gewesen, so ist auf Gefängniß nicht unter Einem Jahre zu erkennen.

§. 314. Wer eine Ueberschwemmung mit gemeiner Gefahr für Leben oder Eigenthum durch Fahrlässigkeit herbeiführt, wird mit Gefängniß bis zu Einem Jahre und, wenn durch die Ueberschwemmung der Tod eines Menschen verursacht worden ist, mit Gefängniß von Einem Monat bis zu drei Jahren bestraft.

§§ 315—316. Vorsätzliche und fahrlässige Gefährdung von Eisenbahntransporten, Beschädigung von Eisenbahnanlagen und Beförderungsmitteln.

§. 315. Wer vorsätzlich Eisenbahnanlagen, Beförderungsmittel oder sonstiges Zubehör derselben dergestalt beschädigt, oder auf der Fahrbahn durch falsche Zeichen oder Signale oder auf andere Weise solche Hindernisse bereitet, daß dadurch der Transport in Gefahr gesetzt wird, wird mit Zuchthaus bis zu zehn Jahren bestraft.

Ist durch die Handlung eine schwere Körperverletzung verursacht worden, so tritt Zuchthausstrafe nicht unter fünf Jahren und, wenn der Tod eines Menschen verursacht worden ist, Zuchthausstrafe nicht unter zehn Jahren oder lebenslängliche Zuchthausstrafe ein.

§. 316. Wer fahrlässigerweise durch eine der vorbezeichneten Handlungen den Transport auf einer Eisenbahn in Gefahr setzt, wird mit Gefängniß bis zu Einem Jahre oder mit Geldstrafe bis zu neunhundert Mark und, wenn durch die Handlung der Tod eines Menschen verursacht worden ist, mit Gefängniß von Einem Monat bis zu drei Jahren bestraft.

Gleiche Strafe trifft die zur Leitung der Eisenbahnfahrten und zur Aufsicht über die Bahn und den Beförderungsbetrieb angestellten Personen, wenn sie durch Vernachlässigung der ihnen obliegenden Pflichten einen Transport in Gefahr setzen.

Zu den Eisenbahnen zählen auch elektrische, Gas- und Dampfstraßenbahnen, sowie Anschlußgeleise, mögen sie dem öffentlichen Verkehr oder Privatzwecken dienen. Pferdeeisenbahnen gehören nicht hierher.

§§ 317—318a. Vorsätzliches und fahrlässiges Beschädigen von Telegraphen-, Telephon- und Rohrpostanlagen.

§§ 319—320. Wiederbeschäftigung bestrafter Beamten im Eisenbahn- oder Telegraphendienst.

§ 321. Beschädigung oder Zerstörung von Wasserbauwerken, Bergwerksvorrichtungen, Störung des Fahrwassers schiffbarer Gewässer.

§§ 322—323. Gefährdung der Schifffahrt, vorsätzliche Herbeiführung des Strandens oder Sinkens von Schiffen.

§. 317. Wer vorsätzlich und rechtswidrig den Betrieb einer zu öffentlichen Zwecken dienenden Telegraphenanlage dadurch verhindert oder gefährdet, daß er Theile oder Zubehörungen derselben beschädigt oder Veränderungen daran vornimmt, wird mit Gefängniß von Einem Monat bis zu drei Jahren bestraft.

§. 318. Wer fahrlässigerweise durch eine der vorbezeichneten Handlungen den Betrieb einer zu öffentlichen Zwecken dienenden Telegraphenanlage verhindert oder gefährdet, wird mit Gefängniß bis zu Einem Jahre oder mit Geldstrafe bis zu neunhundert Mark bestraft.

Gleiche Strafe trifft die zur Beaufsichtigung und Bedienung der Telegraphenanlagen und ihrer Zubehörungen angestellten Personen, wenn sie durch Vernachlässigung der ihnen obliegenden Pflichten den Betrieb verhindern oder gefährden.

§. 318a. Die Vorschriften in den §§. 317 und 318 finden gleichmäßig Anwendung auf die Verhinderung oder Gefährdung des Betriebes der zu öffentlichen Zwecken dienenden Rohrpostanlagen.

Unter Telegraphenanlagen im Sinne der §§. 317 und 318 sind Fernsprechanlagen mitbegriffen.

§. 319. Wird einer der in den §§. 316 und 318 erwähnten Angestellten wegen einer der in den §§. 315 bis 318 bezeichneten Handlungen verurtheilt, so kann derselbe zugleich für unfähig zu einer Beschäftigung im Eisenbahn- oder Telegraphendienste oder in bestimmten Zweigen dieser Dienste erklärt werden.

§. 320. Die Vorsteher einer Eisenbahngesellschaft, sowie die Vorsteher einer zu öffentlichen Zwecken dienenden Telegraphenanstalt, welche nicht sofort nach Mittheilung des rechtskräftigen Erkenntnisses die Entfernung des Verurtheilten bewirken, werden mit Geldstrafe bis zu dreihundert Mark oder mit Gefängniß bis zu drei Monaten bestraft.

Gleiche Strafe trifft denjenigen, welcher für unfähig zum Eisenbahn- oder Telegraphendienste erklärt worden ist, wenn er sich nachher bei einer Eisenbahn oder Telegraphenanstalt wieder anstellen läßt, sowie diejenigen, welche ihn wieder angestellt haben, obgleich ihnen die erfolgte Unfähigkeitserklärung bekannt war.

§. 321. Wer vorsätzlich Wasserleitungen, Schleusen, Wehre, Deiche, Dämme oder andere Wasserbauten, oder Brücken, Fähren, Wege oder Schutzwehre, oder dem Bergwerksbetriebe dienende Vorrichtungen zur Wasserhaltung, zur Wetterführung oder zum Ein- und Ausfahren der Arbeiter zerstört oder beschädigt, oder in schiffbaren Strömen, Flüssen oder Kanälen das Fahrwasser stört und durch eine dieser Handlungen Gefahr für das Leben oder die Gesundheit Anderer herbeiführt, wird mit Gefängniß nicht unter drei Monaten bestraft.

Ist durch eine dieser Handlungen eine schwere Körperverletzung verursacht worden, so tritt Zuchthausstrafe bis zu fünf Jahren und, wenn der Tod eines Menschen verursacht worden ist, Zuchthausstrafe nicht unter fünf Jahren ein.

§. 322. Wer vorsätzlich ein zur Sicherung der Schifffahrt bestimmtes Feuerzeichen oder ein anderes zu diesem Zwecke aufgestelltes Zeichen zerstört, wegschafft oder unbrauchbar macht, oder ein solches Feuerzeichen auslöscht oder seiner Dienstpflicht zuwider nicht aufstellt, oder ein falsches Zeichen, welches geeignet ist, die Schifffahrt unsicher zu machen, aufstellt, insbesondere zur Nachtzeit auf der Strandhöhe Feuer anzündet, welches die Schifffahrt zu gefährden geeignet ist, wird mit Zuchthaus bis zu zehn Jahren bestraft.

Ist durch die Handlung die Strandung eines Schiffes verursacht worden, so tritt Zuchthausstrafe nicht unter fünf Jahren und, wenn der Tod eines Menschen verursacht worden ist, Zuchthausstrafe nicht unter zehn Jahren oder lebenslängliche Zuchthausstrafe ein.

§. 323. Wer vorsätzlich die Strandung oder das Sinken eines Schiffes bewirkt und dadurch Gefahr für das Leben eines Anderen herbeiführt, wird mit Zuchthaus nicht unter fünf Jahren und, wenn durch die Handlung der Tod eines Menschen verursacht worden ist, mit

Zuchthaus nicht unter zehn Jahren oder mit lebenslänglichem Zuchthaus bestraft.

§. 324. Wer vorsätzlich Brunnen- oder Wasserbehälter, welche zum Gebrauche Anderer dienen, oder Gegenstände, welche zum öffentlichen Verkaufe oder Verbrauche bestimmt sind, vergiftet oder denselben Stoffe beimischt, von denen ihm bekannt ist, daß sie die menschliche Gesundheit zu zerstören geeignet sind, ingleichen wer solche vergiftete oder mit gefährlichen Stoffen vermischte Sachen wissentlich und mit Verschweigung dieser Eigenschaft verkauft, feilhält oder sonst in Verkehr bringt, wird mit Zuchthaus bis zu zehn Jahren und, wenn durch die Handlung der Tod eines Menschen verursacht worden ist, mit Zuchthaus nicht unter zehn Jahren oder mit lebenslänglichem Zuchthaus bestraft.

Nach § 367[7] wird wegen Uebertretung bestraft, wer verfälschte oder verdorbene Getränke oder Eßwaaren feilhält oder verkauft. Es sind eine Reihe von Spezialgesetzen betr. den Verkehr mit Nahrungsmitteln, Genußmitteln und Gebrauchsgegenständen erlassen, so das Nahrungsmittelgesetz vom 14. 5. 1879; Gesetz vom 25. 6. 1887, betr. den Verkehr mit blei- und zinkhaltigen Gegenständen; Gesetz vom 5. 7. 1887, betr. die Verwendung gesundheitsschädlicher Farben bei der Herstellung von Nahrungsmitteln; Weingesetz vom 20. 4. 1892; Margarinegesetz vom 15. 6. 1897 mit Ausführungsbestimmungen vom 4. 7. 1897 und 24. 3. 1898; Gesetz vom 6. 7. 1898, betr. den Verkehr mit künstlichen Süßstoffen.

§. 325. Neben der nach den Vorschriften der §§. 306 bis 308, 311 bis 313, 315, 321 bis 324 erkannten Zuchthausstrafe kann auf Zulässigkeit von Polizei-Aufsicht erkannt werden.

§. 326. Ist eine der in den §§. 321 bis 324 bezeichneten Handlungen aus Fahrlässigkeit begangen worden, so ist, wenn durch die Handlung ein Schaden verursacht worden ist, auf Gefängniß bis zu Einem Jahre und, wenn der Tod eines Menschen verursacht worden ist, auf Gefängniß von Einem Monat bis zu drei Jahren zu erkennen.

§§ 327—328. Wissentliche Verletzung der gegen die Verbreitung von ansteckenden menschlichen Krankheiten oder von Viehseuchen durch die zuständige Behörde erlassenen Absperrungs- oder Aufsichts-Maßregeln oder Einfuhrverbote.

§. 327. Wer die Absperrungs- oder Aufsichts-Maßregeln oder Einfuhrverbote, welche von der zuständigen Behörde zur Verhütung des Einführens oder Verbreitens einer ansteckenden Krankheit angeordnet worden sind, wissentlich verletzt, wird mit Gefängniß bis zu zwei Jahren bestraft.

Ist in Folge dieser Verletzung ein Mensch von der ansteckenden Krankheit ergriffen worden, so tritt Gefängnißstrafe von drei Monaten bis zu drei Jahren ein.

Zuständig sind die Verwaltungsbehörden von der Regierung aufwärts.

§. 328. Wer die Absperrungs- oder Aufsichts-Maßregeln oder Einfuhrverbote, welche von der zuständigen Behörde zur Verhütung des Einführens oder Verbreitens von Viehseuchen angeordnet worden sind, wissentlich verletzt, wird mit Gefängniß bis zu Einem Jahre bestraft.

Ist in Folge dieser Verletzung Vieh von der Seuche ergriffen worden, so tritt Gefängnißstrafe von Einem Monat bis zu zwei Jahren ein.

§. 329. Wer die mit einer Behörde geschlossenen

Lieferungsverträge über Bedürfnisse des Heeres oder der Marine zur Zeit eines Krieges, oder über Lebensmittel zur Abwendung oder Beseitigung eines Nothstandes vorsätzlich entweder nicht zur bestimmten Zeit oder nicht in der vorbedungenen Weise erfüllt, wird mit Gefängniß nicht unter sechs Monaten bestraft; auch kann auf Verlust der bürgerlichen Ehrenrechte erkannt werden.

Liegt der Nichterfüllung des Vertrages Fahrlässigkeit zum Grunde, so ist, wenn durch die Handlung ein Schaden verursacht worden ist, auf Gefängniß bis zu zwei Jahren zu erkennen.

Dieselben Strafen finden auch gegen die Unterlieferanten, Vermittler und Bevollmächtigten des Lieferanten Anwendung, welche mit Kenntniß des Zweckes der Lieferung die Nichterfüllung derselben vorsätzlich oder aus Fahrlässigkeit verursachen.

§. 330. Wer bei der Leitung oder Ausführung eines Baues wider die allgemein anerkannten Regeln der Baukunst dergestalt handelt, daß hieraus für Andere Gefahr entsteht, wird mit Geldstrafe bis zu neunhundert Mark oder mit Gefängniß bis zu Einem Jahre bestraft.

Bau umfaßt Hoch-, Wasser-, Straßen- und Bergbau mit den erforderlichen Vor- und Nebenarbeiten wie Abbruchsarbeiten, Ausschachten, Aufstellen von Gerüsten, auch Reparaturarbeiten gehören hierher. Die Uebertretung baupolizeilicher Vorschriften wird aus § 367 [13–15] bestraft.

Achtundzwanzigster Abschnitt.

Verbrechen und Vergehen im Amte.

Wer im Sinne des Strafgesetzbuchs als Beamter anzusehen ist, besagt § 359.

§§ 331—333 Bestechung.

§. 331. Ein Beamter, welcher für eine in sein Amt einschlagende, an sich nicht pflichtwidrige Handlung Geschenke oder andere Vortheile annimmt, fordert oder sich versprechen läßt, wird mit Geldstrafe bis zu dreihundert Mark oder mit Gefängniß bis zu sechs Monaten bestraft.

§. 332. Ein Beamter, welcher für eine Handlung, die eine Verletzung einer Amts- oder Dienstpflicht enthält, Geschenke oder andere Vortheile annimmt, fordert oder sich versprechen läßt, wird wegen Bestechung mit Zuchthaus bis zu fünf Jahren bestraft.

Sind mildernde Umstände vorhanden, so tritt Gefängnißstrafe ein.

§. 333. Wer einem Beamten oder einem Mitgliede der bewaffneten Macht Geschenke oder andere Vortheile anbietet, verspricht oder gewährt, um ihn zu einer Handlung, die eine Verletzung einer Amts- oder Dienstpflicht enthält, zu bestimmen, wird wegen Bestechung mit Gefängniß bestraft; auch kann auf Verlust der bürgerlichen Ehrenrechte erkannt werden.

Sind mildernde Umstände vorhanden, so kann auf Geldstrafe bis zu eintausendfünfhundert Mark erkannt werden.

Beamte, die sich bestechen lassen, werden nach § 331 bestraft, wenn die betreffende Amtshandlung an sich nicht pflichtwidrig war, und nach § 332, wenn sie eine Pflichtwidrigkeit enthält. Das bestechende Publikum wird nach § 333 bestraft, jedoch nur dann, wenn es sich um eine Bestechung zu einer pflichtwidrigen Amtshandlung handelt. Der Beamte macht sich also leichter und schon dann strafbar, wenn er überhaupt in Bezug auf sein Amt sich durch Geschenke oder sonstige Vortheile beeinflussen läßt.

§ 331 betrifft an sich nicht pflichtwidrige Handlungen eines Beamten, mögen sie bereits ausgeführt sein oder noch ausstehen, welche innerhalb des Kreises der ihm durch Gesetz oder Instruktion zur Pflicht gemachten Thätigkeit liegen. Zur Strafbarkeit nach dem Gesetz ist die Beziehung auf eine bestimmte Amtshandlung erforderlich, sodaß der Vortheil als die Gegenleistung für die Amtshandlung erscheint, es ist jedoch nicht erforderlich, daß der Zweck der Geschenke oder Vortheile bei der Gewährung ausdrücklich ausgesprochen wurde. Als Handlung gilt auch eine Unterlassung. Ein Versprechenlassen kann auch in dem Verhalten eines Beamten liegen, wenn daraus seine Bereitwilligkeit zur Annahme von Geschenken geschlossen werden muß. Der Vortheil braucht nicht in Vermögensvortheilen zu bestehen, er kann es auch in sinnlichen Genüssen z. B. Speisen, Getränken, Gestattung des Beischlafs. Der Geber ist im Falle des § 331 nicht strafbar.

Geschenke oder Vortheile, die aus Anerkennung, Dankbarkeit oder Pietät gegeben werden, sind zwar nicht als Bestechungsmittel anzusehen, doch ist es Pflicht des Beamten, dieselben nicht ohne Vorwissen seiner Behörde anzunehmen, und Ehrensache ist es überhaupt, daß der Beamte von Personen, mit denen er in dienstliche Berührung kommt, nicht zur Gewinnung seiner Gunst kleine Geschenke, Vortheile und Aufmerksamkeiten annimmt.

§ 332 betrifft Amtshandlungen oder Unterlassungen von durch die Amtspflicht gebotenen Amtshandlungen, welche thatsächlich und mit Bewußtsein des Beamten eine Verletzung seiner Amts- oder Dienstpflicht enthalten. Dazu gehören auch solche Amtshandlungen, wenn er bei ihrer Ausführung pflichtwidrig verfährt, welche ein Beamter übernommen hat, obwohl er nicht dazu verpflichtet war und sie ablehnen konnte.

§ 333 richtet sich gegen die Absicht, einen Beamten durch Geschenke oder Vortheile zu einer bestimmten Handlung oder Unterlassung zu verleiten, die eine Pflichtwidrigkeit enthalten würde. Gleichgiltig ist es, ob der Erfolg eingetreten ist oder nicht, ob der Beamte auch ohne das Geschenk in dem vom Geber gewünschten Sinne sich entschieden haben würde, und ob das Geschenk dem Beamten selbst oder einem seiner Angehörigen angeboten wurde, wenn nur die Absicht vorlag, daß der Beamte Kenntniß erhalten und sich bestimmen lassen sollte.

Da seitens eines Polizei-Exekutiv-Beamten Pflichtwidrigkeit vorliegt, wenn er bei geringfügigen Uebertretungen, wo Erstattung einer Anzeige von seiner Auffassung abhängt, sich durch eigennützige statt durch sachliche Gründe bestimmen läßt, von einer Anzeige abzusehen, so ist das Anbieten von Geschenken zu diesem Zwecke als Bestechungsversuch anzusehen. Dagegen ist die Stellung eines Strafantrages seitens eines Beamten keine Amtshandlung, Einwirkung zum Unterlassen desselben ist also keine Bestechung.

Der Beamte, welcher derartige Geschenke angeboten erhält, kann ev. Strafantrag wegen Beleidigung stellen. Ob es angezeigt ist, muß der besondere Fall ergeben.

§. 334. Ein Richter, Schiedsrichter, Geschworener oder Schöffe, welcher Geschenke oder andere Vortheile fordert, annimmt oder sich versprechen läßt, um eine Rechtssache, deren Leitung oder Entscheidung ihm obliegt, zu Gunsten oder zum Nachtheile eines Betheiligten zu leiten oder zu entscheiden, wird mit Zuchthaus bestraft.

Derjenige, welcher einem Richter, Schiedsrichter, Geschworenen oder Schöffen zu dem vorbezeichneten Zwecke Geschenke oder andere Vortheile anbietet, verspricht oder gewährt, wird mit Zuchthaus bestraft. Sind mildernde Umstände vorhanden, so tritt Gefängnißstrafe ein.

§. 335. In den Fällen der §§. 331 bis 334 ist im Urtheile das Empfangene oder der Werth desselben für dem Staate verfallen zu erklären.

§. 336. Ein Beamter oder Schiedsrichter, welcher sich bei der Leitung oder Entscheidung einer Rechtssache vorsätzlich zu Gunsten oder zum Nachtheile einer Partei einer Beugung des Rechtes schuldig macht, wird mit Zuchthaus bis zu fünf Jahren bestraft.

§. 337 ist ersetzt durch nachstehenden § 67 des Ges. über d. Beurkundung d. Personenstandes v. 6. Febr. 1875:

Ein Geistlicher oder anderer Religionsdiener, welcher zu den religiösen Feierlichkeiten einer Eheschließung schreitet, bevor ihm nachgewiesen worden ist, daß die Ehe vor dem Standesbeamten geschlossen sei, wird mit Geldstrafe bis zu dreihundert Mark oder mit Gefängniß bis zu drei Monaten bestraft.

Eine strafbare Handlung ist nicht vorhanden, wenn der Geistliche oder der Religionsdiener im Falle einer lebensgefährlichen, einen Aufschub nicht gestattenden Erkrankung eines der Verlobten zu den religiösen Feierlichkeiten der Eheschließung schreitet.

§. 338. Ein Religionsdiener oder Personenstandsbeamter, welcher, wissend, daß eine Person verheirathet ist, eine neue Ehe derselben schließt, wird mit Zuchthaus bis zu fünf Jahren bestraft.

§. 339. Ein Beamter, welcher durch Mißbrauch seiner Amtsgewalt oder durch Androhung eines bestimmten Mißbrauchs derselben Jemand zu einer Handlung, Duldung oder Unterlassung widerrechtlich nöthigt, wird mit Gefängniß bestraft.

Der Versuch ist strafbar.

In den Fällen der §§. 106, 107, 167 und 253 tritt die daselbst angedrohte Strafe ein, wenn die Handlung von einem Beamten, wenn auch ohne Gewalt oder Drohung, aber durch Mißbrauch seiner Amtsgewalt oder

Androhung eines bestimmten Mißbrauchs derselben begangen ist.

Nöthigung gegen Beamte § 114, seitens Nichtbeamter § 240.

§ 339 und die folgenden §§ erstrecken sich auf alle Beamte, welche in der Lage sind, einen bestimmten Erfolg herbeizuführen und diese in ihrem Amte liegende Befugniß mißbrauchen, um sie zum Nachtheil Jemandes zu bethätigen.

Beim § 339 kommt es nicht darauf an, ob die zu erzwingende Handlung, Duldung oder Unterlassung widerrechtlich ist, sondern ob das angewandte Zwangsmittel widerrechtlich ist. Eine allgemeine Drohung, Jemandem amtlich schaden zu wollen, genügt jedoch zur Strafbarkeit nicht, es muß der Mißbrauch einer bestimmten amtlichen Befugniß (z. B. Freiheitsentziehung) wörtlich oder doch so angedroht sein, daß der Bedrohte den Sinn der Aeußerung richtig entnehmen mußte.

§ 106 betrifft Unverletzlichkeit der Mitglieder gesetzgebender Körperschaften, § 107 Wahlfreiheit, § 167 Verhinderung und Störung des Gottesdienstes, § 253 Erpressung.

§. 340. Ein Beamter, welcher in Ausübung oder in Veranlassung der Ausübung seines Amtes vorsätzlich eine Körperverletzung begeht oder begehen läßt, wird mit Gefängniß nicht unter drei Monaten bestraft. Sind mildernde Umstände vorhanden, so kann die Strafe bis auf Einen Tag Gefängniß ermäßigt oder auf Geldstrafe bis zu neunhundert Mark erkannt werden.

Ist die Körperverletzung eine schwere, so ist auf Zuchthaus nicht unter zwei Jahren zu erkennen. Sind mildernde Umstände vorhanden, so tritt Gefängnißstrafe nicht unter drei Monaten ein.

Von Polizei-Exekutiv-Beamten und Gendarmen zugefügte Körperverletzung ist nicht strafbar in den Fällen, wo diese auch ohne Befehl zum Gebrauch der ihnen anvertrauten Waffe berechtigt sind und dieses Recht nicht zu unnöthiger Härte gemißbraucht haben. Es sind dies nach § 28 der Gendarmerie-Instruktion, welcher ausdrücklich auf die Exekutiv-Polizei ausgedehnt ist, folgende Fälle:

„a) Wenn Gewalt oder Thätlichkeit gegen sie selbst, indem sie sich in Dienstfunktion befinden, ausgeübt wird;

b) wenn auf der That entdeckte Verbrecher, Diebe, Schleichhändler u. s. w. ihren Aufforderungen, um zur nächsten Obrigkeit geführt zu werden, nicht ohne thätlichen Widerstand Folge leisten, und viel eher sich der Beschlagnahme der Effekten oder Waaren und Fuhrwerke, oder ihrer persönlichen Verhaftung mit offener Gewalt oder mit gefährlichen Drohungen widersetzen;

c) wenn sie auf andere Art den ihnen angewiesenen Posten nicht behaupten oder die ihnen anvertrauten Personen nicht beschützen können.

Es liegt ihnen jedoch auch in diesem Falle ob, die Waffen nur nachdem gelinde Mittel fruchtlos angewandt sind, und nur, wenn der Widerstand so stark ist, daß er nicht anders, als mit bewaffneter Hand überwunden werden kann, und auch dann noch mit möglichster Schonung zu gebrauchen."

Zur Führung von Schußwaffen bedarf der Polizei-Exekutiv-Beamte der Erlaubniß seiner vorgesetzten Behörde und die Polizeibehörde muß die ministerielle Genehmigung einholen, um ihre Beamten mit Schußwaffen ausrüsten zu dürfen.

Unabhängig von diesem Waffengebrauch aus eigener Initiative des Polizei-Exekutiv-Beamten sind die Fälle, wo er auf Befehl eines Vorgesetzten handelt. Alsdann trägt der Vorgesetzte die Verantwortung, und es soll alsdann von der Waffe voller Gebrauch gemacht werden.

Ohne einen solchen zwingenden Grund begangene Körperverletzung ist strafbar, und zwar, wenn sie außerhalb des Amtes begangen wurde, wie bei anderen Civilpersonen nach §§ 223ff., jedoch nach dem härteren § 340, wenn der Beamte bei Verübung der Körperverletzung in amtlicher Eigenschaft aufgetreten ist.

§. 341. Ein Beamter, welcher **vorsätzlich**, **ohne hierzu berechtigt zu sein**, eine **Verhaftung** oder **vorläufige Ergreifung** und **Festnahme** oder **Zwangs-**

gestellung vornimmt oder vornehmen läßt, oder die Dauer einer Freiheitsentziehung verlängert, wird nach Vorschrift des §. 239, jedoch mindestens mit Gefängniß von drei Monaten bestraft.

Ueber die Befugniß der Polizei-Exekutiv-Beamten, Verhaftungen, Festnahmen, Sistirungen ꝛc. vorzunehmen, siehe Anmerkung zu § 239, Seite 162.

§. 342. Ein Beamter, der in Ausübung oder in Veranlassung der Ausübung seines Amtes einen Hausfriedensbruch (§. 123) begeht, wird mit Gefängniß bis zu Einem Jahre oder mit Geldstrafe bis zu neunhundert Mark bestraft.

Ueber das weiter als sonst bei Civilpersonen gehende Recht der Polizei-Exekutiv-Beamten, Wohnungen ꝛc. zu betreten, siehe Anmerkung zu § 123, Seite 105.

§. 343. Ein Beamter, welcher in einer Untersuchung Zwangsmittel anwendet oder anwenden läßt, um Geständnisse oder Aussagen zu erpressen, wird mit Zuchthaus bis zu fünf Jahren bestraft.

Als Untersuchung gelten nicht nur die im Auftrage des Gerichts oder der Staatsanwaltschaft erfolgenden Ermittelungen, sondern auch diejenigen, welche die Polizeibehörde oder der einzelne Polizei-Beamte aus eigener Initiative zur Erforschung strafbarer Handlungen anstellt.

§. 344. Ein Beamter, welcher vorsätzlich zum Nachtheile einer Person, deren Unschuld ihm bekannt ist, die Eröffnung oder Fortsetzung einer Untersuchung beantragt oder beschließt, wird mit Zuchthaus bestraft.

§. 345. Gleiche Strafe trifft den Beamten, welcher vorsätzlich eine Strafe vollstrecken läßt, von der er weiß, daß sie überhaupt nicht oder nicht der Art oder dem Maße nach vollstreckt werden darf.

Ist die Handlung aus Fahrlässigkeit begangen, so tritt Gefängnißstrafe oder Festungshaft bis zu Einem Jahre oder Geldstrafe bis zu neunhundert Mark ein.

Zur Strafvollstreckung gehört auch die Verhaftung, Vorführung und Einlieferung. Daher läßt nicht nur derjenige vollstrecken, der die Strafvollstreckung anordnet, sondern auch wer vorsätzlich oder fahrlässig zu einer ungerechtfertigten Strafvollstreckung amtlich mitwirkt. Fahrlässig handelt z. B. ein Polizei-Exekutiv-Beamter, der Jemand zur Verbüßung einer für eine Geldstrafe substituirten Freiheitsstrafe einliefern soll, wenn er sich nicht auf die Prüfung des angebotenen Nachweises einlassen würde, daß inzwischen die Geldstrafe bezahlt oder die Freiheitsstrafe schon einmal verbüßt ist.

§. 346. Ein Beamter, welcher vermöge seines Amtes bei Ausübung der Strafgewalt oder bei Vollstreckung der Strafe mitzuwirken hat, wird mit Zuchthaus bis zu fünf Jahren bestraft, wenn er in der Absicht, Jemand der gesetzlichen Strafe rechtswidrig zu entziehen, die Verfolgung einer strafbaren Handlung unterläßt, oder eine Handlung begeht, welche geeignet ist, eine Freisprechung oder eine dem Gesetze nicht entsprechende Bestrafung zu bewirken, oder die Vollstreckung der ausgesprochenen Strafe nicht betreibt, oder eine gelindere als die erkannte Strafe zur Vollstreckung bringt.

Sind mildernde Umstände vorhanden, so tritt Gefängnißstrafe nicht unter Einem Monat ein.

Unterlassen von Strafanzeigen.

Die Anwendbarkeit dieses § auf Polizei-Exekutiv-Beamte unterliegt keinem Zweifel, denn nach § 161 St.P.O. haben sie strafbare Handlungen zu erforschen und alle keinen Aufschub gestattenden Anordnungen zu treffen, um die Verdunkelung der

Sache zu verhüten. Zur Verfolgung gehört aber nach dem Reichsgerichts-Erkenntniß vom 30. 4. 1885 nicht nur die Amtsthätigkeit der Polizeibeamten zufolge Requisition der Staatsanwaltschaft, sondern auch die den ersten Anstoß zu einem strafgerichtlichen Verfahren abgebende Anzeige des Polizeibeamten. Nach demselben Erkenntniß ist der Ausdruck strafbare Handlung nicht beschränkt auf die Strafthaten des St.G.B., sondern begreift neben den letzteren — den Verbrechen und Vergehen, wie den Uebertretungen — auch die Strafbestimmungen in Nebengesetzen, sei es Reichs-, sei es Landesgesetzen.

Bei Verstößen gegen gesetzliche Bestimmungen hat der Polizei-Exekutiv-Beamte also gar keine Wahl, ob er über eine solche Strafthat Anzeige vorlegen will oder nicht, und wenn er von den Betheiligten um Milde angegangen wird, braucht er nur auf § 346 zu verweisen, ob er sich ins Zuchthaus oder Gefängniß bringen soll. Es scheiden für ihn nur die Antragsvergehen und -Uebertretungen aus — Seite 70ff. —, wenn Strafantrag nicht gestellt wird. Ob sonst Strafausschließungsgründe gemäß §§ 51ff. — Seite 66 — vorliegen, unterliegt nicht seiner Beurtheilung, sondern der der Staatsanwaltschaft.

Eine offene Frage ist es, ob der Polizei-Exekutiv-Beamte bei jeder geringfügigen Uebertretung von Polizei-Verordnungen als Organ der gerichtlichen Polizei verpflichtet ist, Strafanzeige zu erstatten, oder ob er als Organ einer Verwaltungsbehörde, die neben den rechtlichen auch von Zweckmäßigkeitsrücksichten geleitet werden, berechtigt ist, Störungen des polizeimäßigen Zustandes durch leichtere Mittel, wie Hinweisen, Ersuchen, Auffordern zu beseitigen. Eine Verfügung des Ministeriums des Innern vom 28. 7. 1859 und 26. 3. 1860 besagt:

„Die Polizeidirigenten haben den von ihren Untergebenen durch zu häufige Denunziationen etwa bewiesenen übergroßen Diensteifer, wo solcher sich zeigen sollte, durch geeignete Einwirkung, unter Hinweisung auf die zu scharf von ihnen behandelten Spezialfälle, angemessen zu regeln und ihnen, wo es die Umstände gestatten, zuvörderst das Einschreiten im Wege der Verwarnung zu empfehlen.“

Diese Verfügung kann auch heute noch als Richtschnur dienen, da die gesetzlichen Grundlagen dieselben sind. Der § 321 des damals geltenden Preußischen St.G.B. stimmt mit dem § 346 wörtlich überein und auch das Gesetz vom

14. 5. 1852 nebst Reglement vom 30. 9. 1852 deckt sich mit dem Gesetz vom 23. 4. 1883 und der Anweisung vom 8. 6. 1883, betr. den Erlaß polizeilicher Strafverfügungen wegen Uebertretungen.

In der Praxis entsteht für den Polizei-Exekutiv-Beamten keine Schwierigkeit, er handelt nach der ihm von seiner Polizei-Verwaltung gewordenen Anweisung und ist dadurch gedeckt. Außerdem wird der Beamte, der einen polizeiwidrigen Zustand auf leichtere und oft wirksamere Weise beseitigen will, ihn also nicht stillschweigend übersieht, sondern ihm entgegen tritt, von Zweckmäßigkeitsgründen geleitet und nicht von der Absicht, Jemand der gesetzlichen Strafe rechtswidrig, d. h. mit dem Bewußtsein der Rechtswidrigkeit zu entziehen.

§. 347. Ein Beamter, welcher einen Gefangenen, dessen Beaufsichtigung, Begleitung oder Bewachung ihm anvertraut ist, vorsätzlich entweichen läßt oder dessen Befreiung vorsätzlich bewirkt oder befördert, wird mit Zuchthaus bis zu fünf Jahren bestraft. Sind mildernde Umstände vorhanden, so tritt Gefängnißstrafe nicht unter Einem Monat ein.

Ist die Entweichung durch Fahrlässigkeit befördert oder erleichtert worden, so tritt Gefängnißstrafe bis zu sechs Monaten oder Geldstrafe bis zu sechshundert Mark ein.

Wer als Gefangener anzusehen ist, siehe § 120 — Seite 98 —. Anvertraut ist der Gefangene einem Beamten, wenn dieser die Pflicht zur Bewachung ꝛc. des thatsächlich in seine Gewalt und Obhut gelangten Gefangenen hat. Entweichen ist nicht nur Flucht des Gefangenen, sondern auch jede andere wenn auch nur zeitweise Aufhebung der Freiheitsentziehung, z. B. Austretenlassen ohne Aufsicht, auch wenn der Gefangene nicht die Absicht der Flucht hatte.

§. 348. Ein Beamter, welcher, zur Aufnahme öffentlicher Urkunden befugt, innerhalb seiner Zuständigkeit vorsätzlich eine rechtlich erhebliche Thatsache falsch beurkundet oder in öffentliche Register oder Bücher falsch einträgt, wird mit Gefängniß nicht unter Einem Monat bestraft.

Dieselbe Strafe trifft einen Beamten, welcher eine ihm amtlich anvertraute oder zugängliche Urkunde vorsätzlich vernichtet, bei Seite schafft, beschädigt oder verfälscht.

§. 349. Wird eine der im §. 348 bezeichneten Handlungen in der Absicht begangen, sich oder einem Anderen einen Vermögensvortheil zu verschaffen oder einem Anderen Schaden zuzufügen, so ist auf Zuchthaus bis zu zehn Jahren und zugleich auf Geldstrafe von einhundertfunfzig bis zu dreitausend Mark zu erkennen.

Ueber Urkunden siehe § 267 Seite 182.

Zu den genannten Beamten sind alle Polizei-Exekutiv-Beamten zu rechnen, da sowohl die im Bureau- als auch die im Außendienst beschäftigten zur Aufnahme öffentlicher Urkunden befugte Gelegenheit haben, z. B. Zustellungsurkunden. Die Vorsätzlichkeit der falschen Beurkundung erfordert nicht eine rechtswidrige Absicht, es genügt vielmehr, daß der Beamte die von ihm vorgenommene Beurkundung gewollt hat und sich bewußt war, daß das Beurkundete unrichtig sei.

§. 350. Ein Beamter, welcher Gelder oder andere Sachen, die er in amtlicher Eigenschaft empfangen oder in Gewahrsam hat, unterschlägt, wird mit Gefängniß nicht unter drei Monaten bestraft; auch kann auf Verlust der bürgerlichen Ehrenrechte erkannt werden.

Der Versuch ist strafbar.

Zur amtlichen Eigenschaft ist die amtliche Zuständigkeit zur Empfangnahme der Gelder nicht erforderlich, es genügt, wenn ein unmittelbarer Zusammenhang zwischen der dienstlichen

Obliegenheit und der Empfangnahme der Gelder bestand. Gelegentlich der Ausübung des Amtes übergebene Gelder sind in amtlicher Eigenschaft empfangen, wenn der Geber eine entsprechende amtliche Eigenschaft voraussetzte und der Beamte das Geld in Kenntniß dieses Irrthums annahm, andernfalls liegt gewöhnliche Unterschlagung vor. Dadurch, daß der Beamte zum jederzeitigen sofortigen Ersatz des angeeigneten Geldes bereit und im Stande ist, wird die Strafbarkeit einer Unterschlagung nicht ausgeschlossen.

§ 351. Strafverschärfung, wenn Bücherfälschung zur Unterschlagung hinzukommt.

§. 351. Hat der Beamte in Beziehung auf die Unterschlagung die zur Eintragung oder Kontrole der Einnahmen oder Ausgaben bestimmten Rechnungen, Register oder Bücher unrichtig geführt, verfälscht oder unterdrückt, oder unrichtige Abschlüsse oder Auszüge aus diesen Rechnungen, Registern oder Büchern, oder unrichtige Beläge zu denselben vorgelegt, oder ist in Beziehung auf die Unterschlagung auf Fässern, Beuteln oder Packeten der Geldinhalt fälschlich bezeichnet, so ist auf Zuchthaus bis zu zehn Jahren zu erkennen.

Sind mildernde Umstände vorhanden, so tritt Gefängnißstrafe nicht unter sechs Monaten ein.

§ 352. Ueberhebung von Gebühren durch Beamte, Rechtsanwälte 2c.

§. 352. Ein Beamter, Advokat, Anwalt oder sonstiger Rechtsbeistand, welcher Gebühren oder andere Vergütungen für amtliche Verrichtungen zu seinem Vortheile zu erheben hat, wird, wenn er Gebühren oder Vergütungen erhebt, von denen er weiß, daß der Zahlende sie überhaupt nicht oder nur in geringerem Betrage verschuldet, mit Geldstrafe bis zu dreihundert Mark oder mit Gefängniß bis zu Einem Jahre bestraft.

Der Versuch ist strafbar.

§ 353. Ueberhebung von Steuern, Gebühren oder anderen Abgaben.

§. 353. Ein Beamter, welcher Steuern, Gebühren oder andere Abgaben für eine öffentliche Kasse zu erheben hat, wird, wenn er Abgaben, von denen er weiß, daß der Zahlende sie überhaupt nicht oder nur in geringerem Betrage verschuldet, erhebt, und das rechtswidrig Erhobene ganz oder zum Theil nicht zur Kasse bringt, mit Gefängniß nicht unter drei Monaten bestraft.

Gleiche Strafe trifft den Beamten, welcher bei amtlichen Ausgaben an Geld oder Naturalien dem Empfänger vorsätzlich und rechtswidrig Abzüge macht und die Ausgaben als vollständig geleistet in Rechnung stellt.

§ 353a. Beamte des Auswärtigen Amtes.

§. 353a. Ein Beamter im Dienste des Auswärtigen Amtes des Deutschen Reichs, welcher die Amtsverschwiegenheit dadurch verletzt, daß er ihm amtlich anvertraute oder zugängliche Schriftstücke oder eine ihm von seinem Vorgesetzten ertheilte Anweisung oder deren Inhalt Anderen widerrechtlich mittheilt, wird, sofern nicht nach anderen Bestimmungen eine schwerere Strafe verwirkt ist, mit Gefängniß oder mit Geldstrafe bis zu fünftausend Mark bestraft.

Gleiche Strafe trifft einen mit einer auswärtigen Mission betrauten oder bei einer solchen beschäftigten Beamten, welcher den ihm durch seinen Vorgesetzten amtlich ertheilten Anweisungen vorsätzlich zuwiderhandelt, oder welcher in der Absicht, seinen Vorgesetzten in dessen amtlichen Handlungen irre zu leiten, demselben erdichtete oder entstellte Thatsachen berichtet.

§ 354. Postbeamte.

§. 354. Ein Postbeamter, welcher die der Post anvertrauten Briefe oder Packete in anderen, als den im Gesetze vorgesehenen Fällen eröffnet oder unterdrückt, oder einem Anderen wissentlich eine solche Handlung gestattet, oder ihm dabei wissentlich Hülfe leistet, wird mit Gefängniß nicht unter drei Monaten bestraft.

§ 355. Telegraphenbeamte.

§. 355. Telegraphenbeamte oder andere mit der Beaufsichtigung und Bedienung einer zu öffentlichen Zwecken dienenden Telegraphenanstalt betraute Personen, welche die einer Telegraphenanstalt anvertrauten Depeschen verfälschen oder in anderen, als in den im Gesetze vorgesehenen Fällen eröffnen oder unterdrücken, oder von ihrem Inhalte Dritte rechtswidrig benachrichtigen, oder einem Anderen wissentlich eine solche Handlung gestatten oder ihm dabei wissentlich Hülfe leisten, werden mit Gefängniß nicht unter drei Monaten bestraft.

§ 356. Rechtsanwälte.

§. 356. Ein Advokat, Anwalt oder ein anderer Rechtsbeistand, welcher bei den ihm vermöge seiner amtlichen Eigenschaft anvertrauten Angelegenheiten in derselben Rechtssache beiden Parteien durch Rath oder Beistand pflichtwidrig dient, wird mit Gefängniß nicht unter drei Monaten bestraft.

Handelt derselbe im Einverständnisse mit der Gegenpartei zum Nachtheile seiner Partei, so tritt Zuchthausstrafe bis zu fünf Jahren ein.

§. 357. Ein Amtsvorgesetzter, welcher seine Untergebenen zu einer strafbaren Handlung im Amte vorsätzlich verleitet oder zu verleiten unternimmt, oder eine solche strafbare Handlung seiner Untergebenen wissentlich geschehen läßt, hat die auf diese strafbare Handlung angedrohte Strafe verwirkt.

Dieselbe Bestimmung findet auf einen Beamten Anwendung, welchem eine Aufsicht oder Kontrole über die Amtsgeschäfte eines anderen Beamten übertragen ist, sofern die von diesem letzteren Beamten begangene strafbare Handlung die zur Aufsicht oder Kontrole gehörenden Geschäfte betrifft.

§ 358. Aberkennung der Fähigkeit zur Bekleidung öffentlicher Aemter.

§. 358. Neben der nach Vorschrift der §§. 331, 339 bis 341, 352 bis 355 und 357 erkannten Gefängnißstrafe kann auf Verlust der Fähigkeit zur Bekleidung öffentlicher Aemter auf die Dauer von Einem bis zu fünf Jahren erkannt werden.

§. 359. Unter Beamten im Sinne dieses Strafgesetzes sind zu verstehen alle im Dienste des Reichs oder in unmittelbarem oder mittelbarem Dienste eines Bundesstaats auf Lebenszeit, auf Zeit oder nur vorläufig angestellte Personen, ohne Unterschied, ob sie einen Diensteid geleistet haben oder nicht, ingleichen Notare, nicht aber Advokaten und Anwalte.

Polizei-Exekutiv-Beamte sind als Beamte anzusehen, sobald sie für ihren Dienst vereidet oder einstweilen verpflichtet sind, mögen sie im Uebrigen auch noch aktive Militärpersonen sein. Zu ihrer Verwendung im Polizei-Exekutiv-Dienst ist die Genehmigung der Landespolizeibehörde (Regierung) erforderlich. Bei Kommunal-Polizei-Beamten erfolgt vom 1. 4. 1900 ab die Anstellung durch Aushändigung einer Anstellungsurkunde.

Neunundzwanzigster Abschnitt.

Uebertretungen.

Gemäß der Ueberschrift des I. Theils St.G.B. finden die dortigen allgemeinen Bestimmungen auch auf die jetzt folgenden Uebertretungsparagraphen Anwendung, soweit sie nicht ausdrücklich auf Verbrechen und Vergehen beschränkt waren. Sie finden auch Anwendung auf die Polizei-Verordnungen, wenn diese nicht abweichende Bestimmungen enthalten.

Wichtig aus dem I. Theil bezüglich Uebertretungen ist Folgendes:

Nach § 1 Abs. 3 ist eine mit Haft oder mit Geldstrafe bis 150 Mk. bedrohte Handlung eine Uebertretung. Die mindeste Strafe ist 1 Mk. (§. 27) und Geldstrafe ist in Haft umzuwandeln (§ 28), das Mindestmaß ist 1 Tag. (§ 29.)

Gegenstände, welche durch eine Uebertretung des St.G.B. hervorgebracht oder zur Begehung einer derartigen Uebertretung gebraucht oder bestimmt sind, können nur eingezogen werden (§ 40), wenn die Zulässigkeit besonders ausgesprochen ist, wie §§ 360, 367, 369 am Schluß.

Straflos sind der Versuch einer Uebertretung (§ 43), die Beihülfe dazu (§ 49), Begünstigung (§ 257), sowie die Aufforderung und das Erbieten dazu (§§ 49a—50), dagegen ist der Mitthäter (§ 47) und der Anstifter (§ 48) strafbar wie der Thäter selbst.

Eine Uebertretung verjährt in drei Monaten (§ 67 Abs. 3), wenn nicht inzwischen eine richterliche Handlung oder polizeiliche Strafverfügung in dieser Sache ergangen ist (§ 68), die Vollstreckung einer wegen Uebertretung festgesetzten Strafe verjährt in 2 Jahren nach eingetretener Rechtskraft (§ 70[6]), die festgesetzte Strafe wird rechtskräftig, falls nicht binnen einer Woche nach Zustellung Widerspruch erhoben ist.

Die im I. Theil St.G.B. über Strafausschließung, Strafmilderung, und Strafanträge enthaltenen Bestimmungen gelten auch für Uebertretungen.

Vorläufige Festnahme bei Uebertretungen siehe Anmerkung zu § 239, Seite 162.

Polizeiliche Bestrafung wegen Uebertretungen.

Zuständig zur Bestrafung von Uebertretungen ist meist der Verwalter der Ortspolizei, sodann und als Berufungsinstanz das Schöffengericht. Der § 453 Abs. 1 St.P.O. lautet:

„Wo nach den Bestimmungen der Landesgesetze die Polizeibehörden befugt sind, eine in den Strafgesetzen angedrohte Strafe durch Verfügung festzusetzen, erstreckt sich diese Befugniß nur auf Uebertretungen."

Für Preußen ist eine solche landesgesetzliche Befugniß ergangen durch das Gesetz vom 23. 4. 1883, betr. den Erlaß polizeilicher Strafverfügungen wegen Uebertretungen, welches beginnt:

„Wer die Polizei-Verwaltung in einem bestimmten Bezirke auszuüben hat, ist befugt, wegen der in diesem Bezirke verübten, in seinen Verwaltungsbereich fallenden Uebertretungen die Strafe durch Verfügungen festzusetzen, sowie eine etwa verwirkte Einziehung zu verhängen."

Das höchste polizeiliche Strafmaß ist Geldstrafe von 30 Mk. ev. 3 Tage Haft (als Exekutivstrafen kann die Polizei nach § 132 des Gesetzes über die allgemeine Landesverwaltung vom 30. 7. 1883 höher gehen), eine polizeiliche Strafe zählt nicht als eine gerichtliche und wird daher nicht eingetragen.

Polizeiliche Bestrafung findet nicht statt

a) bei Uebertretungen, für deren Aburtheilung die Rheinschifffahrtsgerichte, die Elbzollgerichte und die Gewerbegerichte zuständig sind;

b) bei Uebertretungen der Vorschriften über die Erhebung öffentlicher Abgaben oder Gefälle;

c) bei Uebertretung bergpolizeilicher Vorschriften;

d) bei solchen Uebertretungen, bei denen nach § 362 St.G.B. Ueberweisung an die Landespolizeibehörde zulässig ist (Bettler, Prostituirte, Arbeitsscheue, strafbare Obdachlosigkeit ꝛc.);

e) bei Zuwiderhandlungen gegen die §§ 146, 146a und 147 der Gewerbe-Ordnung, weil das dort enthaltene Strafmaß höher ist als das nach dem St.G.B. für Uebertretungen zulässige;

f) bei Zuwiderhandlungen gegen das Forstdiebstahls-Gesetz vom 15. 4. 78;

g) bei Uebertretungen auf solchen polizeilichen Gebieten, welche der Ortspolizei abgenommen und besonderen Behörden gesetzlich übertragen sind (Hafen-, Strom- und Schifffahrts-, Deich-, Eisenbahn-, Chaussee- ev. auch Baupolizei);

h) wenn der Polizei-Verwalter ein höheres Strafmaß für angezeigt hält, als er verhängen kann (30 Mk. ev. 3 Tage Haft), oder ein persönliches Interesse am Ausgang der Sache hat oder über Thatbestand bzw. Strafvorschrift im Zweifel ist;

i) wenn die Amtsanwaltschaft bereits eingeschritten ist.

Die zur polizeilichen Bestrafung gelangenden Fälle werden in eine jährlich mit Nr. 1 beginnende Strafliste eingetragen, Aktenbogen angelegt und die Strafverfügungen nach dem vorgeschriebenen Formular ausgefertigt. Die Strafverfügung muß durch einen vereideten öffentlichen Beamten zugestellt werden, das sind die Polizei-Exekutiv-Beamten. Die Ausführungs-Anweisung vom 8. 6. 1883 zum Gesetz vom 23. 4. 1883 über die polizeilichen Strafverfügungen besagt im §. 10:

„1. Die ausgefertigte Strafverfügung ist dem Beschuldigten durch einen vereideten öffentlichen Beamten zuzustellen. Der Beamte hat die Verfügung dem Beschuldigten in Person, wenn dieser aber in der Wohnung nicht angetroffen wird, einem zu der Familie gehörenden erwachsenen Hausgenossen oder einer in der Familie dienenden erwachsenen Person, falls solche Personen in der Wohnung des Beschuldigten angetroffen werden, andernfalls dem in demselben Hause wohnenden Hauswirth oder Vermiether, vorausgesetzt, daß diese zur Annahme bereit sind, zu übergeben.

Für Gewerbetreibende, welche ein besonderes Geschäftslokal haben, kann, wenn sie dort nicht angetroffen werden, die Zustellung an einen darin anwesenden Gewerbegehilfen erfolgen.

Wird die Annahme in einem Falle, in welchem dies nach vorstehenden Bestimmungen nicht ausdrücklich zugelassen ist, verweigert, so ist die Ausfertigung der Strafverfügung am Orte der Zustellung zurückzulassen.

2. Ist die Zustellung nach diesen Bestimmungen nicht ausführbar, so kann sie dadurch erfolgen, daß die Ausfertigung der Strafverfügung bei der Ortsbehörde (Gemeinde- oder

Polizei-Behörde) oder bei dem Postamte des Zustellungsorts niedergelegt und die Niederlegung sowohl durch eine an der Thür der Wohnung zu befestigende schriftliche Anzeige, als auch soweit thunlich durch mündliche Mittheilung an zwei in der Nachbarschaft wohnende Personen bekannt gemacht wird.

3. Der zustellende Beamte hat auf der Ausfertigung der Strafverfügung unter Beifügung seines Namens den Tag der Zustellung, z. B. zugestellt am 20. Oktober 1883,

Müller, Amtsbote,

zu vermerken und auf dem ihm mit der Ausfertigung zu übergebenden Aktenbogen unter Nr. 4 über die Zustellung unter Angabe des Tages derselben zu berichten.

4. (Betrifft Zustellung durch die Post.)

5. Die Zustellung für einen Unteroffizier oder einen Gemeinen des aktiven Heeres oder der aktiven Marine erfolgt an den Chef der zunächst vorgesetzten Kommandobehörde (Chef der Kompagnie, Eskadron, Batterie)."

Gegen die polizeiliche Strafverfügung (Strafmandat) kann der Bestrafte innerhalb einer Woche nach erfolgter Zustellung Widerspruch erheben und auf gerichtliche Entscheidung antragen. Dieser Antrag kann bei der betreffenden Polizeibehörde schriftlich oder zu Protokoll oder bei dem zuständigen Amtsgericht schriftlich oder zum Protokoll des Gerichtsschreibers gestellt werden. Erfolgt binnen dieser Frist ein solcher Antrag nicht, so ist die Strafe rechtskräftig. Die Polizeibehörde ist befugt, eine ergangene Strafverfügung zurückzunehmen oder die festgesetzte Strafe zu ermäßigen. Die gerichtliche Entscheidung erfolgt durch das Schöffengericht.

Bei den Amtsgerichten kann nach § 447 St.P.O. durch schriftlichen Strafbefehl des Amtsrichters ohne vorgängige Verhandlung eine Strafe festgesetzt werden, wenn die Amtsanwaltschaft hierauf anträgt. Es geschieht dies namentlich bei Uebertretungen, und wenn der Angeklagte geständig ist. Personen, die wegen Uebertretung von der Polizei vorgeführt werden, können nach § 211 St.P.O. vom Amtsrichter allein ohne Zuziehung von Schöffen bestraft werden, wenn sie geständig sind und Widerspruch nicht erheben. Es geschieht dies vielfach bei Bettlern und Prostituirten.

§. 360. Mit Geldstrafe bis zu einhundertfunfzig Mark oder mit Haft wird bestraft:

1. wer ohne besondere Erlaubniß Risse von Festungen oder einzelnen Festungswerken aufnimmt oder veröffentlicht;

Mittheilung von Festungsplänen an das Ausland wird als Landesverrath bestraft. Wer den von der Militärbehörde erlassenen, an Ort und Stelle erkennbar gemachten Anordnungen zuwider Befestigungsanlagen, Anstalten des Heeres oder der Marine, Kriegsschiffe, Kriegsfahrzeuge oder militärische Versuchs- oder Uebungsplätze betritt, wird nach § 8 des Gesetzes vom 3. 7. 1893 gegen den Verrath militärischer Geheimnisse bestraft.

2. wer außerhalb seines Gewerbebetriebes heimlich oder wider das Verbot der Behörde Vorräthe von Waffen oder Schießbedarf aufsammelt;

3. wer als beurlaubter Reservist oder Wehrmann der Land- oder Seewehr ohne Erlaubniß auswandert, ebenso wer als Ersatzreservist erster Klasse auswandert, ohne von seiner bevorstehenden Auswanderung der Militärbehörde Anzeige erstattet zu haben;

Die Bestimmungen der Wehrordnung sind inzwischen geändert. Einer Erlaubniß zur Auswanderung bedürfen Reservisten, Land- und Seewehrmänner I. Aufgebots und alle Ersatzreservisten ohne Unterschied bis zum 30. Lebensjahr. Land- bezw. Seewehrmänner II. Aufgebots haben nur Anzeige zu erstatten. Bestrafung wird vom Landwehrbezirks-Kommando beantragt.

4. wer ohne schriftlichen Auftrag einer Behörde Stempel, Siegel, Stiche, Platten oder andere Formen, welche zur Anfertigung von Metall- oder Papiergeld, oder von solchen Papieren, welche nach §. 149 dem Papiergelde gleich geachtet werden,

oder von Stempelpapier, Stempelmarken, Stempelblanketten, Stempelabdrücken, Post- oder Telegraphenwerthzeichen, öffentlichen Bescheinigungen oder Beglaubigungen dienen können, anfertigt oder an einen Anderen als die Behörde verabfolgt;

Hierher gehören auch die Kautschukstempel zu amtlichen Zwecken, welche nur im Auftrage der betr. Behörde angefertigt werden dürfen.

Die Anfertigung derartiger Stempel zu verbrecherischen Zwecken wird nach § 151 bestraft, wenn es sich um Verfertigung von Geld und Werthpapieren handelt, sonst nach § 275.

5. wer ohne schriftlichen Auftrag einer Behörde den Abdruck der in Nr. 4 genannten Stempel, Siegel, Stiche, Platten oder Formen, oder einen Druck von Formularen zu den daselbst bezeichneten öffentlichen Papieren, Beglaubigungen oder Bescheinigungen unternimmt, oder Abdrücke an einen Anderen als die Behörde verabfolgt;
6. wer Waaren-Empfehlungskarten, Ankündigungen oder andere Drucksachen oder Abbildungen, welche in der Form oder Verzierung dem Papiergelde oder den dem Papiergelde nach §. 149 gleich geachteten Papieren ähnlich sind, anfertigt oder verbreitet, oder wer Stempel, Stiche, Platten oder andere Formen, welche zur Anfertigung von solchen Drucksachen oder Abbildungen dienen können, anfertigt;
7. wer unbefugt die Abbildung des Kaiserlichen Wappens oder von Wappen eines Bundesfürsten oder von Landeswappen gebraucht;

Durch A.-Erl. vom 16. 8. 1872 ist den deutschen Fabrikanten der Gebrauch und die Abbildung des Kaiserlichen Adlers (Reichsadler mit Brustschild und Krone wie auf den Reichsmünzen) zur Bezeichnung ihrer Waaren oder Etiketten gestattet, nicht jedoch zur Bezeichnung der Räume, in denen diese Waaren verkauft oder aufbewahrt werden, auch ist die Anwendung eines Wappenschildes hierbei unzulässig. Ein eigenmächtiger Gebrauch und die Abbildung des Kgl. Preuß. Wappens zur Bezeichnung von Waaren und Etiketten ist durch A.K.O. vom 16. 10. 1881 ausdrücklich untersagt. Nur die Hoflieferanten dürfen das betreffende Wappen anbringen, und dieses als ein persönliches Recht geht auf den Geschäftsnachfolger nicht über. Der Gebrauch des Genfer Rothen Kreuzes ist nicht verboten.

8. wer unbefugt eine Uniform, eine Amtskleidung, ein Amtszeichen, einen Orden oder ein Ehrenzeichen trägt, oder Titel, Würden oder Adelsprädikate annimmt, ingleichen wer sich eines ihm nicht zukommenden Namens einem zuständigen Beamten gegenüber bedient;

Die Aberkennung der bürgerlichen Ehrenrechte hat den dauernden Verlust der erworbenen öffentlichen Aemter, Würden, Titel, Orden und Ehrenzeichen zur Folge.

Unter Titeln sind hier Amtstitel und staatliche Charakterverleihungen zu verstehen. Zum zukommenden Namen gehört außer dem Familiennamen auch der Vorname. Zuständige Beamte sind alle Polizei-Exekutiv-Beamten, wenn sie sich in rechtmäßiger Amtsausübung befinden und durch ihre Uniform oder sonst legitimirt sind.

9. wer gesetzlichen Bestimmungen zuwider ohne Genehmigung der Staatsbehörde Aussteuer-, Sterbe- oder Wittwenkassen, Versicherungsanstalten oder andere dergleichen Gesellschaften oder Anstalten errichtet, welche bestimmt sind, gegen Zahlung eines Einkaufsgeldes oder gegen Leistung von Geldbeiträgen beim Eintritte gewisser Be-

dingungen oder Fristen, Zahlungen an Kapital oder Rente zu leisten;

Derartige Einrichtungen werden vielfach von Vereinen getroffen. Sie bedürfen der Genehmigung durch die Regierung, wenn den Mitgliedern ein klagbares Recht auf Zahlung einer bestimmten Summe zusteht.

10. wer bei Unglücksfällen oder gemeiner Gefahr oder Noth von der Polizeibehörde oder deren Stellvertreter zur Hülfe aufgefordert, keine Folge leistet, obgleich er der Aufforderung ohne erhebliche eigene Gefahr genügen konnte;

Der Polizei-Exekutiv-Beamte ist also nicht befugt, bei jeder Amtshandlung, bei welcher er auf Schwierigkeiten stößt, die Unterstützung des Publikums zu verlangen. Gemeine Gefahr ist gleichbedeutend mit allgemeiner und liegt vor, wenn dieselbe eine nicht im Voraus bestimmbare Anzahl von Personen oder Gegenständen betrifft.

11. wer ungebührlicherweise ruhestörenden Lärm erregt oder wer groben Unfug verübt;

Ruhestörender Lärm, wenn ungebührlich, ist eine Art des groben Unfugs. Dadurch, daß er hier besonders benannt ist, ist er namentlich, wenn er zur Nachtzeit erregt wird, leichter festzustellen, und es bedarf nicht so vieler Erwägungen wie bei dem auslegungsfähigen Begriff grober Unfug.

Grober Unfug.

Unfug ist alles, was ohne Fug und Recht gethan wird, also besser unterblieben wäre. Da solcher Unfug unendlich viel auch öffentlich verübt wird, so liegt es nahe und ist sehr bequem, alle diese Handlungen, die nicht recht erscheinen, Mangels eines anderen Strafparagraphen als groben Unfug zu bezeichnen und zur Anzeige zu bringen. Das geht zu weit, nicht jeder Unfug ist auch grober Unfug im Sinne des St.G.B. Der Polizei-Exekutiv-Beamte wird sich zuvor folgende Fragen beantworten:

1. Ist die öffentliche Ordnung gestört worden, indem

unbetheiligtes Publikum belästigt oder beunruhigt wurde?

II. Wie ist dies Gefühl bei den Betroffenen äußerlich zu Tage getreten? Wenn nicht, woraus ist zu schließen, daß doch eine erhebliche Beeinträchtigung des öffentlichen Interesses vorlag?

III. Hat der Thäter vorsätzlich und mit bewußter Rechtswidrigkeit oder unter Mißbrauch eines Rechtes gehandelt?

IV. Gab die betreffende Handlung unmittelbar zu der Störung der öffentlichen Ordnung Veranlassung, oder waren es sich anschließende Umstände, für die der Thäter nicht verantwortlich ist?

I. Grob und nach § 360[11] strafbar wird der Unfug erst, wenn er sich nicht mehr auf die mit dem Thäter in Beziehung stehenden Personen beschränkt, sondern unbetheiligte und beliebige Personen, d. h. die Allgemeinheit oder das Publikum berührt. Alsdann wird das allgemeine Interesse des Publikums und die öffentliche Ordnung verletzt, indem unbetheiligte Dritte, die Ruhe und Ordnung haben wollten, durch den Unfug unangenehm betroffen werden. Als Publikum gilt eine Mehrheit von Personen, die zufällig (z. B. auf der Straße) Zeuge waren oder (z. B. in Folge ihrer Wohnung) Kenntniß erhalten mußten, oder die doch, wenn sie absichtlich zu einem gemeinsamen Zweck sich zusammenfanden (z. B. in Kirchen, Theatern, öffentlichen Versammlungen, öffentlichen Lokalen), durch kein inneres Band vereinigt werden, sodaß von einer geschlossenen Gesellschaft, der der Thäter angehörte, nicht gesprochen werden kann. Daher kann nicht nur an öffentlichen Orten, sondern auch z. B. in einem verschlossenen Miethshause grober Unfug begangen werden, wenn durch eine störende Handlung eines Miethers nicht nur die darüber oder darunter wohnende Miethspartei, sondern ein überwiegender Theil der Hausbewohner, die Nachbarschaft oder die Passanten in Mitleidenschaft gezogen wurden. Im Dienst befindliche Polizei-Exekutiv-Beamte zählen nicht zum Publikum. Das Publikum muß vielmehr als solches im Gegensatz zu einzelnen Personen oder individuell abgegrenzten Personenkreisen gefährdet oder ungebührlich belästigt sein.

II. Das bloße Vorhandensein einer Handlung, durch welche eine solche Störung der öffentlichen Ordnung eingetreten ist, genügt nicht, es ist noch nachzuweisen, daß die betroffenen Personen ihrem Unwillen in äußerlich wahrnehmbarer Weise Ausdruck gegeben haben, sich nicht etwa nur im Stillen geärgert oder beunruhigt gefühlt haben. Dieser Nachweis wird am besten durch Namhaftmachung von Civilpersonen erbracht, die nicht zu den Unfugstiftern gehörten, Aergerniß nahmen, sich mißliebig äußerten, an die Fenster traten, sich sichtlich beunruhigt fühlten oder sonst ihr Mißfallen zu erkennen gaben.

Bei einer nach Hunderten zählenden Zahl betroffener Personen (z. B. Zeitungsleser, Zuschauer eines öffentlichen Aufzugs, Menschenansammlung) wird allerdings von diesem speziellen Nachweis durch einzelne Personen abgesehen werden können, wenn es feststeht, daß die betreffende Handlung nicht anders als beunruhigend wirken konnte und allgemein wahrgenommen werden mußte. Wenn daher durch Ulkhände ein öffentliches Denkmal entstellt oder entweiht ist, so ist für die Nacht nachzuweisen, daß und welche Personen gesehen, und wie sie ihr Aergerniß geäußert haben, bei Tage, wo viele Passanten sehen konnten und mußten, liegt grober Unfug jedenfalls vor. Ist die Entweihung aber mit Tagesanbruch beseitigt, ohne daß Aufsehen erregt worden war, so wird Bestrafung oft gar nicht, ev. aus § 304 St.G.B. (Beschädigung) oder nur auf Grund etwaiger Polizei-Verordnungen, jedenfalls nicht wegen groben Unfugs erfolgen können.

III. Der Thäter muß ferner die betreffende Handlung gewollt und im Bewußtsein der Rechtswidrigkeit gehandelt haben, mindestens ist beim Mißbrauch eines bestehenden Rechts erforderlich, daß der Thäter bei der nöthigen Ueberlegung die eingetretenen Folgen hätte vorhersehen müssen. Wer daher Nachts, um Einlaß zu finden, durch Klopfen an der Thür oder den Fenstern seines, wenn auch vermeintlichen Hauses nächtliche Ruhestörung begeht, ist nicht ohne Weiteres strafbar; wer es dagegen bei einem wissentlich fremden Hause thut, ist strafbar, wenn nur der Erfolg der Ruhestörung nachweisbar ist, auch wenn nur Ulk, nicht Ruhestörung von ihm beabsichtigt war. Ein sinnlos Betrunkener kann nicht wegen groben Unfugs bestraft werden.

IV. Schließlich ist erforderlich, daß die Störung der öffentlichen Ordnung durch die betreffende Handlung selbst unmittelbar herbeigeführt wurde, nicht erst durch Weiteres, das sich aus ihr entspann. Wenn z. B. ein Bettler zur Wache geführt wird, und es entsteht ein großer Menschenauflauf, aus welchem Stimmen theils für theils gegen den Bettler laut werden, so ist dieser wegen groben Unfugs strafbar, sobald er z. B. durch Schimpfen und Sträuben die öffentliche Aufmerksamkeit auf den Transport lenkte, ist dagegen dieserhalb straflos, wenn er ruhig mit dem Beamten ging.

12. **wer als Pfandleiher oder Rückkaufshändler bei Ausübung seines Gewerbes den darüber erlassenen Anordnungen zuwiderhandelt, insbesondere den durch Landesgesetz oder Anordnung der zuständigen Behörde bestimmten Zinsfuß überschreitet;**

Pfandleiher und Rückkaufshändler bedürfen gemäß § 34 G.O. zur Ausübung ihres Gewerbes der Erlaubniß. Die Bestimmungen über ihren Gewerbebetrieb sind gegeben durch das Gesetz vom 17. 3. 1881, betr. das Pfandleihgewerbe und die Ministerial-Verordnung vom 17. 6. 1881, betr. die Ausübung des Pfandleihgewerbes.

13. **wer öffentlich oder in Aergerniß erregender Weise Thiere boshaft quält oder roh mißhandelt;**

Es ist davon auszugehen, daß dieser sogenannte Thierschutzparagraph nicht in erster Linie die Thiere gegen Mißhandlung 2c., sondern hauptsächlich die Menschen gegen das öffentliche Aergerniß schützen will, das durch solche Thierquälereien erregt wird. Ebenso sind die verschiedenen Gesetze zum Schutze von Thieren (z. B. Fischen, Vögeln, Brieftauben, Wild), ferner die Viehseuchengesetze nicht allein im Interesse dieser Thiere ergangen, sondern vor allen Dingen im Interesse des Menschen, damit die Art der Thiere erhalten bleibe und der aus ihnen entstehende Vortheil dem Menschen nicht entzogen werde.

Es kommen eklatante Fälle von Thierquälereien vor, ohne daß Bestrafung aus § 360¹³ möglich wäre, weil das öffentliche Aergerniß Mangels Zeugen nicht nachweisbar ist. Diese Lücke des Gesetzes suchen die Thierschutzvereine auszufüllen, indem sie in Fällen, wo das Gesetz Anwendung finden kann, Bestrafung herbeizuführen bestrebt sind, in anderen Fällen das Loos der Thiere zu mildern suchen, hauptsächlich aber indem sie es sich angelegen sein lassen, Liebe zu den Thieren und Verständniß für die oft unbewußten Quälereien zu wecken. Diese Vereine suchen also die Thiere um ihrer selbst willen in Schutz zu nehmen, da die Thiere sich selbst nicht gegen rohe Mißhandlungen schützen können. Soweit der Polizei-Exekutiv-Beamte sich diesen Bestrebungen anschließt, handelt er als Privatmann.

Jeder Polizei-Exekutiv-Beamte ist aber durch sein Amt dazu berufen, für die Aufrechterhaltung der öffentlichen Ordnung zu sorgen und zu diesem Zweck gegen Quälerei und Mißhandlung von Thieren, wo sie öffentlich erfolgt, einzuschreiten, um das Publikum vor diesem Aergerniß zu bewahren.

Ueberall hat ferner die Polizei im Sinne des § 360 [13] spezielle Bestimmungen erlassen, um öffentliches Aergerniß durch Mißbrauch von Thieren zu verhindern, sie ist theilweise zu rein thierschützlerischen Anordnungen übergegangen. So bestehen wohl überall Polizei-Verordnungen, betreffend Verwendung kranker, lahmer und abgetriebener Zugthiere, Anspannen nicht ausgewachsener Hunde, Aufsitzen auf Hundefuhrwerke, Transport von Schlachtvieh und Geflügel auf den Straßen, Schlachtvorschriften, Ladefähigkeit der Eisenbahnwaggons rc. Ist die Exekutirung dieser gesetzlichen und polizeilichen Bestimmungen eine pflichtmäßige Aufgabe des Polizei-Exekutiv-Beamten, so darf er bei vorgefundener Uebertretung sich auch nicht mit einer Strafanzeige begnügen, sondern muß für Abhülfe des polizeiwidrigen Zustandes auf der Stelle sorgen. Veranlaßt er daher die Heranholung von Vorspann, das Ausspannen sichtlich kranker Pferde, spätere thierärztliche Untersuchung anderer Pferde, Ausladen überladener Viehtransportwagen u. s. w., so handelt er im polizeilichen Interesse zur Verhütung öffentlichen Aergernisses, es kommt aber auch den Thieren zu gute. Hierher gehört auch die Aufmerksamkeit auf den Zustand der Wege bei Bauten und Ausschachtungen, daß sie entsprechend hergerichtet werden.

Also nicht ausschließlich durch Strafanzeigen behufs gerichtlicher oder polizeilicher Bestrafung wirkt der Polizei-Exekutiv-Beamte auch auf diesem Gebiete im Sinne seiner Aufgabe, mehr noch und wirksamer durch Vorbeuge und Abhülfe, wenn die öffentliche Ordnung durch Quälerei und Mißhandlung von Thieren gestört zu werden droht. Dazu ist er berechtigt und verpflichtet. Wenn er aus dem Publikum auf thatsächliche Scenen von Quälerei und Mißhandlung von Thieren aufmerksam gemacht wird, so pflegt das öffentliche Aergerniß schon erwiesen zu sein.

14. wer unbefugt auf einem öffentlichen Wege, einer Straße, einem öffentlichen Platze oder in einem öffentlichen Versammlungsorte Glücksspiele hält.

In den Fällen der Nummern 1, 2, 4, 5, 6 und 14 kann neben der Geldstrafe oder der Haft auf Einziehung der Risse von Festungen oder Festungswerken, der Vorräthe von Waffen oder Schießbedarf, der Stempel, Siegel, Stiche, Platten oder anderen Formen, der Abdrücke oder Abbildungen oder der auf dem Spieltische oder in der Bank befindlichen Gelder erkannt werden, ohne Unterschied, ob sie dem Verurtheilten gehören oder nicht.

Der Paragraph richtet sich gegen die Glücksspiele, die von fliegenden Händlern, bei Volksbelustigungen oder von Restaurateuren dem Publikum dargeboten zu werden pflegen, cfr. Seite 195. Das Bankhalten im Falle der §§ 284, 285 (Hazardspiel) gehört nicht hierher.

§. 361. Mit Haft wird bestraft:

1. wer, nachdem er unter Polizei-Aufsicht gestellt worden ist, den in Folge derselben ihm auferlegten Beschränkungen zuwiderhandelt;

Ueber die mit der Polizei-Aufsicht verbundenen Beschränkungen siehe Seite 58.

2. wer, nachdem er des Bundesgebietes oder des Gebietes eines Bundesstaats verwiesen ist, ohne Erlaubniß zurückkehrt;
3. wer als Landstreicher umherzieht;

Als Landstreicher ist anzusehen, wer ohne die Absicht zu arbeiten das Land durchzieht und sich durch Betteln und sonstige unlautere Mittel ernährt. Der Regel nach ist aus den letzten 4 Wochen ein Arbeitsnachweis zu verlangen. Die Quittungskarten und Wanderbücher sind ein gutes Mittel zum Nachweis der Arbeitslosigkeit und Landstreicherei. Zum Nachweis ist Vernehmung erforderlich, in welcher auf die seit der letzten nachweisbaren Arbeit durchstreifte Tour und den Erwerb des Unterhalts einzugehen ist. Meist wird hierbei das Betteln eingestanden. Das Mitnehmen der Verpflegungsstationen und Einholen der ortsüblichen Geschenke bei den Handwerksmeistern und -Genossen ist keine Bettelei.

4. wer **bettelt** oder Kinder zum Betteln **anleitet** oder ausschickt, oder Personen, welche seiner Gewalt und Aufsicht untergeben sind und zu seiner Hausgenossenschaft gehören, vom Betteln **abzuhalten unterläßt**;

Zur Strafbarkeit des Bettelns gehört, daß die Mildthätigkeit fremder Personen um ein Almosen in Geld, Kleidungsstücken oder Lebensmitteln angesprochen wird, die mit dem Bittenden keine Beziehung durch Verwandtschaft, Freundschaft oder gleichen Erwerb, Beruf oder Lebensstellung haben. Direktes Ansprechen ist nicht erforderlich, es genügt schon, wenn aus Gebärden, Handbewegungen u. s. w. die Absicht, Almosen zu erhalten, klar erhellt. Die versteckte Bettelei durch Feilbieten von Streichhölzern 2c. ist Sonntags leicht zu beseitigen, da nicht feilgehalten werden darf. Bettelei unter falschen Vorspiegelungen ist als Betrug strafbar. Das Feilbieten von Streichhölzern, Blumensträußchen durch Kinder auf den Straßen und in öffentlichen Lokalen ist meist versteckte Bettelei und schon nach § 42b Abs. 5 G.O. strafbar:

„Kinder unter 14 Jahren dürfen auch, wenn eine Bestimmung nach Absatz 1 nicht getroffen ist, auf öffentlichen Wegen, Straßen, Plätzen oder an öffentlichen Orten oder ohne vorgängige Bestellung von Haus zu Haus Gegenstände nicht feilbieten. In Orten, wo ein derartiges Feilbieten durch Kinder herkömmlich ist, darf die Ortspolizeibehörde ein solches für bestimmte Zeitabschnitte, welche in einem Kalenderjahre zusammen 4 Wochen nicht überschreiten dürfen, gestatten."

Meist bestehen aber noch besondere Polizei-Verordnungen, welche auch den Wirth bedrohen, der solches Hausiren durch Kinder nicht verhindert.

5. wer sich dem Spiel, Trunk oder Müßiggang dergestalt hingiebt, daß er in einen Zustand geräth, in welchem zu seinem Unterhalte oder zum Unterhalte derjenigen, zu deren Ernährung er verpflichtet ist, durch Vermittelung der Behörde fremde Hülfe in Anspruch genommen werden muß;

Es muß festgestellt werden, daß thatsächlich eine Unfähigkeit zur Ernährung durch Spiel, Trunk oder Müßiggang herbeigeführt ist, die bloße Thatsache, daß solche Angehörige ohne Hülfe gelassen werden, genügt nicht.

6. eine Weibsperson, welche wegen gewerbsmäßiger Unzucht einer polizeilichen Aufsicht unterstellt ist, wenn sie den in dieser Hinsicht zur Sicherung der Gesundheit, der öffentlichen Ordnung und des öffentlichen Anstandes erlassenen polizeilichen Vorschriften zuwiderhandelt, oder welche, ohne einer solchen Aufsicht unterstellt zu sein, gewerbsmäßig Unzucht treibt;

Strafbar ist also nicht eine Frauensperson, die sich freiwillig unter Kontrolle stellen läßt, um Gewerbsunzucht treiben zu dürfen. Die Unterstellung berechtigt nur für den Polizeibezirk des Unterstellungsortes und etwa im Einvernehmen der Behörde einbegriffene sonstige Orte.

7. wer, wenn er aus öffentlichen Armenmitteln eine Unterstützung empfängt, sich aus Arbeitsscheu weigert, die ihm von der Behörde angewiesene, seinen Kräften angemessene Arbeit zu verrichten;

8. wer nach Verlust seines bisherigen Unterkommens binnen der ihm von der zuständigen Behörde be-

stimmten Frist sich kein anderweitiges Unterkommen verschafft hat und auch nicht nachweisen kann, daß er solches der von ihm angewandten Bemühungen ungeachtet nicht vermocht habe;

Strafbare Obdachlosigkeit.

9. wer Kinder oder andere unter seiner Gewalt stehende Personen, welche seiner Aufsicht untergeben sind und zu seiner Hausgenossenschaft gehören, von der Begehung von Diebstählen, sowie von der Begehung strafbarer Verletzungen der Zoll- oder Steuergesetze, oder der Gesetze zum Schutze der Forsten, der Feldfrüchte, der Jagd oder der Fischerei abzuhalten unterläßt. Die Vorschriften dieser Gesetze über die Haftbarkeit für die den Thäter treffenden Geldstrafen oder anderen Geldleistungen werden hierdurch nicht berührt;

Außer der Thatsache des Diebstahls muß ein Mangel an pflichtmäßiger Aufsicht oder eine Vernachlässigung der Erziehungspflichten seitens der Eltern oder derjenigen Personen, in deren Gewalt die Uebelthäter stehen, erwiesen werden.

10. wer, obschon er in der Lage ist, diejenigen, zu deren Ernährung er verpflichtet ist, zu unterhalten, sich der Unterhaltspflicht trotz der Aufforderung der zuständigen Behörde derart entzieht, daß durch Vermittelung der Behörde fremde Hülfe in Anspruch genommen werden muß.

In den Fällen der Nr. 9 und 10 kann statt der Haft auf Geldstrafe bis zu einhundertfunfzig Mark erkannt werden.

Die Aufforderung zur Unterhaltung muß vorangegangen sein, zuständige Behörde ist die Armen-Verwaltung.

§. 362. Die nach Vorschrift des §. 361 Nr. 3 bis 8 Verurtheilten können zu Arbeiten, welche ihren Fähigkeiten und Verhältnissen angemessen sind, innerhalb und, sofern sie von anderen freien Arbeitern getrennt gehalten werden, auch außerhalb der Strafanstalt angehalten werden.

Bei der Verurtheilung zur Haft kann zugleich erkannt werden, daß die verurtheilte Person nach verbüßter Strafe der Landespolizeibehörde zu überweisen sei. Im Falle des §. 361 Nr. 4 ist dieses jedoch nur dann zulässig, wenn der Verurtheilte in den letzten drei Jahren wegen dieser Uebertretung mehrmals rechtskräftig verurtheilt worden ist, oder wenn derselbe unter Drohungen oder mit Waffen gebettelt hat.

Durch die Ueberweisung erhält die Landespolizeibehörde die Befugniß, die verurtheilte Person bis zu zwei Jahren entweder in ein Arbeitshaus unterzubringen oder zu gemeinnützigen Arbeiten zu verwenden. Im Falle des §. 361 Nr. 6 kann die Landespolizeibehörde die verurtheilte Person statt in ein Arbeitshaus in eine Besserungs- oder Erziehungsanstalt oder in ein Asyl unterbringen; die Unterbringung in ein Arbeitshaus ist unzulässig, falls die verurtheilte Person zur Zeit der Verurtheilung das achtzehnte Lebensjahr noch nicht vollendet hat.

Ist gegen einen Ausländer auf Ueberweisung an die Landespolizeibehörde erkannt, so kann neben oder an Stelle der Unterbringung Verweisung aus dem Bundesgebiet eintreten.

§. 363. Wer, um Behörden oder Privatpersonen zum Zwecke seines besseren Fortkommens oder des besseren Fortkommens eines Anderen zu täuschen, Pässe,

Militärabschiede, Wanderbücher oder sonstige Legitimationspapiere, Dienst- oder Arbeitsbücher oder sonstige auf Grund besonderer Vorschriften auszustellende Zeugnisse, sowie Führungs- oder Fähigkeitszeugnisse falsch anfertigt oder verfälscht, oder wissentlich von einer solchen falschen oder verfälschten Urkunde Gebrauch macht, wird mit Haft oder mit Geldstrafe bis zu einhundertfunfzig Mark bestraft.

Gleiche Strafe trifft denjenigen, welcher zu demselben Zwecke von solchen für einen Anderen ausgestellten echten Urkunden, als ob sie für ihn ausgestellt seien, Gebrauch macht, oder welcher solche für ihn ausgestellte Urkunden einem Anderen zu dem gedachten Zwecke überläßt.

Dieser Paragraph schafft eine mildere Bestrafung für die Urkundenfälschung (§§ 267, 270), welche zum Zweck besseren Fortkommens begangen wurde, um einen fördernden Ausweis über persönliche Verhältnisse zu schaffen. Selbst offenbare Urkundenfälschung, um Almosen zu erhalten, wird nur aus § 363 bestraft, wenn dagegen durch die Fälschung der Nachweis eines Rechtes erbracht werden sollte, so bleibt die Urkundenfälschung bezw. bei Vermögensvortheil der Betrug bestehen. Die im § 363 genannten Papiere sind kurz: Legitimationspapiere, Dienst- und Arbeitsbücher, Privatzeugnisse. Nothwendig zur Strafbarkeit ist, daß von den verfälschten Ausweispapieren bereits Gebrauch gemacht ist. Z. B. reicht die offenkundige Thatsache der Verfälschung eines Dienstbuches zur Strafbarkeit nicht aus, da das Buch Eigenthum des Inhabers ist, mit dem er machen kann, was er will. Es muß nachgewiesen werden, daß der Inhaber auf Grund des verfälschten Buches einen Dienst gesucht oder gefunden hat. Die Quittungskarten der Invaliditäts- und Altersversicherung werden nicht als Legitimationspapiere im Sinne des § 363, sondern als öffentliche Urkunden angesehen.

§. 364. Mit Geldstrafe bis zu einhundertfunfzig Mark wird bestraft, wer wissentlich schon einmal verwendetes Stempelpapier nach gänzlicher oder theilweiser Entfernung der darauf gesetzten Schriftzeichen, oder schon einmal verwendete Stempelmarken, Stempelblankette oder ausgeschnittene oder sonst abgetrennte Stempelabdrücke der im §. 276 bezeichneten Art veräußert oder feilhält.

Gleiche Strafe trifft denjenigen, welcher wissentlich schon einmal verwendete Post- oder Telegraphen-Werthzeichen nach gänzlicher oder theilweiser Entfernung des Entwerthungszeichens veräußert oder feilhält.

Die wissentliche nochmalige Verwendung dieser Werthzeichen ist als Vergehen nach § 276 härter strafbar als das Veräußern und Feilhalten.

§. 365. Wer in einer Schankstube oder an einem öffentlichen Vergnügungsorte über die gebotene Polizeistunde hinaus verweilt, ungeachtet der Wirth, sein Vertreter oder ein Polizeibeamter ihn zum Fortgehen aufgefordert hat, wird mit Geldstrafe bis zu funfzehn Mark bestraft.

Der Wirth, welcher das Verweilen seiner Gäste über die gebotene Polizeistunde hinaus duldet, wird mit Geldstrafe bis zu sechszig Mark oder mit Haft bis zu vierzehn Tagen bestraft.

Polizeistunde ist die von der Polizei festgesetzte Stunde, bis zu welcher der Aufenthalt und das Bewirthen von Gästen in Schankwirthschaften und öffentlichen Versammlungsräumen erfolgen darf. Es heißt also Polizeistunde um 10 Uhr, nicht bis 10 Uhr.

Zunächst gilt für jedes Schanklokal die ein für allemal von der Regierung festgesetzte Landespolizeistunde, meist 10 Uhr. Die Ortspolizei ist berechtigt, für das einzelne Lokal diese Landespolizeistunde dauernd oder bei besonderen Veranlassungen zu verlängern. Der Polizeistunde unterliegt nicht die Bewirthung eingekehrter Fremder in Hotels, Gastwirthschaften,

Herbergen und Bahnhofsrestaurationen, doch müssen es wirklich Ortsfremde (Reisende) sein. Verboten ist das Verweilen und Bewirthen sonstiger Gäste nach eingetretener Polizeistunde sowohl in den konzessionirten Räumen, auch bei verschlossenen Thüren, als auch in den Privatzimmern des Wirthes. Als sogenannte Privatgäste, für welche die Polizeistunde — aber nur für diese allein — nicht gilt, sind nur solche Gäste anzusehen, die der Wirth für den Abend eingeladen hat und umsonst bewirthet, nicht aber sonstige Gäste, die erst bei Eintritt der Polizeistunde vom Wirth freigehalten werden, um unter dieser falschen Flagge ihr längeres Verweilen zu ermöglichen. Das Setzen von Gästen in Privatzimmer des Wirths ist schon deshalb unstatthaft, weil diese Räume nicht zur Ausübung der Schankwirthschaft konzessionirt sind.

Wegen Ueberschreitung der Polizeistunde kann Wirth und Gast strafbar sein.

Der Wirth muß bei Eintritt der Polizeistunde hiervon Kenntniß geben. Es genügt jedoch nicht, daß er z. B. sagt: „Meine Herren, es ist Feierabend", wenn er dann ruhig weiter gewähren läßt, er ist für die wirkliche Entfernung der Gäste verantwortlich und muß sie auffordern, das Lokal zu verlassen, muß auch diesem seinen auf Entfernung der Gäste gerichteten Willen durch unzweideutige Mittel Ausdruck geben. Dahin gehört theilweises Auslöschen des Lichts, Aufsetzen der Stühle auf die Tische 2c., namentlich dürfen keine Speisen oder Getränke mehr verabreicht werden. Der Wirth ist nur straflos, wenn er trotz angewandter Mühe thatsächlich nicht im Stande war, die Aufforderung zum Verlassen des Lokals zur Durchführung zu bringen, sodaß die Gäste gegen seinen Willen verweilten und er mit Erfolg Strafantrag wegen Hausfriedensbruchs stellen könnte.

Die Gäste sind strafbar, wenn sie nach Verkündung des Eintritts der Polizeistunde und nach ernst gemeinter Aufforderung zum Verlassen des Lokals sich nicht entfernten. Diese Aufforderung kann nicht nur vom Wirth oder seinem Stellvertreter, auch durch Polizei-Exekutiv-Beamte erfolgen.

Die bloße Thatsache, daß Gäste nach eingetretener Polizeistunde noch in einem Schanklokal verweilten oder das Lokal verließen, genügt in den seltensten Fällen zum gerichtlichen Nachweis der Strafbarkeit, da Wirth und Gäste zumeist gegen den Beamten unter einer Decke stecken und vor Gericht mit Ausreden kommen, die dieser nicht widerlegen kann, da er keinen Anhalt dafür hat, daß entweder der Wirth mit dem längeren Verweilen der Gäste einverstanden war, oder die Gäste der Aufforderung, sich zu entfernen, keine Folge leisteten. Vor der Thür zu warten und die Personalien der heraustretenden Gäste festzustellen, führt leicht zu unliebsamen Auftritten, da die Gäste in gehobener Stimmung zu sein pflegen und eine Verpflichtung zur Personalienangabe nicht anerkennen. Feststellung der Uebertretung innerhalb des Lokals ist stets zu empfehlen. Bei unverschlossener Eingangsthür ist der Beamte ohne weiteres zum Eintritt berechtigt nach § 9 des Gesetzes vom 12. 2. 1850 zum Schutz der persönlichen Freiheit — S. 106 —, da ein öffentlicher Ort vorliegt. Bei verschlossener Eingangsthür ist das Eintreten, selbst das Eindringen mit Gewalt statthaft, wenn der Beamte auf irgend eine Weise sicher vorher weiß, daß gegen § 365 verstoßen wird, bloße Vermuthung berechtigt aber nicht dazu, und jedenfalls ist Vorsicht geboten, damit der Beamte sich nicht selber strafbar macht. Um eine Uebertretung der Polizeistunde festzustellen, wartet der Beamte am besten erst etwa 15 Minuten, die sogenannte Respektszeit, damit die Gäste Zeit haben, auszutrinken, zu bezahlen, sich anzukleiden, sich zu verabschieden. Beim Eintritt muß das erste ein Blick sein über die ganze Situation, was der Wirth treibt, wie weit die Gäste noch Getränke haben, ob sie ruhig sitzen und vielleicht spielen oder schon zum Aufbruch sich rüsten. Zuerst ist der Wirth zu befragen, wann er Polizeistunde hat, da er ausnahmsweise Verlängerung haben kann, von der der Beamte nichts wußte, dann ist die genaue Zeit mit ihm festzustellen, nun kommt erst die Frage an ihn bezw. die Gäste, ob der Eintritt der Polizeistunde bekannt gegeben und die Aufforderung zum Verlassen des Lokals ergangen ist. Die letztere Frage ist nicht zu unterlassen, da die Gäste meist die Frage, ob Feierabend geboten ist, bejahen, damit selber strafbar sein würden und zur Anzeige gebracht werden, hinterher aber freigesprochen werden, weil der Wirth nicht zum Verlassen des Lokals aufgefordert habe. Die Gäste sind als Zeugen einer strafbaren Handlung zur Angabe ihrer Personalien verpflichtet.

Vereine und geschlossene Gesellschaften — die sich also aus einem individuell begrenzten Personenkreise zusammensetzen — unterliegen für die ausschließlich von ihnen benutzten Räume der Polizeistunde nicht, für sonstige Räume und Gäste des Lokals gilt die Polizeistunde. Bedingung ist, daß die betreffende Veranstaltung gegen Fremde abgeschlossen ist, d. h. daß nur Mitglieder, Angehörige und eingeladene Gäste Zutritt haben, z. B. bei Vereinsvergnügungen, Hochzeiten, Kindtaufen, Geburtstagsfeiern. Die Feststellung aus eigener Machtvollkommenheit eines einzelnen Beamten innerhalb der Zusammenkunftsräume, ob die Veranstaltung geschlossen ist oder öffentlich, ist nicht rathsam und der Polizeibehörde zu überlassen, da diese ausschließlich von geschlossenen Gesellschaften benutzten Räume nicht mehr öffentliche, sondern Privaträume sind, der Beamte also, wenn er unberechtigt eindringt oder verweilt, sich ev. wegen Hausfriedensbruchs strafbar macht.

Für öffentliche Versammlungen gilt die Polizeistunde des betreffenden Lokals oder Saales, Vereinsversammlungen unterliegen der Regel nach einer Polizeistunde nicht. Ausnahmen können stattfinden, wenn die Vereinsversammlung sich als öffentliche charakterisirt.

Vorstehende Ausführungen beziehen sich nur auf das Verweilen und Bewirthen von einzelnen Gästen, Vereinen, geschlossenen Gesellschaften und Versammlungen. Ueber Lustbarkeiten, Tanz, Musik ꝛc. bestehen weitere Vorschriften.

§. 366. Mit Geldstrafe bis zu sechszig Mark oder mit Haft bis zu vierzehn Tagen wird bestraft:

1. wer den gegen die Störung der Feier der Sonn- und Festtage erlassenen Anordnungen zuwiderhandelt;

Der § 366 bringt straßenpolizeiliche Vorschriften, die zumeist in den Straßen-Polizei-Verordnungen noch weiter ausgeführt sind, einzelne pflegen jedoch dort nicht vorzukommen, so das Einfahren von Pferden, Hindern des Vorbeifahrens, Stehenlassen von Thieren, Hetzen von Hunden, Werfen von Unrath in Gärten ꝛc., Ausgießen von Flüssigkeiten.

Ueber die Feier der Sonn- und Festtage bestehen zweierlei Bestimmungen:

1. die §§ 41a, 105a–f G.O. über die Sonntagsruhe im

Handelsgewerbe und im handwerksmäßigen Betriebe mit ihren Ausführungs-Bestimmungen — gerichtliche Bestrafung.

2. Die gemäß § 366 [1] erlassenen polizeilichen Bestimmungen über die äußere Heilighaltung der Sonn- und Feiertage.

2. wer in Städten oder Dörfern übermäßig schnell fährt oder reitet, oder auf öffentlichen Straßen oder Plätzen der Städte oder Dörfer mit gemeiner Gefahr Pferde einfährt oder zureitet;
3. wer auf öffentlichen Wegen, Straßen, Plätzen oder Wasserstraßen das Vorbeifahren Anderer muthwillig verhindert;
4. wer in Städten mit Schlitten ohne feste Deichsel oder ohne Geläute oder Schelle fährt;
5. wer Thiere in Städten oder Dörfern, auf öffentlichen Wegen, Straßen oder Plätzen, oder an anderen Orten, wo sie durch Ausreißen, Schlagen oder auf andere Weise Schaden anrichten können, mit Vernachlässigung der erforderlichen Sicherheitsmaßregeln stehen läßt oder führt;
6. wer Hunde auf Menschen hetzt;
7. wer Steine oder andere harte Körper oder Unrath auf Menschen, auf Pferde oder andere Zug- oder Lastthiere, gegen fremde Häuser, Gebäude oder Einschließungen, oder in Gärten oder eingeschlossene Räume wirft;

Unrath sind nicht nur ekelerregende Gegenstände, sondern überhaupt alles Verunreinigende. Das Werfen auf Menschen 2c. erfordert nicht, daß diese getroffen wurden, ev. liegt Körperverletzung vor.

8. wer nach einer öffentlichen Straße oder Wasserstraße, oder nach Orten hinaus, wo Menschen

zu verkehren pflegen, Sachen, durch deren Umstürzen oder Herabfallen Jemand beschädigt werden kann, ohne gehörige Befestigung aufstellt oder aufhängt, oder Sachen auf eine Weise ausgießt oder auswirft, daß dadurch Jemand beschädigt oder verunreinigt werden kann;

9. wer auf öffentlichen Wegen, Straßen, Plätzen oder Wasserstraßen Gegenstände, durch welche der freie Verkehr gehindert wird, aufstellt, hinlegt oder liegen läßt;

10. wer die zur Erhaltung der Sicherheit, Bequemlichkeit, Reinlichkeit und Ruhe auf den öffentlichen Wegen, Straßen, Plätzen oder Wasserstraßen erlassenen Polizei-Verordnungen übertritt.

§. 366a. Wer die zum Schutze der Dünen und der Fluß- und Meeresufer, sowie der auf denselben vorhandenen Anpflanzungen und Anlagen erlassenen Polizei-Verordnungen übertritt, wird mit Geldstrafe bis zu einhundertfunfzig Mark oder mit Haft bestraft.

§. 367. Mit Geldstrafe bis zu einhundertfunfzig Mark oder mit Haft wird bestraft:

1. wer ohne Vorwissen der Behörde einen Leichnam beerdigt oder bei Seite schafft, oder wer unbefugt einen Theil einer Leiche aus dem Gewahrsam der dazu berechtigten Personen wegnimmt;

Findet namentlich Anwendung bei den Leichen heimlich geborener Kinder und bei gefundenen Leichen. Wegnehmen einer ganzen Leiche aus dem Gewahrsam wird aus § 168 bestraft. Behörde ist hier diejenige Behörde, welche von dem Todesfall amtlich Kenntniß erlangt haben muß, bevor die Fortschaffung oder Beerdigung erfolgen darf. Dies ist — abgesehen vom Standesamt — die Polizeibehörde und die Staatsanwaltschaft bezw. das Amtsgericht.

Die Thätigkeit der Polizei bei plötzlichen Todesfällen.

Der § 157 St.P.O. lautet:

> Sind Anhaltspunkte dafür vorhanden, daß Jemand eines nicht natürlichen Todes gestorben ist, oder wird der Leichnam eines Unbekannten gefunden, so sind die Polizei- und Gemeindebehörden zur sofortigen Anzeige an die Staatsanwaltschaft oder an den Amtsrichter verpflichtet.
>
> Die Beerdigung darf nur auf Grund einer schriftlichen Genehmigung der Staatsanwaltschaft oder des Amtsrichters erfolgen.

Diese Verpflichtung zur gerichtlichen Anzeige auf jeden Fall besteht also nicht nur bei Selbstmorden und Verbrechen, sondern auch bei allen plötzlichen und unnatürlichen Todesfällen, wenn der Tod durch Zufall (Erfrieren, Ertrinken), oder aus unbekannten Ursachen (Schlaganfall auf der Straße) nicht unter den Augen der Hausgenossen oder anderer sicherer Personen erfolgt war. Ebenso wenn ein Kind, namentlich ein uneheliches, angeblich todt zur Welt gekommen oder bald nach der Geburt verstorben ist und bei der Entbindung weder eine Hebamme, noch eine andere unverdächtige Person zugegen war.

Aufgabe des Polizei-Exekutiv-Beamten sind: Wiederbelebungsversuche, Hinzuziehung eines Arztes, um Wiederbelebungsversuche anzustellen bezw. die Todesursache festzustellen, Feststellung der Thatumstände, Sicherstellung der bei der Leiche gefundenen Gegenstände, Anzeigen für Staatsanwaltschaft nebst Todesattest und für das Standesamt. Besonders wichtig für die Staatsanwaltschaft, welche den Beerdigungsschein ausstellt oder weitere gerichtliche Ermittelungen veranlaßt, ist die Feststellung der Umstände, welche für einen Selbstmord, Zufall, oder ein vorliegendes Verbrechen sprechen. Liegt der Verdacht eines Verbrechens vor, so ist für Bewachung der Leiche zu sorgen. Sonst sind von Interesse Schriftstücke; Wunden, die der Verstorbene trägt; die Namen der Personen, welche den Todten zuletzt gesehen, und welche bei seinem Auffinden zugegen gewesen sind; die Umstände bei der Auffindung, ob ein Zimmer z. B. von innen verschlossen war; Familienverhältnisse und voraufgegangenes Verhalten des Verstorbenen; alle Gegenstände, welche mit der Todesursache in Verbindung stehen könnten. Bei einem Erhängten ist es wichtig, vor dem Abschneiden oder Lösen der Schlinge festzustellen, wie er in diese Lage gekommen ist, ob er z. B. einen Stuhl oder Tisch umgestoßen hat, da nachher leicht Veränderungen am Thatorte erfolgen; im Freien ist auf Spuren der Füße, Schmutz an seinen Stiefeln und anderen Gegenständen zu achten. Die Leichen Unbekannter sind nebst ihren Effekten und Kleidungsstücken genau zu bezeichnen, besondere Merkmale anzugeben. Es steht nichts im Wege, daß der zuerst anwesende Beamte neben der Angabe des objektiven Thatbestandes seine persönliche Ansicht, ob ein Selbstmord, Zufall oder Verbrechen zweifellos begründet oder fraglich ist, in seiner Anzeige äußert und begründet.

Eine gefundene Leiche aus der Lage, in der sie sich befindet, zu entfernen, ist Civilpersonen keineswegs gestattet, jedoch dürfen Wasserleichen gelandet, Erhängte, die noch warm sind, abgeschnitten werden, um Wiederbelebungsversuche anzustellen. Die Polizei oder der nächste Polizeibeamte ist sofort zu benachrichtigen. Diese können, nachdem der Befund genau aufgenommen, die Aufhebung der Leiche veranlassen, wenn nicht nach den besonderen Umständen richterliche Leichenschau für angezeigt gehalten wird, dann ist aber auch dafür zu sorgen, daß bis dahin der Befund nicht verändert werden kann. Die richterliche Leichenschau ist nicht unter allen Umständen erforderlich, und es ist daher barbarisch, Leichen bis zum Eintreffen des Beerdigungsscheines grundsätzlich liegen zu lassen.

2. wer den polizeilichen Anordnungen über vorzeitige Beerdigungen entgegenhandelt;
3. wer ohne polizeiliche Erlaubniß Gift oder Arzeneien, soweit der Handel mit denselben nicht freigegeben ist, zubereitet, feilhält, verkauft oder sonst an Andere überläßt;

Gemäß § 6 G.O. ist durch Kaiserliche Verordnung zu

bestimmen, welche Apothekerwaaren dem freien Verkehr zu überlassen sind, und gemäß §. 34 Abs. 3 G.O. können Landesgesetze vorschreiben, daß zum Handel mit Giften besondere Genehmigung erforderlich ist. Die Kais. Ver. vom 27. 1. 1890 und 25. 11. 1895 bestimmen, was nur in Apotheken feilgehalten oder verkauft werden darf, und durch Polizei-Verordnungen ist überall festgesetzt, daß zum Feilhalten und Verkauf von Giften eine besondere Konzession erforderlich ist.

Nach § 56⁹ G.O. dürfen Gifte und gifthaltige Waaren, — wozu auch blei- und zinkhaltige, sowie unter Verwendung gesundheitsschädlicher Farben hergestellte Waaren gehören —, Arznei- und Geheimmittel im Wandergewerbe nicht feilgehalten werden. Auch das Anpreisen von Geheimmitteln ist durch Polizei-Verordnungen verboten. Geheimmittel ist nach dem Min.Erlaß vom 20. 1. 1898 ein solches, dessen Bestandtheile und Gewichtsmengen bei der Ankündigung nicht in gemeinverständlicher und für Jedermann erkennbarer Weise vollständig und sachentsprechend zur öffentlichen Kenntniß gebracht werden.

4. wer ohne die vorgeschriebene Erlaubniß Schießpulver oder andere explodirende Stoffe oder Feuerwerke zubereitet;

Das Gesetz vom 9. 6. 1884, betr. den verbrecherischen und gemeingefährlichen Gebrauch von Sprengstoffen droht härtere Strafen an. Zur Errichtung solcher Anlagen ist nach § 16 G.O. die Genehmigung des Stadt- bezw. Kreisausschusses erforderlich.

5. wer bei der Aufbewahrung oder bei der Beförderung von Giftwaaren, Schießpulver oder Feuerwerken, oder bei der Aufbewahrung, Beförderung, Verausgabung oder Verwendung von Sprengstoffen oder anderen explodirenden Stoffen oder bei Ausübung der Befugniß zur Zubereitung oder Feilhaltung dieser Gegenstände, sowie der Arzeneien die deshalb ergangenen Verordnungen nicht befolgt;

Maßgebend für die Aufbewahrung ꝛc. von Giftwaaren ist die Min.Pol.Ver. vom 24. 8. 1895 über den Handel mit Giften, für Schießpulver und Feuerwerk die Min.Pol.Ver. vom 19. 10. 1893, betr. den Verkehr mit Sprengstoffen, für sonstige Sprengstoffe die genannte Min.Pol.Ver. vom 19. 10. 1893 und das Gesetz vom 9. 6. 1884 gegen den verbrecherischen ꝛc. Gebrauch von Sprengstoffen.

5a. wer bei Versendung oder Beförderung von leicht entzündlichen oder ätzenden Gegenständen durch die Post die deshalb ergangenen Verordnungen nicht befolgt;

Nach § 11 der Postordnung von 11. 6. 92 dürfen zur Versendung mit der Post nicht aufgegeben werden: Gegenstände, deren Beförderung mit Gefahr verbunden ist, namentlich alle durch Reibung, Luftzudrang, Druck oder sonst leicht entzündlichen Sachen, sowie ätzende Flüssigkeiten. Die Postanstalt ist bei Verdacht berechtigt, die Angabe des Inhalts zu verlangen und ev. die Annahme der Sendung abzulehnen.

6. wer Waaren, Materialien oder andere Vorräthe, welche sich leicht von selbst entzünden oder leicht Feuer fangen, an Orten oder in Behältnissen aufbewahrt, wo ihre Entzündung gefährlich werden kann, oder wer Stoffe, die nicht ohne Gefahr einer Entzündung bei einander liegen können, ohne Absonderung aufbewahrt;

7. wer verfälschte oder verdorbene Getränke oder Eßwaaren, insbesondere trichinenhaltiges Fleisch feilhält oder verkauft;

Hier fahrlässiges Feilhalten und Verkaufen. Vorsätzliche Verfälschung und wissentliches Feilhalten werden nach §§ 10—12 des Nahrungsmittelgesetzes vom 14. 5. 1879 bestraft. Ob die betreffenden Waaren verfälscht oder verdorben waren, ist endgültig durch den Chemiker bezw. Kreisphysikus festzustellen. Aufgabe der Polizei ist Kontrolle, Probenahme, Voruntersuchung, wesentlich ist in den meisten Fällen unverzügliche Herbeiführung der Untersuchung durch den betreffenden Sachverständigen. Es bestehen überall einschlägige Polizei-Verordnungen.

8. wer ohne polizeiliche Erlaubniß an **bewohnten** oder von **Menschen besuchten Orten** Selbstgeschosse, Schlageisen oder Fußangeln legt, oder an solchen Orten mit **Feuergewehr** oder anderem Schießwerkzeuge schießt, oder **Feuerwerkskörper** abbrennt;

In gefährlicher Nähe von Gebäuden oder feuerfangenden Sachen § 368 7.

9. wer einem **gesetzlichen Verbot** zuwider Stoß-, Hieb- oder **Schußwaffen**, welche in Stöcken oder Röhren oder in ähnlicher Weise **verborgen** sind, feilhält oder mit sich führt;

Durch Gesetz ist ein solches allgemeines Verbot nicht ergangen, nur in Versammlungen ist nach § 7 des Vereinsgesetzes vom 11. 3. 1850 das Erscheinen Bewaffneter verboten. Vorübergehend kann das Waffentragen bei Verhängung des kleinen Belagerungszustandes untersagt und dauernd durch Polizeiverordnungen beschränkt werden. Soweit also solche Verordnungen nicht bestehen, ist auch die polizeiliche Erlaubniß, Waffen tragen zu dürfen, nicht erforderlich, und daher sind die vielfachen Anträge auf Ertheilung eines Waffenscheins gegenstandslos. Nur der Mißbrauch ist strafbar.

10. wer bei einer **Schlägerei**, in welche er nicht ohne sein Verschulden hineingezogen worden ist, oder bei einem Angriff sich einer Waffe, insbesondere eines Messers oder eines anderen **gefährlichen Werkzeuges** bedient;

Hier ist Schlägerei ohne vorgekommene Körperverletzung gemeint, sonst § 227. Hineingezogen ist jeder, der in irgend einer Weise in die Sache verwickelt war und sich nicht rechtzeitig vor Ausbruch der Schlägerei entfernte, er braucht nicht selbst geschlagen zu haben. Sich bedient eines Messers = dasselbe bei der Betheiligung an der Schlägerei in irgend einer Weise benutzt, eine Thätlichkeit gegen eine Person braucht noch nicht verübt zu sein.

11. wer ohne polizeiliche Erlaubniß gefährliche wilde Thiere hält, oder wilde oder bösartige Thiere frei umherlaufen läßt, oder in Ansehung ihrer die erforderlichen Vorsichtsmaßregeln zur Verhütung von Beschädigungen unterläßt;
12. wer auf öffentlichen Straßen, Wegen oder Plätzen, auf Höfen, in Häusern und überhaupt an Orten, an welchen Menschen verkehren, Brunnen, Keller, Gruben, Oeffnungen oder Abhänge dergestalt unverdeckt oder unverwahrt läßt, daß daraus Gefahr für Andere entstehen kann;
13. wer trotz der polizeilichen Aufforderung es unterläßt, Gebäude, welche den Einsturz drohen, auszubessern oder niederzureißen;
14. wer Bauten oder Ausbesserungen von Gebäuden, Brunnen, Brücken, Schleusen oder anderen Bauwerken vornimmt, ohne die von der Polizei angeordneten oder sonst erforderlichen Sicherungsmaßregeln zu treffen;
15. wer als Bauherr, Baumeister oder Bauhandwerker einen Bau oder eine Ausbesserung, wozu die polizeiliche Genehmigung erforderlich ist, ohne diese Genehmigung oder mit eigenmächtiger Abweichung von dem durch die Behörde genehmigten Bauplane ausführt oder ausführen läßt;
16. wer den über das Abhalten von öffentlichen

Versteigerungen und über das Verabfolgen geistiger Getränke vor und bei öffentlichen Versteigerungen erlassenen polizeilichen Anordnungen zuwiderhandelt.

In den Fällen der Nr. 7 bis 9 kann neben der Geldstrafe oder der Haft auf die Einziehung der verfälschten oder verdorbenen Getränke oder Eßwaaren, ingleichen der Selbstgeschosse, Schlageisen oder Fußangeln, sowie der verbotenen Waffen erkannt werden, ohne Unterschied, ob sie dem Verurtheilten gehören oder nicht.

§. 368. Mit Geldstrafe bis zu sechszig Mark oder mit Haft bis zu vierzehn Tagen wird bestraft:

1. wer den polizeilichen Anordnungen über die Schließung der Weinberge zuwiderhandelt;
2. wer das durch gesetzliche oder polizeiliche Anordnungen gebotene Raupen unterläßt;
3. wer ohne polizeiliche Erlaubniß eine neue Feuerstätte errichtet oder eine bereits vorhandene an einen anderen Ort verlegt;

Verjährung tritt, wie bei allen Uebertretungen, ein mit 3 Monaten nach Errichtung 2c. der Feuerstelle.

4. wer es unterläßt, dafür zu sorgen, daß die Feuerstätten in seinem Hause in baulichem und brandsicherem Zustande unterhalten, oder daß die Schornsteine zur rechten Zeit gereinigt werden;
5. wer Scheunen, Ställe, Böden oder andere Räume, welche zur Aufbewahrung feuerfangender Sachen dienen, mit unverwahrtem Feuer oder

Licht betritt, oder sich denselben mit unverwahrtem Feuer oder Licht nähert;

6. wer an gefährlichen Stellen in Wäldern oder Haiden, oder in gefährlicher Nähe von Gebäuden oder feuerfangenden Sachen Feuer anzündet;

Sonstige feuerpolizeiliche Vorschriften bezüglich Wälder siehe §§ 44–48 des Feld- und Forstpolizeigesetzes vom 1. 4. 1880.

7. wer in gefährlicher Nähe von Gebäuden oder feuerfangenden Sachen mit Feuergewehr schießt oder Feuerwerke abbrennt;

Auch das Schießen zu erlaubten Zwecken in gefährlicher Nähe ist strafbar, Schießen an bewohnten oder von Menschen besuchten Orten § 367[8]. Zum Abbrennen von Feuerwerk, auch in Privatgärten, ist meistens auf Grund besonderer Polizei-Verordnungen Erlaubniß erforderlich.

8. wer die polizeilich vorgeschriebenen Feuerlöschgeräthschaften überhaupt nicht oder nicht in brauchbarem Zustande hält oder andere feuerpolizeiliche Anordnungen nicht befolgt;

9. wer unbefugt über Gärten oder Weinberge oder vor beendeter Ernte über Wiesen oder bestellte Aecker, oder über solche Aecker, Wiesen, Weiden oder Schonungen, welche mit einer Einfriedigung versehen sind, oder deren Betreten durch Warnungszeichen untersagt ist, oder auf einem durch Warnungszeichen geschlossenen Privatwege geht, fährt, reitet oder Vieh treibt;

Bei Gärten, die mit menschlichen Niederlassungen in Verbindung stehen und eingefriedigt sind, trifft Hausfriedensbruch zu. Weitere Einzelbestimmungen siehe §§ 9—16 und über die Pfändung § 77 des Feld- und Forstpolizeigesetzes vom 1. 4. 1880.

10. wer ohne Genehmigung des Jagdberechtigten oder ohne sonstige Befugniß auf einem fremden Jagdgebiete außerhalb des öffentlichen, zum gemeinen Gebrauche bestimmten Weges, wenn auch nicht jagend, doch zur Jagd ausgerüstet, betroffen wird;

Unbefugte Jagdausübung §§ 292—295.

11. wer unbefugt Eier oder Junge von jagdbarem Federwild oder von Singvögeln ausnimmt.

Nach § 6 des Gesetzes vom 26. 2. 1870 über die Schonzeiten des Wildes ist das Ausnehmen der Eier und Jungen von jagdbarem Federvieh auch für die zur Jagd berechtigten Personen verboten. Nach § 33 des Feld- und Forstpolizeigesetzes vom 1. 4. 1880 ist strafbar, wer auf fremden Grundstücken unbefugt nicht jagdbare Vögel fängt, Sprenkel oder ähnliche Vorrichtungen zum Fangen von Singvögeln aufstellt, Vogelnester zerstört oder Eier oder Junge von Vögeln ausnimmt. Nach § 1 des Gesetzes vom 22. 3. 1888, betr den Schutz von Vögeln, steht es dem Eigenthümer frei, Nester, welche sich an oder in Gebäuden oder in Hofräumen befinden, zu beseitigen. In demselben Gesetz finden sich Bestimmungen über das Fangen durch Netze, Schlingen, Leimruthen 2c., Fangzeiten und über vogelfreie Vögel. Der Krammetsvogelfang ist nur vom 21. September bis 31. Dezember gestattet.

§. 369. Mit Geldstrafe bis zu einhundert Mark oder mit Haft bis zu vier Wochen werden bestraft:

1. Schlosser, welche ohne obrigkeitliche Anweisung oder ohne Genehmigung des Inhabers einer Wohnung Schlüssel zu Zimmern oder Behältnissen in der letzteren anfertigen oder Schlösser an denselben öffnen, ohne Genehmigung des Hausbesitzers oder seines Stellvertreters einen Haus-

schlüssel anfertigen, oder ohne Erlaubniß der Polizeibehörde Nachschlüssel oder Dietriche verabfolgen;

2. Gewerbtreibende, bei denen zum Gebrauche in ihrem Gewerbe geeignete, mit dem gesetzlichen Aichungsstempel nicht versehene oder unrichtige Maße, Gewichte oder Waagen vorgefunden werden, oder welche sich einer anderen Verletzung der Vorschriften über die Maß- und Gewichtspolizei schuldig machen;

Die für die Polizei in Betracht kommenden Bestimmungen sind in der Technischen Anleitung zur Ausführung der polizeilichen Maaß- und Gewichts-Revisionen Berlin 1897, Verlag von Julius Springer enthalten, außerdem kommt in Betracht das Gesetz vom 20. 7. 1881, betr. die Bezeichnung des Raumgehaltes der Schankgefäße.

3. Gewerbetreibende, welche in Feuer arbeiten wenn sie die Vorschriften nicht befolgen, welche von der Polizeibehörde wegen Anlegung und Verwahrung ihrer Feuerstätten, sowie wegen der Art und der Zeit, sich des Feuers zu bedienen, erlassen sind.

Im Falle der Nr. 2 ist neben der Geldstrafe oder der Haft auf die Einziehung der vorschriftswidrigen Maße, Gewichte, Waagen oder sonstigen Meßwerkzeuge zu erkennen.

§. 370. Mit Geldstrafe bis zu einhundertfunfzig Mark oder mit Haft wird bestraft:

1. wer unbefugt ein fremdes Grundstück, einen öffentlichen oder Privatweg oder einen Grenzrain durch Abgraben oder Abpflügen verringert;

Grenzsteine und sonstige Grenzzeichen werden als Urkunden gemäß § 274² behandelt.

2. wer unbefugt von öffentlichen oder Privatwegen Erde, Steine oder Rasen, oder aus Grundstücken, welche einem Anderen gehören, Erde, Lehm, Sand, Grand oder Mergel gräbt, Plaggen oder Bülten haut, Rasen, Steine, Mineralien, zu deren Gewinnung es einer Verleihung, einer Konzession oder einer Erlaubniß der Behörde nicht bedarf, oder ähnliche Gegenstände wegnimmt;

3. wer von einem zum Dienststande gehörenden Unteroffizier oder Gemeinen des Heeres oder der Marine ohne die schriftliche Erlaubniß des vorgesetzten Kommandeurs Montirungs- oder Armaturstücke kauft oder zum Pfande nimmt;

4. wer unberechtigt fischt oder krebst;

Unberechtigtes Fischen in geschlossenen Gewässern ist Diebstahl. Raubfischerei wird nach § 296 bestraft.

5. wer Nahrungs- oder Genußmittel von unbedeutendem Werthe oder in geringer Menge zum alsbaldigen Verbrauche entwendet.

Eine Entwendung, welche von Verwandten aufsteigender Linie gegen Verwandte absteigender Linie oder von einem Ehegatten gegen den anderen begangen worden ist, bleibt straflos;

Der Diebstahl — nicht die Unterschlagung — geringfügiger und geringwerthiger Nahrungs- und Genußmittel ist hiernach nur als Uebertretung und bei mangelndem Strafantrag garnicht strafbar, wenn er beabsichtigte, ein eigenes oder fremdes augenblickliches Bedürfniß zu befriedigen, wird aber bestraft, wenn Vorräthe davon gesammelt oder sie verkauft, verschenkt oder sonst veräußert werden sollten, also ein Vortheil erstrebt wurde. Das Mitnehmen von zugehörigen Gefäßen und Umhüllungen begründet nicht Diebstahl.

6. wer Getreide oder andere zur Fütterung des Viehes bestimmte oder geeignete Gegenstände wider Willen des Eigenthümers wegnimmt, um dessen Vieh damit zu füttern.

In den Fällen der Nr. 5 und 6 tritt die Verfolgung nur auf Antrag ein. Die Zurücknahme des Antrages ist zulässig.

Alphabetisches Register.

Die Zahlen ohne Zusatz geben die Paragraphen des Strafgesetzbuchs an, sonst ist vorgesetzt „Seite".

A.

B.

C.

D.

E.

N.

O.

P.

S.

T.

U.

V.

Z.

Druck von A. W. Hayn's Erben, Berlin und Potsdam.

FSC
www.fsc.org
MIX
Papier | Fördert
gute Waldnutzung
FSC® C083411

Kolibri 360 GmbH
Ferdinand-Jühlke-Straße 7
99095 Erfurt, Deutschland
produktsicherheit@kolibri360.de